Michel Pinçon
et Monique Pinçon-Charlot

Le président des riches

Enquête sur l'oligarchie dans la France de Nicolas Sarkozy

ZONES

Si vous désirez être tenu régulièrement informé de nos parutions, il vous suffit de vous abonner gratuitement à notre lettre d'information bimensuelle par courriel, à partir de notre site www.editions-zones.org, où vous retrouverez l'ensemble de notre catalogue et la plupart de nos titres, intégralement consultables en ligne et pas mal d'autres choses encore.

ISBN : 978-2-35522-018-0

Zones est un label des Éditions La Découverte.

Conception graphique : de Valence.

Michel Pinçon
Monique Pinçon-Charlot

Le président des riches

Enquête sur l'oligarchie dans la France de Nicolas Sarkozy

Zones

Des mêmes auteurs

Ouvrages en commun

Dans les beaux quartiers, Paris, Seuil, « L'Épreuve des faits », 1989 (réédition 2001).

Quartiers bourgeois, quartiers d'affaires, Paris, Payot, « Documents », 1992.

La Chasse à courre, ses rites et ses enjeux, Paris, Payot, « Documents », 1993 (réédition dans la « Petite bibliothèque Payot » en 1996 et 2003).

Grandes Fortunes. Dynasties familiales et formes de richesse en France, Paris, Payot, « Documents », 1996 (rééditions dans la « Petite bibliothèque Payot » en 1998 et 2006 ; traduction en anglais : New York, Algora Publishing, 1999).

Voyage en grande bourgeoisie. Journal d'enquête, Paris, PUF, « Sciences sociales et sociétés », 1997 (rééditions dans la collection « Quadrige », 2002 et 2005 ; traduction en roumain : Iaşi, Institutul European, 2003).

Les Rothschild. Une famille bien ordonnée, Paris, La Dispute, « Instants », 1998.

Nouveaux Patrons, nouvelles dynasties, Paris, Calmann-Lévy, 1999.

Sociologie de la bourgeoisie, Paris, La Découverte, « Repères », 2000, 2003 et 2007 (traduction en roumain : Iaşi, Institutul European, 2010).

Paris mosaïque. Promenades urbaines, Paris, Calmann-Lévy, 2001 (traduction en japonais : Tokyo, Hara shobo, 2006).

Justice et politique : le cas Pinochet, Paris, Syllepse, 2003.

Sociologie de Paris, Paris, La Découverte, « Repères », 2004, 2008 (traductions en allemand : *Paris. Soziologie einer Metropole*, Berlin, Avinus Verlag, 2008, et en roumain : Iaşi, Institutul European, 2008).

Châteaux et châtelains. Les siècles passent, le symbole demeure, Paris, Anne Carrière, 2005.

Les Ghettos du Gotha, Paris, Seuil, 2007 et « Points », 2010.

Paris. Quinze promenades sociologiques, Paris, Payot, 2009.

Les Millionnaires de la chance. Rêve et réalité, Paris, Payot, 2010.

Ouvrages de Michel Pinçon

Cohabiter. Groupes sociaux et modes de vie dans une cité HLM, Paris, Plan Construction, « Recherches », 1982.

Désarrois ouvriers. Familles de métallurgistes dans les mutations industrielles et sociales, Paris, L'Harmattan, « Logiques sociales », 1987 (publié avec le concours du CNRS).

Ouvrage de Monique Pinçon-Charlot

Ségrégation urbaine. Classes sociales et équipements collectifs en région parisienne, Paris, Anthropos, 1986 (en collaboration avec Edmond Préteceille et Paul Rendu).

Remerciements

Nous remercions vivement toutes celles et tous ceux qui ont su nous faire profiter de leurs connaissances dans tel ou tel domaine :

Arlette Charlot, Annie Mandois, Fabien Salvi, Alain Paker Patricia Blanchard-Bouvelot, Ariane Azema.

Merci à Jean-Pierre Brard d'avoir pris le temps de lire une première version de ce texte et de nous avoir fait profiter de ses remarques pertinentes.

Nous sommes infiniment reconnaissants à Simone Rendu de son soutien et à Paul Rendu de sa lecture minutieuse, attentive et constructive, comme toujours.

Ce texte doit beaucoup à Marieke Joly qui a donné sans compter son temps et son énergie pour améliorer la lisibilité de nos analyses.

Merci à Grégoire Chamayou qui a su nous stimuler et nous convaincre de pousser ce projet à son terme.

Enfin, notre gratitude va à François Gèze pour sa confiance et son aide dans la mise au point définitive de ce texte.

À nos lecteurs dont le soutien nous est si précieux.

INTRODUCTION. DE LA LUTTE À LA GUERRE DES CLASSES

« Il y a une guerre des classes, c'est un fait, mais c'est ma classe, la classe des riches, qui mène cette guerre, et nous sommes en train de la gagner. » Warren Buffett, un des hommes les plus riches du monde, éclaire avec un franc-parler rare l'état des rapports sociaux [1].

LE PRÉSIDENT SUR TOUS LES FRONTS

Depuis l'élection de Nicolas Sarkozy à la présidence de la République, la France est devenue l'un des champs de cette « guerre des classes » où les combats se font nombreux et âpres. Dans la nuit du 6 au 7 mai 2007, un grand conseil de guerre se réunit au Fouquet's Barrière, un nouveau palace parisien. Nicolas Sarkozy y fête son élection au milieu de ses amis du CAC 40. Une victoire qui est aussi celle de patrons de presse, de politiciens, de vedettes du showbiz et de sportifs célèbres. Deux points communs dans ce patchwork surprenant : la richesse des participants et leurs liens avec l'ancien maire de Neuilly.

Le ton est donné. Dans les semaines et les mois qui suivent, les cadeaux pleuvent. Symboliques, avec une généreuse distribution de médailles de la Légion d'honneur. Plantureux, avec un renforcement du bouclier fiscal et la défiscalisation des droits de succession. Opérationnels, avec des nominations stratégiques au gouvernement et dans les entreprises publiques. Indirects, en supprimant les recettes publicitaires de la télévision publique avec l'espoir de leur transfert sur les chaînes privées.

1. CNN, 25 mai 2005, et *New York Times*, 26 novembre 2006. Voir François Ruffin, *La Guerre des classes*, Paris, Fayard, 2008.

Les puissances d'argent menant le combat, Nicolas Sarkozy s'attaque aux poches de résistance. La politique d'ouverture induit des défections dans le camp de la gauche. Les réformes mettent à mal les collectivités locales. L'indépendance de la presse et celle de la justice sont touchées. Le prolongement de La Défense menace le territoire de Nanterre, le Grand Paris est convoité par les entreprises économiques et financières.

Mais le conquérant se heurte à des oppositions, parfois même dans son camp, comme à Neuilly lors des élections municipales de 2008, où il veut imposer le futur maire. Les facilités accordées à la famille de l'émir du Qatar pour une rénovation importante de l'hôtel Lambert à Paris vont mettre en émoi le monde du patrimoine historique. Si la candidature de Jean Sarkozy, fils cadet de Nicolas Sarkozy, à la tête de l'établissement public qui gère le plus grand centre d'affaires européen, La Défense, a été si mal accueillie, y compris parmi les électeurs de droite, c'est peut-être parce qu'il ne faut jamais vendre la mèche... L'arbitraire de la domination et le népotisme ne doivent pas apparaître au grand jour pour laisser aux classes dominées l'illusion que les qualités et le mérite sont bien à la base des choix du président de la République.

La guerre sur le terrain s'accompagne d'une guerre psychologique, avec des discours contradictoires et un double langage permanent renforcé à l'occasion de la crise financière de 2008. Elle connaît quelques échecs, lorsque le discours apparaît comme trop en contradiction avec la réalité. Les fanfaronnades de celui qui prétendait vouloir « refonder » le système capitaliste n'ont guère été suivies de mesures. Au contraire, les paradis fiscaux, les fonds spéculatifs, les bonus des traders et les cadeaux aux banques ont permis au capital financier de retrouver de sa superbe.

Mais la France, dont l'opinion est mesurée par les sondages, manifeste son mécontentement. Le faible taux de participation aux élections révèle un désarroi d'autant plus profond que l'on descend dans l'échelle sociale. Les belligérants sont inégalement préparés au combat. Les classes populaires, désarmées et désabusées par la désindustrialisation, voient leurs états-majors politiques et syndicaux hésitants et divisés.

UNE « DRÔLE DE GUERRE »

Le brouillage idéologique n'est-il pas total ? Le capitalisme est proclamé comme indépassable depuis les échecs du socialisme des pays de l'Est. La loi du marché semble être devenue la forme sociale la plus achevée que puisse atteindre l'humanité. La phase actuelle de cette guerre n'est-elle pas semblable à celle de la « drôle de guerre » de 1939-1940, alors que, le conflit n'étant pas déclaré, les forces populaires attendent, peu disposées à retourner au carnage, tandis que les dominants s'entraînent et préparent l'assaut final ?

Parmi les armes dont disposent les puissants, il faut ajouter, à la force physique et à la propriété des moyens de production, le savoir et notamment celui de la finance mathématisée. Le glaive et l'usine perdent de leur efficacité au profit des logiciels, des mathématiques et des ordinateurs. Financiarisé et mondialisé, le système économique ne profiterait-il plus qu'à ceux qui possèdent les codes d'accès à cette nouvelle planète, unifiée sous l'impérialisme de l'argent ? Les dirigeants français alignent leurs revenus sur les plus élevés à l'échelle du monde, tout en délocalisant les emplois industriels, puis tertiaires vers les zones où le travail est payé au plus bas. Les ouvriers chinois ou philippins sont la référence et les travailleurs français licenciés se voient proposer des emplois de remplacement à des centaines ou des milliers de kilomètres de chez eux, au tarif local, celui de la misère.

Mais, pour que cela soit accepté et acceptable, il faut encore que les puissants du monde investissent dans les médias pour contrôler les cerveaux. Dans le magma indistinct de la pensée contemporaine, la lutte des classes est renvoyée aux poubelles de l'histoire. La notion de classe sociale disparaît du langage politiquement correct. Les mouvements sociaux sont dénoncés comme archaïques. Les droits arrachés de haute lutte par les travailleurs, dans les combats du passé, deviennent des privilèges inadmissibles pour les jongleurs de la finance qui, sur un coup de Bourse, peuvent engranger quelques millions au détriment de l'économie réelle.

Les effets d'annonce et les manœuvres populistes d'un adversaire qui se présente comme porteur d'un avenir meilleur brouillent les cartes. Dans cette phase, Nicolas Sarkozy ne joue-t-il pas le rôle d'un sauveur qui va pouvoir apporter par la « rupture » les moyens de faire reculer les nuées menaçantes ? Cette bonne volonté simulée a pu séduire quelques personnalités de la gauche que les errements du leader ont sans doute bien vite refroidies. Il reste que ces dévoiements ont accentué le trouble et les interrogations dans une opposition de gauche quelque peu déroutée par l'agitation sarkozyste. Et inquiétée par une personnalisation du pouvoir inusitée. La parole du chef de l'État s'infléchit et se contredit selon les circonstances. Mais les ruptures ne vont-elles pas toujours dans le même sens, celui d'un grignotage systématique des libertés et des acquis sociaux ?

Le temps est lourd de menaces, mais on ne sait quand et comment l'orage va éclater. La guerre des tranchées, celle de la société industrielle où patrons et ouvriers étaient dans un face-à-face constant, parfois violent, mais qui avait le mérite de permettre à l'échange d'exister, a laissé la place à un conflit où ceux qui contrôlent la mondialisation, ses échanges multiples et ses flux financiers dominent sans partage. L'arme atomique a remplacé le fantassin. La suprématie aérienne de la haute finance, bien au-dessus de l'économie réelle, empêche d'identifier l'ennemi, puissant mais insaisissable. Ce sont les marchés qui attaquent. Mais qui sont les marchés ? La force de frappe est impressionnante, mais on ne sait d'où vient le coup.

CONNAÎTRE L'ADVERSAIRE

Ce combat incertain exige que soient dévoilés les moyens et les méthodes de l'adversaire. Pour le vaincre, ne faut-il pas le connaître ? Aussi cet ouvrage prétend-il ouvrir quelques portes. Dans un souci constant de transparence et de lisibilité, nous donnons à lire des faits, des preuves, nous multiplions les histoires et les exemples pour emmener le lecteur sur la réalité du terrain, à La Défense, à Neuilly et dans les lotissements chics où l'entre-soi permet la consolidation des réseaux. Les sources sont indiquées : il faut vaincre l'opacité du pouvoir, l'un de ses remparts les plus solides.

Il fut un temps où la légitimité était l'arme par excellence des possédants. La culture, le caritatif, la simplicité apparente, la politesse envers le personnel qui servait, et le rôle économique indéniable de l'industriel, du patron connaissant son affaire : la domination sociale pouvait donner le change. Mais qu'est-ce qui peut rendre légitimes les bonus pharaoniques, les prises de bénéfice à la Bourse, les plus-values démentielles des spéculateurs ? Les dominants ne sont plus légitimes : ce sont simplement les plus forts.

Dans la France de Nicolas Sarkozy, l'argent est décomplexé, assumé, et l'appât du gain est la raison nécessaire et suffisante de l'enrichissement. L'obscurité calculée des manœuvres financières, les formules mathématiques comme tenues de camouflage, la prétention des grands discours technocratiques des politiques et des dirigeants des banques centrales, la dispersion des lieux stratégiques et leur invisibilité : les classes populaires ne sont-elles pas hors jeu ?

En mai 1968, on mettait le feu à la Bourse. En 2010, où est le champ de bataille, où est le point à frapper ? Le transfert des connaissances est stratégique : il faut vaincre le mur de l'obscurantisme moderne, mettre au jour les manœuvres et les pièges tendus, dévoiler les mécanismes. Le capitalisme a changé. Il ne s'agit pas de le refonder, les capitalistes le font très bien eux-mêmes. Il s'agit de le confondre pour pouvoir espérer lui substituer la liberté, l'égalité et la fraternité.

Dès le 7 mai 2007 au matin, nous avons décidé de collecter et classer les articles de presse et les documents permettant de conserver la mémoire de cette avalanche de changements et de ruptures aux fortunes diverses, initiés sous le règne sarkozyste. Ce simple effort quotidien a permis de sauvegarder une mémoire mise à mal par le flot impétueux qui submerge sans cesse l'actualité. Conserver la chronologie des événements, leur enchaînement, la trace des déclarations tonitruantes, est le moyen de mettre en évidence les tours de passe-passe d'un pouvoir déguisé en magicien.

Le Monde, chaque jour, et *Le Canard enchaîné*, le mercredi, ont été nos sources d'information régulières. De nombreux autres journaux, hebdomadaires et mensuels, des sites sur Internet ont été également mis à contribution, de même que les innombrables livres consacrés au chef de l'État. Des enquêtes spécifiques ont complété ces matériaux. Nos travaux antérieurs sur les classes dominantes ont été mobilisés pour donner à voir la spécificité de l'oligarchie politico-financière dont Nicolas Sarkozy est devenu le porte-parole.

L'adversaire est fort, la classe dominante est mobilisée sur tous les fronts. Ce constat risque d'être désenchanteur. Aussi terminons-nous en suggérant, à partir de réflexions sociologiques, des lieux où porter le regard et l'action. Pour contrer la collusion des élites, la connaissance de leur fonctionnement est un premier combat, mais aussi la condition d'une posture critique vis-à-vis de ceux qui mènent une guerre psychologique résolue contre les peuples désemparés. Le lecteur pourra s'y appuyer pour ne plus se laisser intimider et berner par les prétendues ruptures d'un pouvoir qui demeure ferme et constant dans son orientation de classe.

1. LE FOUQUET'S : LES AMIS DU CAC 40 AU CŒUR DE LA FÊTE

6 mai 2007. À peine la victoire de Nicolas Sarkozy à l'élection présidentielle est-elle acquise, avec 53 % des suffrages exprimés, que l'une des annonces de sa campagne se trouve malmenée par la réalité de sa pratique. Le nouveau président avait martelé pendant plusieurs mois qu'il serait celui de la France qui se lève tôt. Aussitôt élu, il se révèle sous son véritable jour.

LE GRAND MONDE DES AFFAIRES

Nicolas Sarkozy s'empresse d'aller fêter sa victoire avec ses amis les plus chers dans le nouvel hôtel de luxe du Groupe Lucien Barrière, à l'angle des Champs-Élysées et de l'avenue George V. Il y retrouve un échantillon de la France qui se couche tard. Si le repos d'une nuit dans ce type d'établissement est proportionnel aux tarifs pratiqués, la pleine forme est vite retrouvée. Mais se lever tôt à plus de 1 000 euros la nuit doit être un véritable crève-cœur.

Le Fouquet's Barrière est classé cinq étoiles. Ce n'est pas à proprement parler un palace comme le Ritz ou le George V : il est trop récent pour cela, à l'image de la fortune de la plupart des invités du président.

Parmi les invités, Dominique Desseigne, lui aussi président, mais du conseil de surveillance et du comité stratégique du Groupe Lucien Barrière (hôtels de luxe et casinos), est un ami de longue date de Nicolas Sarkozy. Celui-ci s'était établi pendant la campagne de l'élection présidentielle dans son hôtel particulier, au cœur de la villa Montmorency, l'un des « lotissements » les plus chics de la capitale.

D'autres présidents étaient de la partie. Vincent Bolloré, président de Havas et du Groupe Bolloré, par l'intermédiaire duquel il est présent dans de multiples conseils d'administration, en particulier dans le secteur de la logistique et des transports. Ce groupe étend aujourd'hui son influence dans les médias, avec la création de deux journaux gratuits, *Direct soir* et *Matin plus*, et celle d'une nouvelle chaîne de télévision, Direct 8, sur le réseau TNT. Le patrimoine professionnel de Vincent Bolloré est estimé, en 2010, à près de 3 milliards d'euros, ce qui le situe au 11e rang du palmarès des grandes fortunes professionnelles françaises [1]. Lui aussi habite dans la villa Montmorency, ghetto doré du XVIe arrondissement de Paris.

Martin Bouygues, P-DG du groupe homonyme, est également de la fête. Implanté dans plus de quatre-vingt-cinq pays, le Groupe Bouygues compte 145 150 salariés [2]. Il fait partie de l'indice boursier CAC 40. Le groupe est actif dans le BTP, l'immobilier, les télécommunications et les médias. Avec un patrimoine professionnel de plus de 2 milliards d'euros, Martin Bouygues se situe au 17e rang du classement de *Challenges*. Il est, comme Bernard Arnault, le parrain d'un fils de Nicolas Sarkozy et de Cécilia Ciganer-Albéniz, dont il a été également le témoin de mariage.

Intime du président de la République, Bernard Arnault était tout indiqué pour sceller l'alliance des affaires et de la politique. P-DG de LVMH (Moët Hennessy-Louis Vuitton), il est la première fortune professionnelle de France avec près de 23 milliards d'euros.

Serge Dassault, avec 6 milliards d'euros, est le brillant sixième du palmarès. P-DG du Groupe industriel Marcel Dassault, il poursuit l'activité de l'avionneur tout en développant Dassault Systèmes qui élabore des logiciels pour l'industrie [3]. Héritier, comme Martin Bouygues, il a lui aussi diversifié son activité

1. Chaque année, au début du mois de juillet, l'hebdomadaire *Challenges* publie le palmarès des fortunes professionnelles françaises, accompagné d'articles sur le rôle économique et le mode de vie des heureux lauréats. Une lecture que nous oserons qualifier d'enrichissante pour tous ceux qui souhaitent se familiariser avec les sagas familiales et les patronymes, souvent peu connus, d'industriels et de financiers dont dépendent les revenus et la vie de millions de salariés. Voir *Challenges*, numéro du 8 juillet 2010, ou le site www.challenges.fr.

2. www.bouygues.com.

3. www.3ds.com/fr et www.dassault.fr.

en investissant dans les médias. Depuis 2006, le Groupe Figaro est détenu à 100 % par la famille Dassault.

Autre invité de marque, Jean-Claude Decaux, qui fut le voisin du futur président, et d'ailleurs son administré, lorsque celui-ci était maire de Neuilly. Numéro un mondial du mobilier urbain. Jean-Claude Decaux occupe le 10e rang avec sa fortune professionnelle de 3 milliards d'euros.

Nicolas Sarkozy cousine large, au-delà des frontières . le Canadien Paul Desmarais et le Belge Albert Frère, arrivé dans la journée de Marrakech, dans son jet privé, ont salué son succès au Fouquet's. Amis de Sarkozy et amis entre eux, ils ont pour point commun d'être milliardaires. Une caractéristique qui n'avait rien d'exceptionnel ce soir-là. Les deux hommes possèdent 48 % des parts du Groupe Bruxelles Lambert, actionnaire de Total, Suez, Lafarge... Ce qui vaut à Frère d'avoir été anobli par Albert II, roi des Belges, qui l'a fait baron en 1994. Quant à Paul Desmarais, 83 ans en 2010, son groupe financier, Power Corporation du Canada, est désormais dirigé par ses deux fils[4]. Dans son immense propriété de Sagard, à la tête de la plus grande fortune de la Belle Province, il reçoit des hommes d'affaires, mais aussi les Bush, les Clinton, et un certain Nicolas Sarkozy, venu y fêter le réveillon en 2004 avec son épouse.

Des amies de Cécilia Sarkozy, liées au monde des affaires, donnent un zeste de parité à un milieu très masculin. Agnès Cromback dirige la branche française de Tiffany, un groupe international de joaillerie. Mathilde Agostinelli est directrice de la communication chez Prada. Bien que grande amie de Cécilia Ciganer-Albéniz, elle fut choisie, peu de temps après, par Nicolas Sarkozy comme témoin de son troisième mariage, avec Carla Bruni, l'autre témoin étant Nicolas Bazire, haut responsable du Groupe LVMH et lui aussi présent au Fouquet's.

Le banquier Antoine Bernheim et le conseiller Alain Minc avaient tous deux leur place dans cette fête. Elle célébrait l'élection de Nicolas Sarkozy et, en même temps, la victoire du néolibéralisme, le système qui a substitué un capitalisme financier spéculatif au capitalisme industriel fonctionnant de pair avec l'État-providence.

4. www.powercorporation.com.

LE PETIT MONDE DE LA POLITIQUE

Ce soir-là, au Fouquet's, alors qu'il s'agit de fêter une victoire électorale, les politiques sont moins nombreux qu'on aurait pu le prévoir : deux Premiers ministres, un ancien, Jean-Pierre Raffarin, et un futur, François Fillon ; le couple Balkany, des intimes du président, bien connus pour leurs activités diverses à Levallois-Perret, et au conseil général des Hauts-de-Seine, dont Nicolas Sarkozy fut le président de 2004 à 2007 ; de futurs ministres, Rachida Dati, Christine Albanel et Roger Karoutchi, et les conseillers de Nicolas Sarkozy, qui le suivront à l'Élysée, Henri Guaino, Claude Guéant et David Martinon.

L'autonomie relative du champ politique paraît bien mal en point en ce début de mai 2007. Affaires et politique ont souvent été intimement mêlées, mais elles ne le furent jamais, depuis la Libération, avec une telle visibilité. L'affichage public de la proximité du haut personnel politique avec les industriels et les financiers les plus en vue commence à faire partie de cette banalisation décomplexée de la fortune qui, depuis quelques années, s'étale sans vergogne.

Cette joyeuse assemblée n'avait rien de monacal, d'autant que, comme dans toute soirée de haut vol, l'invitation de quelques amuseurs professionnels devait permettre de pallier le sérieux intrinsèque de ces messieurs importants, aux lourdes responsabilités et aux cagnottes encore plus pesantes. Johnny Hallyday, Christian Clavier, Jean Reno étaient à même de mettre un peu d'ambiance et Bernard Laporte suscitait des conversations animées autour du sport [5].

Les différentes composantes de la classe dominante sont donc au rendez-vous du Fouquet's, mêlant des invités qui exercent leurs talents dans les sphères les plus diverses de l'activité sociale, les affaires mais aussi les arts et les lettres, la politique et les médias. La sous-représentation des familles anciennes, comme les Wendel ou les Rothschild, ne met pas en cause leur soutien à celui qui allait mettre à mal les protections sociales auxquelles le baron Ernest-Antoine Seillière de La Borde, descendant Wendel par sa mère et ancien président du Medef, avait déjà

5. Le lecteur pourra trouver d'autres informations dans le livre d'Ariane Chemin et Judith Perrignon, *La Nuit du Fouquet's*, Paris, Fayard, 2007.

tenté, sous couvert de refondation sociale, de s'attaquer. Les scores mirifiques remportés le 6 mai 2007 par Nicolas Sarkozy dans les beaux quartiers attestent de ce soutien : 74,8 % dans le VIIe arrondissement de Paris, 80,8 % dans le XVIe et 86,8 % à Neuilly.

DU COUVENT AU YACHT

Au milieu des flots de champagne, le nouveau président oublie son intention de se retirer dans un couvent pour prendre le temps de la réflexion en dehors des vicissitudes de la politique politicienne. Un premier écart entre la posture annoncée et l'attitude adoptée. Le lendemain de cette soirée mémorable, pas de recueillement dans l'austérité des cellules et des cloîtres. Nicolas Sarkozy s'embarque sans tarder sur le bateau de plaisance mis à sa disposition par Vincent Bolloré, qui offre au couple présidentiel d'alors son jet privé, un Falcon 900 EX, pour rejoindre Malte où est amarré son yacht de 60 mètres, baptisé *La Paloma*. « Ça commence Malte », titre *Le Canard enchaîné*.

La fête au Fouquet's et cette croisière ont marqué brillamment et bruyamment l'intronisation du nouveau président. Ces rites de passage ont indiqué le sens du changement. La rupture ne sera pas celle que l'on pouvait espérer. Elle sera bien plus proche de l'exhortation de Guizot, au XIXe siècle, « Enrichissez-vous », que de la promesse de la campagne présidentielle selon laquelle on pourrait « travailler plus pour gagner plus ».

Le sacre de Nicolas Sarkozy est celui du cynisme social : l'argent ne doit plus se cacher, il est la consécration naturelle du talent, du courage, de l'utilité sociale et de toute réussite. Il est parfaitement légitime que les riches soient riches, toujours plus riches, et rejoints par de nouveaux riches, puisque toute cette accumulation est le moteur même de l'économie et de la croissance. Ces riches sont donc bien en droit de fêter la victoire du meilleur d'entre eux, de celui qui assurera la continuité et le perfectionnement du système qui, affirment-ils, a définitivement fait la preuve de sa supériorité.

Les épisodes suivants du feuilleton vont raconter, en un récit tragi-comique, les cadeaux faits aux plus riches et les réformes rétrogrades qui conduisent à l'appauvrissement des plus pauvres. Les contorsions physiques et linguistiques du président ne sont toutefois pas parvenues à masquer les grandes faveurs faites aux amis du Fouquet's, instaurant entre la République et certains de ses « serviteurs » une atmosphère de cour qui n'est pas sans rappeler celle de Louis XIV, analysée de façon magistrale par le sociologue Norbert Elias [6].

6. Norbert Elias, *La Société de cour*, Paris, Flammarion, « Champs », 1985.

2. LES RICHES, PREMIERS SERVIS

Dès l'été 2007, la loi dite improprement « sur le travail, l'emploi et le pouvoir d'achat » (TEPA) favorise les favorisés. D'abord par la fourniture d'un attirail défensif : il s'agit de protéger les patrimoines les plus importants, harcelés par les voltigeurs du ministère des Finances.

Nicolas Sarkozy a dû regretter de ne pas être l'inventeur du « bouclier fiscal ». Devenu président de la République, il n'a pas su attendre plus de deux mois : urgence des urgences, il fallait en baisser de 60 % à 50 % le plafond.

LE BOUCLIER FISCAL : PROTÉGER LES HAUTS REVENUS

La guerre des classes se manifeste dans la symbolique d'un vocabulaire martial. Les riches sont présentés comme agressés et mis dans l'impérieuse nécessité de se défendre. Aussi leur fournit-on un bouclier pour se protéger, mais de quoi ? De la rapacité d'un peuple avide ? D'un État d'autant plus insatiable qu'il dépense sans compter ?

Une question à cent sous

« Est-il possible de demander à un contribuable de donner à l'État plus de la moitié de ses revenus ? Travailler deux jours et en donner un à l'État, pensez-vous que cela n'est pas assez ? », demande avec une fausse naïveté le président de la République selon lequel personne ne doit payer plus de 50 % de ses revenus en impôts.

Trois remarques sont susceptibles de contredire le bon sens présidentiel, dont l'évidence n'a d'égale que la mauvaise foi.

Premièrement, les revenus considérés ne sont que partiellement des revenus du travail. Pour l'essentiel, il s'agit des dividendes, plus-values et autres revenus du capital, qu'il soit mobilier (portefeuilles d'actions, parts de fonds communs de placement...) ou immobilier (terres et immeubles...). Il s'agit donc du produit du travail des autres.

Une deuxième entourloupe est de taille : ce n'est pas la totalité des revenus qui est mise à l'abri derrière le bouclier fiscal. Les revenus menacés par l'impôt sont ceux qui n'ont pu être escamotés par le passage dans les niches fiscales ou par leur placement au soleil des paradis pour millionnaires.

Les vives protestations de contribuables que l'on pourrait croire étranglés par des fonctionnaires avides et implacables ne prennent pas en compte tout ce qui a déjà échappé aux rapaces. En recourant aux facilités des 486 niches fiscales où il fait bon mettre son blé au sec, le contribuable aura pu rogner la masse visible de sa fortune et de ses revenus.

La grande richesse est un immense iceberg. Plus on en voit, plus il y en a de dissimulé aux regards importuns. Car, à côté des niches où va se lover l'argent, abris connus et un rien bonasses, il est d'autres havres dont certains ont des allures de repaires de pirates en des îles lointaines. Ces paradis fiscaux échappent à toute investigation. Dans ces niches et ces paradis, l'argent est comme le Saint-Esprit : invisible mais présent. Le fisc, qui aurait plutôt à voir avec le diable, y est interdit de séjour.

Les grosses fortunes peuvent ainsi se présenter avec une taille de guêpe devant l'avide percepteur. Le seuil du bouclier en est d'autant plus vite atteint. Le taux réel d'imposition n'est pas de 60 % ou 50 %. Les revenus réels étant beaucoup plus élevés que ceux déclarés au fisc, le niveau d'imposition n'est que de 40 %, 30 %, 20 %, voire moindre, ou même nul.

Troisième tour de passe-passe : impôts, taxes et contributions sociales entrent dans le calcul du bouclier. Celui-ci montre une fâcheuse tendance à prendre en compte tout ce qui passe par l'administration des impôts. Le calcul du bouclier fiscal à 60 % comprenait l'impôt sur le revenu des personnes physiques, l'impôt de solidarité sur la fortune (ISF), la taxe foncière et la taxe d'habitation.

Nicolas Sarkozy fait non seulement passer le seuil du bouclier de 60 % à 50 % à compter du 1er janvier 2008, mais, cerise sur le gâteau, il ajoute, au total des retenues à prendre en compte, la contribution sociale généralisée (CSG) et la contribution au remboursement de la dette sociale (CRDS) qui sont des cotisations sociales et non des impôts.

Autrement dit, les 48 % de ménages non imposables sur le revenu se voient prélever à la source, sur leur fiche de salaire, ces deux contributions sociales qui, pour les revenus élevés, contribuent à l'activation du bouclier fiscal.

Les bénéficiaires du bouclier fiscal

Dès juillet 2007, des députés de la majorité avaient déjà conscience du boulet politique qu'allait constituer ce bouclier. Il a pour effet pervers d'accroître les inégalités, exactement le contraire d'une fiscalité républicaine et redistributive. Soit trois familles, les « Riche », les « Moyen » et les « Pauvre ». Que se passe-t-il lorsque le bouclier passe de 60 % à 50 % ? Le tableau ci-dessous met en scène ces trois familles.

Le bouclier fiscal passe de 60 % à 50 % : à qui profite la rupture ?

Familles	*Revenus*		*Bouclier à 60 %*	*Bouclier à 50 %*	*Économie d'impôt*
Les « Riche »	100 000	Impôt maximum	60 000	50 000	10 000
		Solde disponible	40 000	50 000	
Les « Moyen »	30 000	Impôt maximum	18 000	15 000	3 000
		Solde disponible	12 000	15 000	
Les « Pauvre »	10 000	Non imposables	0	0	0
		Solde disponible	10 000	10 000	

Le revenu disponible des « Riche », après impôt, augmente de 10 000 euros lorsque le bouclier passe de 60 % à 50 %. Le gain est de 3 000 euros pour les « Moyen ». Il est nul pour les « Pauvre » qui ne sont d'ailleurs pas imposables. Le bouclier introduit donc une inversion des résultats de la fiscalité en enrichissant les riches, et en les enrichissant d'autant plus qu'ils sont plus riches.

Au 30 septembre 2007, curieusement, seuls 2 722 foyers fiscaux ont déposé une demande de restitution et ont été effectivement remboursés. Ce qui représente à peine 2,9 % des 93 000 ayants droit théoriques. Éric Woerth, alors ministre du Budget, leur rappela par courrier ce à quoi ils pouvaient prétendre. Sans obtenir plus de résultats. Aussi décision fut-elle prise de permettre aux bénéficiaires potentiels du bouclier fiscal d'imputer directement le trop versé de l'année précédente sur leur déclaration de l'année fiscale en cours.

Mais pourquoi donc si peu de demandes de restitution ? Comme nous l'a expliqué un fiscaliste : « Il faut se présenter propre devant le bouclier fiscal, il faut jouer franc jeu, avec les cartes sur la table. Sinon les fonctionnaires du fisc sentiront le non-dit, et c'est le redressement à la clef. » De surcroît, les contribuables savent que leur demande entraîne, *ipso facto*, une rallonge de deux ans du délai de prescription au-delà duquel ils ne peuvent plus être poursuivis en cas de fausse déclaration.

Certains contribuables préfèrent donc renoncer au bouclier. Selon un autre fiscaliste, des « citoyens français », ayant même des responsabilités politiques importantes, ne sollicitent pas le bouclier fiscal en faisant jouer tous les dispositifs dérogatoires qui permettent d'atteindre l'impôt zéro. « Le bouclier fiscal, dit ce professionnel de l'impôt, ce sont les cancres qui le sollicitent, ceux qui sont incapables de jouer l'optimisation fiscale. Les plus malins ne demandent pas à en bénéficier. » Par un habile mais courant montage, L'Oréal verse à la société holding Thétys, contrôlée par Mme Bettencourt, les dividendes qu'elle lui doit. Soit 280 millions d'euros en 2009. Tant qu'ils restent dans la holding, ils ne sont pas taxés. Son impôt sur le revenu, calculé sur les dividendes sortis de Thétys, sera d'environ 25 millions : 9 % des dividendes perçus. Un taux d'imposition dont beaucoup de salariés aimeraient profiter [1] !

Le coût du bouclier a été estimé au départ à plusieurs milliards d'euros. Puis il a été revu à la baisse, pour tomber à 600 mil-

1. Hervé Martin, « Miracle fiscal chez les Bettencourt », *Le Canard enchaîné*, 21 juillet 2010, et www.lexpansion.com, « Pourquoi Liliane Bettencourt paie si peu d'impôts », 21 juillet 2010.

lions en raison du nombre de demandeurs bien inférieur à ce qui avait été prévu.

En 2008, seuls 20 % des bénéficiaires potentiels du bouclier ont déposé une demande de restitution. Parmi ceux qui ne l'ont pas fait, nombreux doivent être ceux qui ont intérêt à se faire oublier de l'administration. Pourtant, d'après Marie-France Beaufils, sénatrice (groupe communiste républicain et citoyen), membre de la commission des finances du Sénat, il n'y a pas grand risque puisque « le critère de performance des services fiscaux de Bercy réside dans la rapidité avec laquelle le trop versé d'impôts est remboursé ! La précipitation qui en découle ne permet donc pas les investigations de contrôle nécessaires ».

Les bénéficiaires du bouclier présentent une grande dispersion de niveaux de richesse. Selon les chiffres communiqués par le ministère du Budget en avril 2010, 16 350 bénéficiaires, au 1er février 2010, sur les revenus déclarés en 2008, se seraient partagé 585 millions d'euros ; 8 445 d'entre eux, soit 51 %, ont reçu 4,7 millions, soit 565 euros en moyenne pour chacun. Ces modestes bénéficiaires du bouclier doivent être propriétaires de leur appartement ou de leur maison, dans une ville où le coût de l'immobilier ou du foncier est élevé, comme pour les célèbres paysans de l'île de Ré. Leur patrimoine n'est pas négligeable, 770 000 euros en moyenne, ce qui était le seuil d'imposition à l'ISF en 2008, mais leurs revenus sont faibles.

À l'autre bout de la distribution de cette population, 979 bénéficiaires se sont vu restituer 368 millions d'euros, soit une moyenne de 376 134 euros, qui atteint les 6 millions pour les dix les plus favorisés. Pour Liliane Bettencourt, troisième fortune professionnelle de France, avec 17 milliards d'euros, ce sera 30 millions, soit plus de 5 % du coût global du bouclier.

Le coût du bouclier bénéficie donc aux plus riches : 6 % des contribuables concernés ont récupéré 63 % du total des restitutions. Quatorze de ces bénéficiaires n'hésitent pas à narguer le fisc en déclarant à la fois un patrimoine de plus de 16 millions d'euros et un revenu annuel inférieur à 3 428 euros, en moyenne. Le plus vraisemblable est que ces profils étonnants révèlent un dégraissement acharné du revenu fiscal de référence, en utilisant quelques-unes des centaines de niches et peut-être quelques paradis, avant de demander en prime à bénéficier du bouclier.

Le bouclier fiscal a été conçu au départ pour vider l'ISF de son contenu, cet impôt ne pouvant être abrogé en raison de sa valeur symbolique. La restitution du trop perçu est en effet très inégalitaire selon que l'on est assujetti à l'ISF ou pas : les bénéficiaires non redevables de l'ISF, 53 % de l'ensemble, se partagent 1 % de l'enveloppe redistribuée. Soit 5,5 millions d'euros, 632 euros en moyenne. En revanche, les 47 % restants des contribuables bénéficiant du bouclier, tous assujettis à l'ISF, se partagent 580 millions d'euros, 75 780 euros en moyenne, 120 fois la moyenne de ce qui est rendu aux non-assujettis à l'ISF. Il y a bien une corrélation entre un bouclier plantureux et l'impôt de solidarité sur la fortune.

Et le bouclier devient boulet

De plus, le bouclier a pour effet d'exempter les plus riches de toute nouvelle forme d'imposition : étant déjà au-dessus du plafond, les nouvelles taxes ne feront qu'accroître le dépassement du seuil, et leur montant sera restitué.

Toute nouvelle mesure de solidarité sociale ne sera pas, selon cette logique, acquittée par ceux qui dépassent déjà le taux de 50 % d'imposition. Ainsi, le 8 octobre 2008, au cœur de la crise économique et financière, les députés de la majorité présidentielle, l'UMP et le Nouveau Centre, ont inclus dans le calcul du bouclier fiscal la taxe de 1,1 % sur les revenus des placements d'épargne, destinée à financer le revenu de solidarité active (RSA). Ce prélèvement, appliqué dès le 1er janvier 2009, est donc à la charge des riches les plus modestes et des classes moyennes.

Comme l'a laissé entendre Nicolas Sarkozy, dans ce langage qui manie avec rouerie les apparences de l'évidence, « un bouclier fiscal, si ça laisse passer les flèches, ce n'est plus un bouclier ». Irréfutable. Sauf que les flèches atteignent les moins protégés. Les petits épargnants sont mis à contribution sur leurs assurances-vie, leurs comptes sur livret et autres placements, alors que les milliardaires se retrouvent, eux, hors d'atteinte. Les plus riches sont donc exemptés de l'effort de solidarité envers les plus démunis.

Avec un cynisme époustouflant : les indemnités versées aux victimes d'accidents du travail sont, depuis décembre 2009, considérées comme un revenu et donc imposables. Malgré le tollé qu'il a soulevé, ce projet infâme a été adopté : 230 millions d'euros qui pourront être récupérés.

C'est pourtant au nom du peuple que sont proposées les réformes. « Le changement, je le mettrai en œuvre, parce que c'est le mandat que j'ai reçu du peuple », déclare Nicolas Sarkozy dès le 6 mai 2007.

Le bouclier fiscal est révélateur de la base sociale sur laquelle repose ce régime : ce sont désormais les grandes fortunes qui tiennent les rênes du pouvoir. La réforme, le changement, la modernisation, la rupture : de la poudre aux yeux. La même logique, implacable, est à l'œuvre partout et l'argent va à l'argent. Il pleut toujours où c'est mouillé, et notre météorologiste en chef ne cesse de s'en réjouir et de manipuler les nuages.

Treize députés de l'UMP ont signé un texte, dans *Le Monde* du 2 avril 2010, qui demandait la suspension du bouclier en arguant que si la CSG venait à être augmentée pour faire face aux dépenses de santé, « il serait inconcevable que ceux qui bénéficient du bouclier fiscal ne participent pas à cet effort ».

Nicolas Sarkozy a laissé parler son inconscient en déclarant, au début de 2010, devant les députés UMP, que pour combler le déficit budgétaire tout le monde paiera, « même les plus riches ». Ce à quoi Jérôme Cahuzac, le nouveau président PS de la commission des finances de l'Assemblée nationale, rétorque avec humour, dans *Le Monde* du 8 mai 2010 : « C'est un aveu terrible. S'il y a des sacrifices à demander au pays, le président de la République aurait dû dire : "Tout le monde devra payer, même les plus modestes." Pour lui, ce qui est exceptionnel, c'est que les plus riches soient amenés à payer ! »

Et pourtant, face à la montée de la colère avec la remise en cause de l'âge légal de la retraite à 60 ans, Nicolas Sarkozy a annoncé à l'occasion du sommet social organisé à l'Élysée, le 10 mai 2010, « un effort financier supplémentaire des hauts revenus et des revenus du capital ». Serait-ce une « entaille », comme dit Jean-François Copé, dans le bouclier fiscal ? Ou une manœuvre pour le « solidifier », comme l'avance crûment Frédéric Lefebvre ? Car, « briser le bouclier fiscal, a déclaré Christine Lagarde, serait une folie. Ce serait reconnaître que la parole de l'État n'a aucune valeur en matière fiscale. Il n'y a rien de pire que de faire vivre un pays dans l'insécurité fiscale ».

Finalement, les plus aisés contribueront à l'effort financier pour la sauvegarde du système de retraite. Dès 2011, l'imposition de la tranche la plus élevée de l'impôt sur le revenu sera portée de 40 % à 41 %, sans activer le bouclier fiscal. Le gain estimé serait de 230 millions d'euros. Une contribution égale à celle des accidentés du travail, perçue sur leurs indemnités devenues imposables.

La classe dominante, mobilisée sur tous les fronts, ne laisse rien au hasard et n'hésite pas à faire valoir ses prérogatives. Le 31 mars 2010, Olivier Dassault, député UMP de l'Oise, a adressé à Xavier Bertrand, secrétaire général de l'UMP, une lettre reproduite dans *Le Canard enchaîné* du 7 avril 2010. En voici le texte :

> Cher Xavier,
>
> Tes prises de position sur le maintien du bouclier fiscal me réjouissent. Je suis consterné de l'attitude irresponsable et des reculades de certains de nos collègues.
>
> Quel signal politique envoyons-nous à nos électeurs et aux Françaises et aux Français qui souhaitent réussir ? Il ne faut nous étonner ni de l'abstention – qui est une protestation violente contre les égarements de notre politique –, ni des délocalisations, ni de l'exil de celles et ceux qui sont les moteurs de la croissance et de la consommation. Nous devons tenir le cap ! Tu peux être certain de ma détermination et de mon soutien.
>
> Avec mes amitiés et mes félicitations pour ton courage,
>
> Olivier Dassault

Le bouclier, frein à l'exil fiscal ?

Les raisons de la création de ce bouclier tiennent à l'existence de l'ISF qui serait à l'origine de l'exil de familles fortunées. Sous la menace du glaive fiscal, celles-ci font le chantage à l'émigration, pour la Belgique, Londres ou la Suisse.

Le nombre d'exilés fiscaux reste pourtant stable, selon les chiffres donnés par Bercy : 846 en 2006, 719 en 2007 et 821 en 2008. Il y a encore peu de retours : 246 en 2007, 312 en 2008. Le dispositif n'a donc pas atteint son objectif : provoquer un retour d'exil massif. Se croyant indispensables, les riches menacent volontiers de quitter la France. La sénatrice Marie-France Beaufils confirme que les discussions concernant les avantages fiscaux aux plus aisés sont toujours difficiles « car le chantage à l'évasion des riches est toujours présent, mais sans jamais être démontré ».

Nicolas Sarkozy a eu beau essayer de les rassurer, ils ne rentrent pas au pays. Est-ce la crainte de revoir la gauche au pouvoir ? à moins qu'ils ne soient, de manière incurable, à la poursuite du toujours-plus ?

Bien que peu coûteux pour les finances publiques – 585 millions d'euros par an contre 73 milliards pour les niches fiscales –, le bouclier est très mal perçu. Selon un sondage CSA-*Le Parisien*, en avril 2010, 67 % des Français y sont hostiles et 39 % souhaitent sa disparition définitive. Le mot « bouclier » situe cette innovation fiscale sur le terrain de la violence dans les rapports sociaux et révèle l'aspect partisan de la manœuvre en faveur des plus aisés. D'où son rejet.

Le bouclier fiscal, la multiplication des niches, la défiscalisation des droits de succession et les paradis fiscaux sont autant d'offensives des plus riches pour manifester et revendiquer, haut et fort, leur droit à accumuler toujours plus d'argent et de patrimoine, sans les contraintes de l'État redistributeur. Les dominants mènent la guerre à leur guise, et à leur profit. L'État-providence de la seconde moitié du XXe siècle n'a pu exister que parce qu'il y avait le contrepoids des pays socialistes et la nécessité pour le patronat industriel de faire appel à une main-d'œuvre locale compétente, au pouvoir d'achat sécurisé par la collectivité, pour qu'à la production de masse corresponde une consommation de masse. Aujourd'hui, les frontières sont tombées, le capitalisme est roi sur presque toute la planète.

LES NICHES FISCALES, EN VEUX-TU, EN VOILÀ

C'est au nom de la « rupture » que Nicolas Sarkozy a créé de nouvelles niches fiscales dont certaines sont encore au bénéfice des plus riches. Ces niches permettent de dégraisser les revenus imposables : le contribuable peut en déduire certaines dépenses ou investissements. Il en va ainsi pour l'entretien des bâtiments historiques privés ou des prises de participation dans une entreprise d'un département d'outre-mer. Ces déductions ont lieu avant l'application du bouclier fiscal.

« Les niches, a déclaré Didier Migaud en 2008, alors qu'il était le président (PS) de la commission des finances de l'Assemblée nationale, pour un coût cumulé de 73 milliards d'euros, ont progressivement démembré des pans entiers de notre fiscalité. » Non seulement les niches fiscales sont opaques, mais elles ruinent la progressivité de l'impôt sur le revenu [2].

De nouvelles niches fiscales dès août 2007

La loi TEPA est une machine infernale contre l'égalité fiscale. La défiscalisation des heures supplémentaires est censée confirmer le sérieux du slogan « Travailler plus pour gagner plus ». Toutefois, dans leurs analyses sur les « réformes ratées du président Sarkozy », Pierre Cahuc et André Zylberberg démontrent que cette défiscalisation est coûteuse pour les finances publiques et sans effet vraiment positif sur l'activité. « Elle est aussi perverse car elle favorise les comportements d'optimisation fiscale. Loin de promouvoir la culture du travail, elle instille celle de l'opportunisme fiscal où chacun exploite à son profit les failles d'une réglementation inefficace [3]. »

S'il y a accord entre le salarié et son employeur, ce dernier peut déclarer des heures supplémentaires sans changer la durée effective du travail. Une autre façon de détourner cette niche fiscale peut consister à bien rémunérer les heures supplémentaires tout en diminuant la rémunération des heures normales. Le salaire reste inchangé, mais les revenus imposables diminuent. Il est donc probable que cette mesure profite plus aux employeurs et aux salariés imposables qu'aux travailleurs non imposables. « Nicolas Sarkozy est arrivé à promettre à des gens non imposables de ne pas payer d'impôts pour gagner plus », nous dit avec humour un économiste, en ajoutant que certains, à cause de quelques heures supplémentaires défiscalisées, en ont perdu la prime pour l'emploi. Le manque à gagner pour les finances publiques est de 6 milliards d'euros par an.

L'élection d'un président de la République prônant la rupture et une modernisation à marche forcée de la société française aurait dû aboutir à une vaste réforme d'une fiscalité déjà complexe et opaque. Or les mesures prises ont encore embrouillé les dispositifs et accru un peu plus les inégalités.

2. Les rapports publics annuels de la Cour des comptes sont accessibles sur son site : www.ccomptes.fr.

3. Pierre CAHUC et André ZYLBERBERG, *Les Réformes ratées du président Sarkozy*, Paris, Flammarion, 2009, p. 146.

La demande est forte, l'offre est abondante

En 2003, le nombre des niches était estimé à 418, elles étaient 486 en 2008. Selon Didier Migaud, « en cinq ans, leur coût est passé de 50 milliards d'euros à 73 milliards. Elles représentent pour cette année près de 27 % des recettes nettes de l'État[4] ».

Les niches fiscales sont à la fois nombreuses et diverses, touchant à de multiples aspects de la vie. Les économies d'énergie, grâce à la défiscalisation des travaux, concernent de larges parties de la population, sauf les 48 % de ménages français qui ne paient pas d'impôts sur le revenu.

La défiscalisation des aides ménagères et des autres services à la personne profite aux familles aisées qui ont des besoins de personnel. Elles peuvent déduire 50 % des frais engagés de leurs impôts. Le plafond des dépenses prises en compte est fixé à 12 000 euros et les contribuables peuvent ainsi déduire 6 000 euros de leur contribution fiscale. Ce plafond est augmenté de 1 500 euros par enfant à charge et/ou pour chaque membre du foyer fiscal âgé de 65 ans ou plus. Toutefois, le plafond augmenté de ces majorations ne peut excéder 15 000 euros et la déduction fiscale est donc limitée à 7 500 euros. Mais, pour l'exercice 2009, le lobbying de Frédéric Lefebvre a porté ses fruits. Le plafond des dépenses prises en compte, pour les contribuables qui bénéficient du dispositif pour la première fois, a été porté à 15 000 euros, et à 18 000 euros si des majorations s'appliquent (enfants...) par l'adoption de l'amendement présenté par le porte-parole de l'UMP. Il s'agit d'un crédit d'impôt déductible du montant des impôts et non pas des revenus imposables. C'est une niche fiscale importante, réservée par définition aux plus riches puisque la moyenne des impôts, pour l'ensemble des ménages imposables, oscille entre 2 000 euros et 2 300 euros par an. L'article D129-35 du code des impôts indique vingt et une possibilités pour activer cette niche fiscale depuis l'entretien de la maison et les travaux ménagers, la garde d'enfants à domicile, le soutien scolaire à domicile, jusqu'à la maintenance et le gardiennage temporaires de la résidence, qu'elle soit principale ou secondaire. Voilà qui doit être agréable aux grandes fortunes qui ont des biens immobiliers de valeur à entretenir et à faire surveiller.

4. *Le Monde*, 6 juin 2008.

Parmi les centaines de niches fiscales, certaines sont « subies », comme la diminution de l'impôt en fonction du nombre d'enfants, et d'autres « choisies », comme les investissements dans les départements d'outre-mer.

On peut se renseigner sur ces dispositifs dérogatoires : l'administration publie des textes, des listes de niches, des estimations plus ou moins complètes et précises sur un secteur éminemment complexe [5]. Le petit contribuable s'y perdra et ne saura guère comment tirer parti d'un tel amoncellement de textes, de lois et de règlements. Ce système dérogatoire ne peut évidemment favoriser que ceux dont les revenus dépassent le seuil à partir duquel ils deviennent imposables.

Bien conseillés par des avocats fiscalistes, les plus riches peuvent multiplier les niches pour se rapprocher de l'impôt zéro et parfois l'atteindre. Certains propriétaires de châteaux classés monuments historiques nous ont dit planifier leurs travaux d'entretien en fonction des échéances fiscales pour optimiser les avantages liés à ces bâtiments. Non seulement cela est parfaitement légal, mais c'est de surcroît légitimé par les efforts consentis par ces propriétaires altruistes qui se donnent corps et âme à leur passion : embellir le patrimoine national [6].

Christine Lagarde, ministre de l'Économie et des Finances, s'était engagée, en juillet 2007, à rendre avant le 15 octobre un rapport sur les modalités de la création d'un impôt minimal pour les particuliers. Mais, à la date fatidique, la ministre déclara qu'elle ne mettrait pas en place un tel dispositif. Sans doute quelques-uns des invités du Fouquet's avaient-ils fait savoir à qui de droit qu'une telle mesure les indisposerait. Le projet ne fit donc pas partie de la discussion sur la loi de finances pour 2008. En accord avec le ministre du Budget, Éric Woerth, Christine Lagarde fit valoir qu'une telle mesure serait en contradiction avec la volonté exprimée par Nicolas Sarkozy de baisser l'ensemble des prélèvements obligatoires.

5. www.performance-publique.gouv.fr/farandole/2008.
6. Voir notre ouvrage *Châteaux et châtelains. Les siècles passent, le symbole demeure*, Paris, Anne Carrière, 2005.

Les niches fiscales viennent, parmi d'autres dispositifs, casser le rôle redistributif de l'impôt. Leur nombre et le manque à gagner qu'elles entraînent pour les finances publiques relancent régulièrement l'idée de leur plafonnement. Celle-ci devint d'autant plus d'actualité que l'arrivée de Nicolas Sarkozy se traduisant par un bouclier à 50 % et la création de nouvelles niches fiscales, l'impôt zéro était plus que jamais accessible aux grandes fortunes.

« Dans chaque niche il y a un chien qui mord »

Dès le 15 octobre 2008, Didier Migaud confirme que les principaux bénéficiaires du bouclier fiscal sont aussi les principaux utilisateurs des multiples niches. Aussi propose-t-il un amendement visant à empêcher le cumul des niches et du bouclier pour les contribuables les plus riches. Le rejet de cet amendement va leur permettre, comme l'a dit un député UMP, de continuer à amasser « le beurre et l'argent du beurre ».

Après bien des discussions de couloir, le plafonnement des réductions d'impôts liées aux niches fiscales a eu gain de cause, mais à un niveau qui n'écorne qu'à peine le revenu des plus fortunés. Selon le texte adopté le 12 novembre 2008 en commission des finances, par la seule majorité de droite, l'ensemble des réductions d'impôts serait limité à 25 000 euros par foyer fiscal, plus 10 % des revenus imposables. L'ajout de ces 10 % rend le plafond mobile : il monte avec les revenus. L'opposition s'est abstenue, la bonification du seuil par un pourcentage constant sur les revenus jouant contre le principe de la progressivité de l'impôt.

Mais, entre le 12 et le 17 novembre 2008, jour où l'amendement sur le plafonnement des niches devait être soumis aux députés, le travail de lobbying a été intense. Ce qui a fait dire à Gilles Carrez (UMP) que « dans chaque niche il y a un chien qui mord ». Certains députés sont les chantres d'une niche dont ils assurent une défense acharnée. Le 17 novembre, le plafonnement à 25 000 euros plus 10 % du revenu imposable a toutefois été adopté.

Si Didier Migaud admet que « le plafonnement a au moins le mérite d'exister », il remarque que cela ne change pas grand-chose dès lors que l'on peut bénéficier des services d'avocats fiscalistes. Les artistes en la matière peuvent faire jouer toutes les déductions possibles pour se retrouver aux limites du plafonnement et donc en bénéficier au maximum.

De plus, le plafond ne s'applique qu'aux niches « choisies ». Celle qui concerne les monuments historiques étant considérée comme « subie » n'est donc pas plafonnée : le législateur a considéré qu'on ne demande pas à être châtelain, on l'est de naissance, avec la charge du château à entretenir.

Les escarmouches à l'Assemblée nationale peuvent parfois porter à rire. En 2008, au cœur de la crise financière, un amendement avait pu se glisser subrepticement. Il plafonnait à 200 000 euros les avantages fiscaux accordés aux propriétaires de monuments historiques qui n'ouvrent pas leur monument à la visite. La trêve des confiseurs aidant, en pleine préparation des fêtes de Noël et du Nouvel An, la commission mixte paritaire a supprimé ce plafonnement. Les propriétaires de châteaux et autres abbayes pourront donc continuer à jouir de leurs vieilles pierres dans le confort apporté par l'aide illimitée de l'État, sans être troublés par le va-et-vient de manants en goguette, peu appréciés des ancêtres qui, depuis les portraits peints qui les immortalisent, veillent au maintien de la lignée.

Rien n'est jamais acquis en matière de niches fiscales : leur traitement évolue en fonction des rapports de forces. Le 7 décembre 2009, le Sénat a abaissé le plafond des déductions à 20 000 euros, plus 8 % des revenus imposables. Devant l'énormité des cadeaux faits aux plus riches, dans un contexte de déficits publics et de plan de rigueur inavoué, des élus, pourtant UMP et du Nouveau Centre, peuvent être pris d'une certaine angoisse.

Déficit public et niches fiscales

La crise grecque d'avril-mai 2010 a donné de la visibilité au déficit de la France. Les coûts du remboursement de la dette, liée notamment à tous ces cadeaux faits aux riches, doivent être couverts au prix de coupes sévères dans les dépenses publiques et sociales. En ce qui concerne les niches, tout laisse à penser que les plus malmenées seront celles que l'on dit « subies », qui ont souvent un caractère social. Ainsi, *L'Humanité* (18 février 2010) notait que la loi de finances qui venait d'être votée réduisait les dispositions en faveur des contribuables ayant élevé seuls au moins un enfant. Tout contribuable dans cette situation se voyait attribuer une demi-part supplémentaire. Pour en bénéficier, il faudra dorénavant avoir élevé cet enfant durant au moins cinq ans, à partir du moment où le contribuable a commencé à vivre seul. L'État y gagnera 1,2 milliard d'euros. Des personnes non imposables pourraient le devenir en raison de cette nouvelle clause, d'autres voyant leurs impôts augmenter de 500 à 800 euros, selon les calculs de la CGT Impôts.

Le nouveau ministre du Budget, François Baroin, a annoncé son intention de réduire de 4 à 6 milliards d'euros les exonérations fiscales produites par les niches, dont le montant a atteint 75 milliards d'euros en 2010. Un effort modeste : même pas 10 % de leur montant. François Baroin s'est refusé à révéler quelles seront les niches mises à contribution. « Je ne veux pas lâcher dans la nature telle ou telle niche parce que les chiens qui sortiront de cette niche risquent d'aboyer trop fort », a-t-il déclaré, reprenant l'image de Gilles Carrez. Les premières mesures annoncées, en juillet 2010, ne sont pas rassurantes pour les classes moyennes et populaires puisqu'elles signifient, par exemple, la fin du cumul entre l'aide personnalisée au logement (APL), dont peuvent bénéficier certains étudiants, et la demi-part fiscale pour enfant à charge dont profitent leurs parents. Mais ce rabotage n'empêchera pas le bouclier fiscal de fonctionner, offrant une alternative aux revenus imposables qui n'auront pu être dégraissés par les niches : si le seuil du bouclier est atteint, le surplus versé par le contribuable lui sera restitué. Le système fiscal français est ainsi fait qu'il y a toujours plusieurs manières d'échapper au fisc pour les hauts revenus.

L'enjeu politique sur ces niches est de taille, car le manque à gagner est supérieur aux 59,6 milliards d'euros de l'impôt sur le revenu, qui représente seulement 16,3 % de l'ensemble des recettes fiscales (365 milliards en 2009). L'impôt le plus injuste, acquitté par tout le monde dès le moindre achat, la TVA, représente 187 milliards, soit plus de la moitié de ces recettes. Si bien qu'il est fallacieux de parler de ménages non imposables, si on ne précise pas « sur le revenu ». Et ce d'autant plus qu'ils paient, avec retenue à la source, la CSG et la CRDS dont sont exemptés de fait ceux qui peuvent activer le bouclier fiscal. La CSG et la TVA représentent 60 % des prélèvements fiscaux.

DES AVANTAGES FISCAUX POUR LES HÉRITIERS

La très forte diminution, dès juillet 2007, de la fiscalité sur les successions et les donations a été globalement bien accueillie. Pourtant, cette baisse de la pression fiscale profite pour l'essentiel aux plus aisés.

Les successions

Les trois quarts des successions ne sont pas imposables : leur montant est inférieur aux 156 974 euros de l'abattement en vigueur, depuis le 1er janvier 2010, pour chaque enfant[7]. En dessous de ce seuil, il n'y a aucun droit à acquitter. Huit sur dix des successions en ligne directe entre parents et enfants sont dans ce cas, selon la Direction générale des impôts. Quant aux droits de succession entre époux, ils ont été purement et simplement supprimés par Nicolas Sarkozy dans le cadre de la loi TEPA. Quel que soit le montant de la succession, le conjoint survivant est exempté de droits.

Déjà, lorsqu'il était ministre des Finances, Nicolas Sarkozy avait fait un geste significatif en faveur des enfants héritiers en ligne directe en portant l'abattement à 50 000 euros par enfant à partir du 1er janvier 2005. Cette mesure a fait la couverture du *Point* du 16 septembre 2004, sous le titre « Héritage, la nouvelle donne Sarkozy ». L'article s'ouvrait par cette phrase : « L'héritage des Français sera dès 2005 quasi exonéré d'impôt. » Parvenu au faîte du pouvoir, le nouveau président a triplé la mise en passant à 150 000 euros.

Les donations

La loi TEPA instaure également une grande générosité à la faveur des donations. À l'instar du contribuable fortuné profitant du bouclier fiscal, dont les revenus officiels ont déjà subi une sérieuse cure d'amaigrissement dans les niches et paradis fiscaux, l'héritier, dans une famille avisée et prévoyante, aura déjà engrangé une partie du patrimoine familial avant même le décès de ses parents. Ceux-ci, légitimement soucieux de la pérennité de leur nom et du bien-être de leur descendance, auront eu recours aux donations défiscalisées lorsque l'échéance de la mort surviendra pour eux.

7. Chambre des notaires de Paris, www.paris.notaires.fr.

La rupture fiscale de l'été 2007 permet à chacun des parents de donner à chaque enfant jusqu'à 150 000 euros, en chiffres ronds, tous les six ans. Ce montant, réactualisé chaque année, atteint 156 974 euros en 2010.

Un enfant ayant ses deux parents pourra recevoir d'eux, tous les six ans, des donations pour un montant cumulé de 313 948 euros, sous des formes diverses : dons manuels en espèces, chèques, virements, titres ou valeurs, ou dons en nature, de biens meubles ou immeubles. Sous la seule condition que celui ou celle qui reçoit le don en fasse la déclaration à l'administration fiscale.

Prenons un exemple : à l'âge de 50 ans, des parents engagent des donations en faveur de leurs deux enfants. S'ils réalisent la dernière à 74 ans, ils auront pu procéder à cinq donations, en respectant un intervalle de six ans. Soit, pour chaque enfant (sur la base de 156 974 euros par parent, donc 313 948 euros par donation) un total de 1 569 740 euros de dons. Le maximum des donations cumulées pour deux enfants atteint donc 3 139 480 euros.

À la mort de leurs deux parents, les deux enfants pourront bénéficier en plus d'une exonération fiscale sur la succession de 627 896 euros au maximum. C'est un total de 3 767 376 euros qui pourra être transmis sans imposition. Ces avantages fiscaux bénéficieront à des personnes déjà financièrement avantagées. Une nouvelle fois, les recettes de l'État se privent de la contribution de familles fortunées.

Des mesures favorables aux dynasties familiales fortunées

Dans la plupart des familles françaises, on n'aborde guère le sujet de la transmission et de l'héritage. Ce silence, qui se veut sans doute respectueux des plus âgés, est souvent lié à la modicité des biens à transmettre. Il en va autrement dans les familles fortunées pour lesquelles l'importance du patrimoine exige que les dispositions soient prises du vivant des parents. Cela peut se faire sans cynisme ou cruauté, dans la mesure où, dans ces milieux, cela va de soi. Dès le plus jeune âge, chacun est élevé dans le culte des ancêtres et dans le respect de la lignée dont il est l'un des maillons. L'héritage est un élément fondateur de l'identité et l'on apprend qu'il faut le transmettre aux générations suivantes.

Les faveurs fiscales de Nicolas Sarkozy ne sont donc pas seulement une manière de conforter la richesse économique des plus riches. Elles signifient l'importance accordée aux dynasties familiales fortunées qui inscrivent l'excellence sociale dans le temps long de la lignée et qui accaparent les privilèges sur plusieurs générations, permettant ainsi à la classe dominante de se reproduire au sein de la même confrérie des grandes familles.

Le coût global des mesures favorisant la transmission des patrimoines familiaux et la pérennité de la classe dominante est important pour les finances publiques : de l'ordre de 2,5 milliards d'euros par an.

Il y a donc bien deux poids et deux mesures : les accidentés du travail, en majorité des ouvriers et des employés, voient, eux, leurs indemnités devenir imposables. « Cessons d'opposer riches et pauvres », avait pourtant affirmé une Christine Lagarde irritée par les députés de gauche qui opposaient, au cours des débats de juillet 2007, les milliards accordés aux familles les plus aisées aux difficultés apparemment insolubles pour arriver à financer le revenu de solidarité active. Cette dernière mesure avait été présentée par Martin Hirsch, ancien président d'Emmaüs, membre du gouvernement Fillon de 2007 à 2010. Comme disaient certains députés : « Hirsch, c'est le petit frère des pauvres, et Lagarde, c'est la grande sœur des riches. »

La priorité est accordée aux familles anciennes et fortunées depuis plusieurs générations. Avec la réduction des droits de succession et la dégressivité de l'impôt sur le revenu, le capitalisme héréditaire est assumé. L'ancienneté est au cœur de l'excellence sociale pour laquelle la notion de rupture est antinomique. Dans la haute société, les divorces sont sensiblement moins nombreux que dans les autres groupes sociaux. Pour que ça dure, rien ne vaut la pérennité familiale, qui peut s'accommoder de quelques libertés, l'important étant de maintenir le statut, au-delà des vicissitudes sentimentales. La compréhension fiscale envers les héritiers et leurs familles, dont le président de la République a fait la démonstration, a donc amélioré son image dans un milieu où la continuité prévaut sur la rupture.

3. UNE OLIGARCHIE AU POUVOIR

Lorsque tous les pouvoirs sont entre les mains de personnes qui entretiennent des liens étroits et forment un groupe de fait, on peut parler d'oligarchie. La politique, les entreprises, la finance, les médias, le marché de l'art sont contrôlés par des agents sociaux qui se connaissent et se reconnaissent, au sens où ils se cooptent mutuellement dans les instances où ils se retrouvent.

Les liens sont familiaux et s'enracinent dans des cursus scolaires ou des origines géographiques communs. Idéologiquement proches, les membres du réseau sont issus du même milieu social. Les fils tissés entre eux font penser à une toile d'araignée ou, mieux, à ces constructions en trois dimensions dans lesquelles tous les points se trouvent unis à tous les autres.

Les membres de cette oligarchie composent les conseils d'administration de Total ou de BNP Paribas, se rencontrent dans les salons de l'Automobile Club ou à une conférence du Siècle, dans les loges de l'hippodrome de Longchamp ou sur le green du golf de Morfontaine. Ils se croisent chez un antiquaire du quai Voltaire ou dans une galerie de l'avenue Matignon, et participent aux mêmes dîners. Leur appartenance commune aux associations de défense du patrimoine, aux groupes de lobbying, aux amicales d'anciens des grandes écoles finit par gommer les clivages qu'auraient pu induire les spécialisations des fonctions ou des secteurs d'activité. Sans compter les mariages endogamiques qui multiplient les liens familiaux au sein de ce bouillon de culture où se reproduit la classe dirigeante.

Politiques, hommes d'affaires, grands propriétaires terriens, officiers généraux, personnalités de la presse, des arts et des lettres ne cessent, par les multiples occasions professionnelles et à travers une vie mondaine intense, de mettre en commun leurs savoirs et leurs pouvoirs. La diversification extrême de leurs compétences et de leurs responsabilités démultiplie le capital économique et le capital symbolique de chacun d'entre eux. Ainsi, l'oligarchie domine et réduit la démocratie à une peau de chagrin [1].

Au soir de l'élection de Nicolas Sarkozy, l'oligarchie a fêté au Fouquet's l'intronisation de son fédérateur, de l'homme politique ayant su tisser des relations et asseoir son autorité dans les milieux les plus divers. La soirée mondaine est l'une des formes de la mobilisation de la classe. Ces grands raouts rassemblent les différentes élites. Les informations, les conseils, les conciliabules vont bon train. Ce n'est que la face la plus visible de réseaux qui enserrent la vie publique.

LES RÉSEAUX AU TRAVAIL

Le lacis des conseils d'administration

L'analyse de la composition des conseils d'administration des sociétés du CAC 40, celles dont les capitalisations boursières sont les plus importantes, permet de comprendre le fonctionnement de ces réseaux. Annie Kahn met en évidence, dans une enquête publiée le 12 janvier 2010 dans *Le Monde*, la « consanguinité des conseils d'administration » : 98 administrateurs sur 445, soit 22 %, détiennent 43 % des droits de vote. Parmi leurs dirigeants, selon Jean-Marc Delaunay, 94 sont administrateurs d'autres sociétés du CAC 40 [2]. Il en résulte que, à une exception près (Unibail Rodamco), « toutes les entreprises composant l'indice sont en relation les unes avec les autres par l'intermédiaire de leurs dirigeants. Cela montre que l'indice CAC 40 est plus qu'un simple indice boursier, c'est un espace social, une place financière au sens traditionnel du terme, où les acteurs

1. Voir nos ouvrages *Les Ghettos du Gotha. Au cœur de la grande bourgeoisie*, Paris, Seuil, « Points », 2010 ; *Grandes Fortunes. Dynasties familiales et formes de richesse en France*, Paris, Payot, « Petite Bibliothèque Payot », 2006 ; *Sociologie de la bourgeoisie*, Paris, La Découverte, « Repères », 2007, nouvelle édition.

2. Jean-Marc Delaunay, « Les cumulards du CAC 40 », *Alternatives économiques*, n° 292, juin 2010, www.alternatives-economiques.fr.

entretiennent des relations professionnelles qui organisent leur activité [3] ».

Le cumul des mandats dans les conseils d'administration est légal. On comprend que les intéressés y tiennent : leur addiction au pouvoir les porte à multiplier les lieux où l'exercer. Mais le nombre des fauteuils d'administrateur est limité à huit, voire à cinq dans certains cas. Il existe toutefois de nombreuses dispositions dérogatoires. Ainsi. les sociétés qui ont leur siège à l'étranger ne sont pas prises en compte. Quatre dirigeants de BNP Paribas sont présents dans douze conseils d'administration de sociétés du CAC 40, ce qui fait une moyenne de trois pour chacun d'eux.

Les dirigeants de BNP Paribas dans les conseils d'administration des sociétés du CAC 40

	Fonctions à BNP Paribas	*Sièges d'administrateur*
Michel Pébereau	Président du conseil d'administration	Total EADS AXA Saint-Gobain Lafarge
Baudoin Prot	Directeur général	Veolia PPR
Amaury de Sèze	Ex-membre du directoire	Suez environnement Carrefour
Georges Chodron de Courcel	Directeur général délégué	Bouygues Alstom Lagardère

Source : BNP Paribas, *Document de référence et rapport financier annuel 2009*, www.bnpparibas.com.
Ces dirigeants siègent aussi dans d'autres conseils d'administration : Michel Pébereau, par exemple, cumule dix sièges dont cinq dans des sociétés hors CAC 40.

Mais les influences et les concertations ne fonctionnent pas à sens unique. Les liaisons sont croisées, entremêlées. Jean-

3. François-Xavier Dudouet et Éric Grémont, *Les Grands Patrons en France. Du capitalisme d'État à la financiarisation*, Paris, Lignes de Repères, 2010, p. 133-134. Dossier consultable sur www.lignes-de-reperes.com.

Louis Beffa (président de Saint-Gobain) est au conseil d'administration de BNP Paribas. Le président d'AXA, Claude Bébéar, y retrouve Michel Pébereau.

L'oligarchie se lit dans l'entrecroisement sans fin de ces présences. Cela donne au graphique du CAC 40 publié dans *Alternatives économiques*[4] l'allure d'une pelote de laine : on peut aller de toutes les sociétés à toutes les autres comme s'il n'y avait qu'un seul fil les reliant, comme s'il n'existait qu'une seule entité. La trame est d'autant plus complexe que ces administrateurs ont des liens au cœur de l'État lui-même.

Les liaisons entre patrons et politiciens

Michel Pébereau, président de BNP Paribas, a eu d'importantes responsabilités à la direction du Trésor, au ministère des Finances. Il a également été directeur du cabinet (1978-1980) de René Monory au ministère de l'Industrie. Ancien élève de Polytechnique et de l'ENA, il appartient au corps des inspecteurs des Finances. Son abondante notice dans le *Who's Who* mentionne son passage par de multiples positions institutionnelles, occupées dans le public et le privé, en France et à l'étranger, ce qui en fait un archétype de l'oligarque.

Nicolas Sarkozy est moins diplômé que l'aréopage de polytechniciens et d'énarques des présidences antérieures. Jacques Chirac est un produit de l'ENA, François Mitterrand était diplômé de l'École libre des sciences politiques, ancêtre de Sciences Po. Valéry Giscard d'Estaing est passé par Polytechnique et l'ENA. Quant à Georges Pompidou, après l'École normale supérieure, il termina de brillantes études à l'École libre des sciences politiques.

Pas de grande école pour le nouveau président. Après la faculté de droit à Paris-X-Nanterre, il passe par l'IEP de Paris puis s'engage dans une carrière d'avocat d'affaires, dans de grands cabinets parisiens, où il apporte ses réseaux et son carnet d'adresses. Cet itinéraire n'a rien d'inconciliable avec la présidence de la République. Ce qui semble moins évident, c'est la présence renforcée des avocats d'affaires dans le gouvernement. Si

4. Jean-Marc Delaunay, « Les cumulards du CAC 40 », *loc. cit.*

les hommes d'affaires n'hésitent plus à entrer au cœur du système politique, les hommes politiques, de gauche comme de droite, depuis les années 1980 entrent dans les conseils d'administration. Celui de LVMH accueille Hubert Védrine, ancien ministre de François Mitterrand. Il peut y rencontrer Nicolas Bazire, ancien directeur de cabinet d'Édouard Balladur entre 1993 et 1995 et actuel numéro deux de LVMH. Patrick Ouart, lui, fait des va-et-vient entre LVMH et l'Élysée : conseiller de Bernard Arnault depuis 2004, il est parti à l'Élysée entre 2007 et 2009, puis il a retrouvé son poste au comité exécutif de LVMH.

Les magistrats sous contrôle

Nicolas Sarkozy paraît très vigilant sur les questions juridiques. Le 8 mars 2007, peu de temps avant l'élection présidentielle, Jacques Chirac étant encore président de la République, le juge d'instruction Philippe Courroye a été nommé procureur de la République à Nanterre, contre l'avis défavorable du conseil supérieur de la magistrature. L'avis était motivé par son manque d'expérience au parquet. Or Nanterre est le quatrième parquet de France. Cette nomination d'un proche du futur président dans son fief des Hauts-de-Seine était importante à la fois pour Nicolas Sarkozy et pour Jacques Chirac. Ce dernier était mis en difficulté pour des emplois fictifs à la mairie de Paris, affaire dont le procès dépend du tribunal de Nanterre. Le parquet est sous l'autorité de l'exécutif, mais on n'est jamais trop prudent.

Philippe Courroye a été mis en question, selon *Le Canard enchaîné* du 22 décembre 2009, par Isabelle Prévost-Desprez, présidente de la chambre correctionnelle du tribunal de Nanterre, spécialisée dans les affaires financières, à propos d'un procès pour détournement de fonds publics au conseil général des Hauts-de-Seine. Les noms d'Isabelle Balkany et de Nicolas Sarkozy avaient alors été cités et la présidente s'est étonnée à l'audience des « investigations limitées » menées par le procureur Philippe Courroye. Autrefois juge d'instruction, Isabelle Prévost-Desprez a demandé sa mutation en 2004, estimant qu'elle ne pouvait plus exercer son travail d'investigation correctement[5].

5. Isabelle PRÉVOST-DESPREZ, avec Jacques FOLLOROU, *Une juge à abattre*, Paris, Fayard, 2010.

Depuis l'arrivée de Nicolas Sarkozy à l'Élysée, les juges d'instruction, qui, appartenant au siège, sont indépendants de l'autorité politique, sont menacés de suppression.

Philippe Courroye a organisé un dîner chez lui, dans le XVIe arrondissement, en janvier 2009, un dîner que l'on peut qualifier d'oligarchique. Le but était d'arranger quelques problèmes de Jean-Charles Naouri, P-DG du Groupe Casino. *Le Canard enchaîné* (8 avril 2009), toujours bien informé, a donné des détails : « Ce haut magistrat, proche de Sarko, a convié trois personnes directement concernées par des dossiers judiciaires qui intéressent le groupe de distribution Casino. Jean-Charles Naouri, P-DG de Casino, a ainsi pris place à la table de la famille Courroye, aux côtés de l'avocat de sa société, Paul Lombard, et du contrôleur général de la police nationale, Patrick Hefner, sous-directeur des affaires économiques et financières à la préfecture de police. La maîtresse de maison était aussi de la partie : Ostiane Courroye exerce dans le civil les fonctions de chargée de mission à... la Fondation Casino, créée par Jean-Charles Naouri. » La présence de Patrick Hefner est particulièrement gênante, car il a la charge d'une enquête à la suite de plaintes déposées par Jean-Charles Naouri contre la famille Baud. Celle-ci a dirigé jusqu'en 2007 les magasins Franprix et Leader Price, filiales de Casino. Chacun a bien le droit de dîner avec qui bon lui semble. Toutefois, *Le Canard enchaîné* ayant publié cet article, la juge d'instruction en charge de cette affaire, Xavière Siméoni, principe de précaution oblige, a retiré le dossier à Patrick Hefner.

Philippe Courroye n'a pas de chance dans les dossiers dont il a la charge, comme dans celui qui oppose une très grande fortune française, Liliane Bettencourt, principale actionnaire de L'Oréal, à sa fille unique, Françoise Bettencourt-Meyers. Celle-ci a porté plainte le 19 décembre 2007 pour « abus de faiblesse » envers sa mère de la part de François-Marie Banier, qui a bénéficié de dons importants. En 2009 et 2010, le maître d'hôtel de Mme Bettencourt a clandestinement enregistré les conversations de la mère puis transmis les bandes à sa fille, qui les a fait suivre à la police. Ces enregistrements ont été révélés sur le site de Mediapart (www.mediapart.fr) le 16 juin 2010 et des extraits ont été publiés par *Le Monde* des 20 et 21 juin. On apprend que le gestionnaire de la fortune de Mme Bettencourt, Patrice de Maistre, rencontre régulièrement Patrick Ouart, alors conseiller de Nicolas Sarkozy pour les affaires judiciaires. Le 21 juillet 2009, Patrice de Maistre est enregistré alors qu'il explique à Mme Bettencourt qu'il a conversé le matin même avec Patrick Ouart : « Il m'a dit que le procureur Courroye allait annoncer le 3 septembre, normalement, que la demande de votre fille était irrecevable. Donc classer l'affaire. Mais il ne faut le dire à personne, cette fois-ci. » Et le 3 septembre 2009, la plainte de Françoise Bettencourt-Meyers est en effet déclarée irrecevable.

Le 23 avril 2010, poursuit Franck Johannès dans *Le Monde*, Patrice de Maistre reparle de Patrick Ouart. « Il a voulu me voir l'autre jour, et il m'a dit : M. de Maistre, le président [Nicolas Sarkozy] continue de suivre ça de très près [...]. Et en première instance [devant le tribunal de Nanterre] on ne peut rien faire de plus, mais on peut vous dire qu'en cour d'appel, si vous perdez, on connaît très, très bien le procureur. Donc, c'est bien. Voilà. Ça date de la semaine dernière. » Rien de bien extraordinaire dans cette histoire, si les bandes sont bien validées. Rien que l'ordinaire de la vie de ceux qui mènent la France et qui ont toujours la relation qu'il faut, là où il faut et quand il faut.

Les conseillers professionnels des princes

L'oligarchie ne peut fonctionner sans les célébrissimes Alain Minc et autres Jacques Attali. Alain Minc est un ami de Dominique Strauss-Kahn, lequel, vieil adhérent du Parti socialiste, est devenu directeur du Fonds monétaire international le 1er novembre 2007. Il conseille aussi Nicolas Sarkozy. Jacques Attali, auparavant conseiller de François Mitterrand, est lui aussi mis à contribution par le chef de l'État. Ces deux conseillers démontrent que les réseaux de l'oligarchie de droite et ceux de l'oligarchie de gauche peuvent se rencontrer et se confondre. Les divergences politiques deviennent mineures lorsqu'il s'agit de défendre les intérêts majeurs du système capitaliste.

Certains personnages incarnent à merveille ce brouillard idéologique. Matthieu Pigasse est au cœur de ces imbroglios où un chat de droite pas plus qu'un chat de gauche ne retrouverait ses petits. Membre du Parti socialiste, il est aussi banquier d'affaires, à la tête de Lazard France et Europe. Il a travaillé au cabinet de Dominique Strauss-Kahn à Bercy. Puis il a enchaîné chez Laurent Fabius. Où il a contribué à quelques nouvelles privatisations. Il doit son entrée chez Lazard à Alain Minc. Mais c'est par goût personnel que, durant l'été 2009, il a acheté *Les Inrockuptibles*.

Les conseillers en communication, dans une société où la notoriété doit beaucoup à l'image que l'on donne de soi, sont désormais au cœur de l'oligarchie. Leurs conseils doivent permettre à celui ou à celle qui entreprend de construire une carrière publique de maîtriser efficacement son image.

Anne Méaux fait partie de ces conseillers qui transforment leurs clients en produits pour lesquels le travail consiste à définir le « marketing » le plus efficace. Stéphane Fouks et Michel Calzaroni sont ses concurrents. Ces conseillers, auxquels la journaliste Raphaëlle Bacqué a consacré, le 25 mars 2010, deux pages du *Monde*, sont au carrefour des interactions et des dynamiques entre les responsables des sociétés du CAC 40, de certaines entreprises publiques et des hommes politiques.

Raphaëlle Bacqué dresse avec une certaine délectation la liste des convives aux dîners d'Anne Méaux, à Paris ou près de Saint-Tropez. Comme dans un cercle, sont rassemblés autour de la table des personnalités dominantes dans les différentes sphères de l'activité sociale. Côte à côte des hommes d'affaires, Jean-Charles Naouri, Marc Ladreit de Lacharrière, François Pinault, Michel David-Weill, et quelques personnalités politiques, Éric Woerth, Hervé Novelli, Jean-Pierre Raffarin, Valéry Giscard d'Estaing. Ou encore des journalistes, Catherine Nay, du *Point*, Jean-Marie Pontault, de *L'Express*, avec quelques magistrats et avocats d'affaires.

Anne Méaux a des relations très efficaces à Bercy, bien « qu'elle n'ait jamais fait partie des proches de Nicolas Sarkozy ». Selon Raphaëlle Bacqué, elle a conseillé Stéphane Courbit lorsqu'il a voulu racheter la régie publicitaire de France Télévisions. Le producteur de séries de téléréalité a ainsi pu disposer d'informations de première main sur les conditions de privatisation de la régie.

Stéphane Fouks, « cet ancien rocardien, ami de Dominique Strauss-Kahn et de Manuel Valls, recherche des clients dans tous les gouvernements, précise Raphaëlle Bacqué. Y compris à l'étranger où il conseille le président de la Côte d'Ivoire, Laurent

Gbagbo, du Gabon, Ali Bongo et d'autres ». Pays où Vincent Bolloré fait des affaires. Aussi est-ce sans surprise que nous apprenons que Stéphane Fouks est non seulement président exécutif d'Euro RSCG Worldwide, mais également directeur général de Havas, société présidée par Vincent Bolloré. Stéphane Fouks assure aussi, personnellement, le conseil pour le FMI et pour son ami Dominique Strauss-Kahn.

À tous ces réseaux se surajoutent et s'entremêlent ceux de la franc-maçonnerie, qui concerne quelque 150 000 personnes, réparties dans une douzaine d'obédiences. Nicolas Sarkozy en fait-il partie ? Sophie Coignard indique que « c'est un candidat à la présidentielle qui signe ses courriers en y apposant les fameux trois points, grâce auxquels les frères peu discrets se reconnaissent. Procédé un rien "rustique" ? De la part de Nicolas Sarkozy qui pesait chacun de ses actes au trébuchet pendant la campagne, c'est surtout la démonstration que les réseaux fraternels sont encore bien trop puissants pour être négligés [6] ».

La puissance du pouvoir oligarchique actuel dépasse la seule personne de Nicolas Sarkozy. Celui-ci, par ses fonctions et ses engagements, se trouve au centre de ces réseaux. Il en est le porte-parole et il en défend les intérêts. Mais il n'est somme toute qu'un acteur apprécié et utile au poste stratégique qu'il occupe. Si cela tourne mal, s'il n'est pas réélu en 2012, les réseaux du pouvoir pourront toujours lui trouver un remplaçant, dans son camp ou dans un autre.

C'est l'un des pires dangers d'une situation qui a dégagé à droite, mais aussi à gauche, des personnalités susceptibles d'accéder aux plus hautes responsabilités pour prendre les mesures les plus favorables au capitalisme financier. Nicolas Sarkozy peut être remplacé, y compris par un(e) leader socialiste, en préservant les intérêts essentiels de l'oligarchie : n'oublions pas que ce sont des socialistes qui ont nationalisé le système bancaire dans les années 1980 et d'autres socialistes qui l'ont reprivatisé quelque temps après.

6. Sophie COIGNARD, *Un État dans l'État. Le contre-pouvoir maçonnique*, Paris, Albin Michel, 2009, p. 12.

Une classe sociale au sens marxiste

Le recul de la classe ouvrière dans les sociétés occidentales développées est lié à la désindustrialisation. Au-delà de la perte de leur emploi, les ouvriers sont dépossédés de leurs repères, de leur fierté et du souvenir des luttes passées. Ils se perçoivent de moins en moins comme constituant une classe au sein de laquelle chacun est conscient de son identité. L'organisation et la mobilisation sont mises à rude épreuve face à la force de l'adversaire. À l'inverse, la bourgeoisie se sent autorisée à s'affirmer plus ouvertement, voire cyniquement, comme classe consciente d'elle-même et de ses intérêts, au-delà de clivages politiques qui ont tendance à s'estomper dans certaines zones de l'éventail des partis.

La position de l'oligarchie est d'autant plus assurée qu'elle n'a pas besoin, au contraire de la classe ouvrière, de faire la théorie de sa position pour se défendre en tant que classe. Ses membres peuvent vivre et agir quasi instinctivement dans la mesure où leur représentation du monde est adaptée à leur position : le libéralisme et son adoration pour la concurrence et la lutte de tous contre tous est une idéologie plus pratique que théorique. En se comportant comme ses dispositions intériorisées le portent à le faire, grâce à une éducation conforme, l'oligarque agira « spontanément » en fonction de ses intérêts de classe. Nicolas Sarkozy revendique le pragmatisme. Le monde étant un monde où la classe dominante domine, il ne reste aux dominants qu'à être ce qu'ils sont pour que ça dure, dans le secret et la discrétion.

Mais, avec Nicolas Sarkozy et l'argent décomplexé, les rouages du pouvoir sont moins cachés. La visibilité du fonctionnement de l'oligarchie est certes un avantage pour le sociologue qui a ainsi accès à des structures habituellement cachées. Mais, pour les citoyens ordinaires, leur étalage exerce une violence symbolique telle que lui résister paraît hors d'atteinte.

UN PRÉSIDENT ATTENTIONNÉ

Décorer les amis

Le chef de l'État dispose d'un capital symbolique important et il a le pouvoir d'en faire profiter son entourage. Nicolas Sarkozy a ainsi généreusement décoré ses amis, leur offrant une reconnaissance que la République ne distribuait auparavant qu'avec parcimonie.

Antoine Bernheim, ex-banquier d'affaires, associé-gérant de la banque Lazard où il a contribué au développement des sociétés de Bernard Arnault et de François Pinault, s'est vu remettre, le 22 octobre 2007, les insignes de la grand-croix de la Légion d'honneur, distinction qui n'avait jamais été accordée à un chef d'entreprise. Il en fut de même plus tard pour deux autres invités de la soirée du Fouquet's, les financiers Paul Desmarais et Albert Frère. « Si je suis aujourd'hui président, je le dois en partie aux conseils, à l'amitié et à la fidélité de Paul Desmarais », déclare Nicolas Sarkozy le 15 février 2008, en le décorant. Le baron Albert Frère a reçu sa croix quelques jours plus tard, le 26 février, au cours d'une cérémonie privée en présence du Premier ministre et de la garde des Sceaux.

Vincent Bolloré et Alain Minc ont, quant à eux, été élevés, en récompense de tous les services rendus, au rang de commandeurs de la Légion d'honneur. C'est d'ailleurs Alain Minc qui a fait connaître Vincent Bolloré à Nicolas Sarkozy. On ne peut reprocher à ce dernier d'être un ingrat. Deux couples amis, les Cromback et les Agostinelli, avaient mis à sa disposition, en août 2007, une résidence de vacances très haut de gamme aux États-Unis. Dès octobre, ils eurent le privilège d'accompagner leur obligé dans l'avion présidentiel qui l'emmenait à l'assemblée générale de l'Organisation des Nations unies. Agnès Cromback fut promue dans l'ordre de la Légion d'honneur quelques mois plus tard et Mathilde Agostinelli, choisie comme témoin de son mariage avec Carla Bruni, en février 2008. La reconnaissance présidentielle emprunte donc des voies diverses.

Le *Journal officiel* de la République française publie les noms des promus. Dans la liste parue le 31 janvier 2008, on note celui d'un frère de Cécilia (seconde épouse de Nicolas Sarkozy), d'Isabelle Balkany (les Balkany étant de très proches amis du président), de Béatrice Stern (fille de Michel David-Weill, associé-gérant de la banque Lazard).

L'éclectisme social de cette liste des proches de Nicolas Sarkozy, décorés sans doute pour leur fidélité au leader, est indéniable. On y trouve aussi des acteurs, Jean Reno et Christian Clavier, qui participaient à la soirée du Fouquet's, et le chanteur Michel Polnareff, Alain Minc, le conseiller aux bonnes idées, Pierre Giacometti, l'un des sondeurs préférés du président, Nicolas Baverez, auteur de chroniques économiques en phase avec l'évolution du capitalisme : la liste est longue.

Pour la clore en beauté, on mentionnera la promotion de Christine Ockrent au grade d'officier de la Légion d'honneur le 14 juillet 2007, alors que son mari Bernard Kouchner, compagnon de route du Parti socialiste et ministre de Mitterrand, est ministre des Affaires étrangères depuis le premier gouvernement Fillon [7].

La Légion d'honneur a été fondée en 1802 par Bonaparte. « Vous me reprochez, disait-il à ceux qui critiquaient cette initiative, de vouloir donner des hochets. Mais c'est avec des hochets qu'on mène les hommes. » Sans doute, mais à condition qu'ils soient accompagnés de quelques avantages moins symboliques, nominations à des postes bien rémunérés ou textes législatifs arrangeant les affaires des amis et autres faveurs appréciées de leurs bénéficiaires.

La « gouvernance » des amis : François Pérol, un « patron » du président

Aujourd'hui, plus d'OS, mais des « techniciens de surface » ; plus de Noirs, mais des « minorités visibles ». Même poudre aux yeux anesthésiante avec la direction des entreprises devenues de courtoises « gouvernances ».

François Pérol, ex-secrétaire général adjoint de l'Élysée pour les questions économiques et financières, a quitté la rue du Faubourg Saint-Honoré en février 2009 après avoir été nommé par Nicolas Sarkozy à la tête de l'établissement bancaire issu de la fusion des Banques populaires et des Caisses d'épargne sous le sigle BPCE. Le président avait précisément nommé François Pérol à l'Élysée, pour gérer cette fusion.

Nicolas Sarkozy justifie cette nomination avec un raisonnement de P-DG : « Le jour où je mets des fonds propres, dit-il, je nomme les patrons. » « Il y a quelques semaines, s'étonnait-il lors d'un déplacement dans l'Ain, on me reprochait de ne pas être assez autoritaire avec les banques... Maintenant, ils ne sont pas contents qu'on donne le meilleur à une nouvelle banque ! »

7. Sur B. Kouchner plus particulièrement, voir Pierre Péan, *Le Monde selon K*, Paris, Fayard, 2009.

François Pérol était le directeur adjoint du cabinet de Nicolas Sarkozy lorsque celui-ci était ministre de l'Économie. Sorti major de sa promotion de l'ENA, cet inspecteur général des Finances manifeste des compétences dans les montages industrialo-financiers. Après Bercy, François Pérol part pantoufler de janvier 2005 à la mi-mai 2007 dans la Banque Rothschild, dont il devient associé-gérant. La commission de déontologie, chargée de contrôler les conditions de départ des fonctionnaires vers le privé, avait accepté ce pantouflage, à la stricte condition que l'intéressé ne s'occupe pas d'affaires bancaires ! C'est pourtant durant cette période qu'il conseille les Banques populaires dans la création de Natixis, dont l'action perd plus de 90 % de sa valeur, passant de 19,55 euros en décembre 2006 à 1,50 euro en juin 2007.

Pour faire valider sa nomination à la tête de la BPCE, François Pérol ne prend même plus la peine de se présenter devant la commission de déontologie. Nicolas Sarkozy soutient que cette commission a donné un avis favorable, alors qu'il ne s'agissait que de l'appréciation positive de son président. Deux commissaires démissionnent en signe de protestation, dont le représentant de la Cour des comptes. La loi du 2 février 2007 interdit en effet à tout fonctionnaire de travailler pour une entreprise qu'il a surveillée, avec laquelle il a conclu un contrat ou qu'il a conseillée dans ses opérations durant les trois années précédant son départ de la fonction publique.

Le 25 février 2010, François Pérol annonce son intention de resserrer l'activité de BPCE sur le cœur du métier bancaire, et donc de céder son secteur immobilier, qui comprend Nexity et Foncia. D'après *Le Canard enchaîné* (3 mars 2010), les transactions porteraient sur plusieurs milliards d'euros, avec, pour les banques conseils, des commissions estimées entre 10 et 20 millions d'euros. Or François Pérol a prévu de confier la plupart des ventes à... la Banque Rothschild. Le cercle se referme. « Longtemps destinées au service de l'État ou à la direction des entreprises du secteur public, les élites administratives se sont massivement converties dans le privé et ont concouru à l'affaiblissement de l'État-nation », écrivent François-Xavier Dudouet et Éric Grémont [8]. Malgré l'ouver-

8. François-Xavier Dudouet et Éric Grémont, *Les Grands Patrons en France*, *op. cit.*, p. 155.

ture d'une information judiciaire le 21 juin 2010, pour « prise illégale d'intérêts », François Pérol a été élevé au rang de chevalier de la Légion d'honneur en juillet 2010.

Stéphane Richard, « la France que j'aime »

Dans le cas de Stéphane Richard, lui aussi inspecteur des Finances, ancien élève de l'ENA et d'HEC, les cartes sont non seulement brouillées entre privé et public, mais aussi entre droite et gauche. En 1991, il est conseiller de Dominique Strauss-Kahn, ministre de l'Économie et des Finances. Chargé de mission chez Vivendi dès 1992, il devient le patron de la branche immobilière du groupe, la CGIS qui, sous le nom de Nexity, va quitter Vivendi. Il vend les bijoux immobiliers de la famille.

À l'entrée en Bourse de Nexity, Stéphane Richard encaisse, en 2006, une plus-value de 35 millions d'euros, ce qui explique les compliments mâtinés d'envie du président de la République lors de la cérémonie au cours de laquelle, le 14 juillet 2006, il le fait chevalier de la Légion d'honneur. « Stéphane, t'es riche, t'as une belle maison, t'as fait fortune... Peut-être plus tard y parviendrai-je moi-même... C'est la France que j'aime ! »

Mais Stéphane Richard doit faire face à un redressement fiscal portant sur 660 000 euros. Malgré cela, retour au bercail en 2007, comme directeur de cabinet, dans un premier temps, de l'éphémère ministre de l'Économie Jean-Louis Borloo (18 mai-18 juin), puis de Christine Lagarde. Il s'acquittera de son redressement fiscal quelques mois plus tard.

Accepter la nomination à un poste de responsabilité d'un personnage en bisbille avec l'administration dans laquelle il va jouer un rôle de premier plan est un pari hardi. C'est un ami, un frère, un camarade en recherche de la fortune que l'on investit. Un membre du clan, pour ne pas dire de la bande. Il sera d'ailleurs nommé directeur général de France Télécom, en septembre 2009, pour venir en aide à tous ces travailleurs en souffrance au point de se suicider, alors qu'on leur demande simplement de se tuer au travail.

Stéphane Richard traîne quelques autres boulets, notamment avec des mètres carrés fantômes à La Défense. « En janvier 2006, écrit le journaliste Erwan Seznec, quelques mois seulement avant de recevoir sa Légion d'honneur, Stéphane Richard a été placé en garde à vue [...] en sa qualité d'ancien directeur des affaires immobilières de Vivendi. Les enquêteurs travaillent sur un gigantesque dépassement de permis de construire portant sur 45 000 m^2 bâtis entre 1996 et 2000 dans le quartier d'affaires de La Défense [9]. » L'instruction relève du tribunal de Nanterre.

Henri Proglio, l'homme du président à EDF

L'emblème d'une oligarchie qui ne connaît plus les frontières entre le public et le privé est incarné par Henri Proglio qui, lui, assume une double casquette agrémentée d'un double salaire. Il a été nommé à l'automne 2009 président directeur-général d'EDF, entreprise publique, alors qu'il était déjà président du conseil d'administration de Veolia environnement, société privée, véritable empire de 35 milliards d'euros de chiffre d'affaires et de 500 000 salariés. Dès le 19 janvier 2010, le gouvernement confirmait la rumeur : Henri Proglio cumulera bien les salaires de ses deux fonctions. Celui du patron d'EDF, soit 1,6 million d'euros par an, et celui de président non exécutif de Veolia, avec 450 000 euros, soit plus de 2 millions d'euros par an.

En 2008, la rémunération annuelle moyenne des dirigeants du CAC 40 s'élevait à 3,6 millions d'euros. Alors, pourquoi les rémunérations d'Henri Proglio ont-elles soulevé un tel tollé ? Parce que, avec la complicité d'un État qui fait sienne la « gouvernance de l'entreprise privée », les lois du marché dérégulé ont pénétré au cœur des entreprises dont l'État est le principal actionnaire. Devant l'ampleur de la polémique, Henri Proglio a renoncé aux 450 000 euros de Veolia. Mais pas à sa « retraite chapeau » de 13,1 millions d'euros. Ni à ses jetons de présence.

« Il est quand même étonnant que, faisant fi de tout risque de conflit d'intérêts... »

D'autres exemples de ce brouillage entre public et privé pourraient être cités, mais nous conclurons par la composition, particulièrement éloquente, du comité d'orientation chargé de piloter le Fonds stratégique d'investissement créé par Nicolas Sarkozy en 2008, en pleine crise économique. Ce fonds, nouvelle filiale de

9. Erwan SEZNEC, « Stéphane Richard : le roi du conflit d'intérêts à Bercy », *in* Benoît COLLOMBAT et David SERVENAY (dir.), *Histoire secrète du patronat de 1945 à nos jours*, Paris, La Découverte, 2009, p. 578.

la Caisse des dépôts et consignations, doit assurer une mission de financement du développement industriel et de défense du capital des entreprises françaises stratégiques. « Comment ne pas s'étonner, écrit la CGT de la Caisse des dépôts et consignations, dans un communiqué du 30 janvier 2009, du fait que M. Dehecq, chargé de piloter le comité d'orientation de ce fonds demeure parallèlement président du conseil d'administration du Groupe Sanofi-Aventis et que, surtout, Mme Patricia Barbizet, chargée d'animer le très important comité des investissements de ce fonds, reste par ailleurs administrateur-directeur général d'Artémis et de la Financière Pinault ? Il est quand même étonnant que, faisant fi de tout risque de conflit d'intérêts, le dernier outil financier public confie à la dirigeante d'un grand opérateur financier privé, par ailleurs proche du président de la République, la responsabilité des décisions d'investissement de ce fonds entièrement public. » Le choix de ces personnalités a été fait au mépris du principe d'autonomie de la Caisse des dépôts et consignations.

« Avec Sarkozy, écrit le philosophe Alain Badiou, la nécessité de la corruption, en son sens intellectuel, soit l'harmonie qu'on suppose entre les intérêts privés et le bien public, cesse de devoir se dissimuler, et cherche à ce qu'on puisse même en faire étalage [10]. » Nicolas Sarkozy n'hésite pas à nommer – et à le faire savoir – des amis sur lesquels il sait pouvoir compter et dont l'agenda dans les affaires ne sera pas lié à l'agenda électoral du président de la République. Il est probable que la nouvelle oligarchie qui succédera au sarkozysme pourra laisser aux commandes de ces grands groupes des Proglio et autres Richard qui ont partagé les bancs de l'ENA, de Polytechnique, de HEC ou de Sciences Po avec nombre de hauts responsables politiques, de droite comme de gauche.

Les petits cadeaux font les grands amis

Nicolas Sarkozy avait pris le sens du vent et apprécié les résultats électoraux des écologistes aux élections européennes de 2009. Il y avait là du grain à moudre et du beurre à battre. Le projet d'une

10. Alain Badiou, *De quoi Sarkozy est-il le nom ?*, Fécamp, Nouvelles Éditions Lignes, 2007, p. 124.

taxe carbone sur certains produits énergétiques fut inscrit dans la loi de finances pour 2010, alors en préparation. Taxer les carburants et les produits de chauffage doit réduire la production du néfaste dioxyde de carbone, et limiter le réchauffement climatique. Mais l'idée avait le tort de méconnaître la loi du profit : les industries sont les plus gros producteurs de ce maudit dioxyde et donc les plus grands consommateurs des produits menacés de taxation. Les agences de lobbying se sont mises au travail et les premiers pollueurs devinrent les derniers payeurs dans le projet qui les faisait bénéficier d'exonérations bienvenues. La nouvelle taxe pèserait donc surtout sur les ménages, et serait d'autant plus durement ressentie que les revenus seraient modestes. De quoi creuser encore un peu l'inégalité fiscale.

Mais le Conseil constitutionnel a prouvé qu'il pouvait être un garde-fou efficace. Sa saisine par soixante députés et soixante sénateurs a conduit à l'examen du texte par les sages et à son rejet. Dans sa décision du 29 décembre 2009, le Conseil constate que « 93 % des émissions de dioxyde de carbone d'origine industrielle, hors carburant, seront totalement exonérées de contribution carbone [11] ». En conséquence, « les activités assujetties à la contribution carbone représenteront moins de la moitié de la totalité des émissions de gaz à effet de serre [...]. La contribution carbone portera essentiellement sur les carburants et les produits de chauffage, qui ne sont que l'une des sources d'émission de dioxyde de carbone [...]. Par leur importance, les régimes d'exemption totale institués par l'article 7 de la loi déférée sont contraires à l'objectif de lutte contre le réchauffement climatique et créent une rupture caractérisée de l'égalité devant les charges publiques », et il s'ensuit que « la loi déférée doit être déclarée contraire à la Constitution » en son article 7, pour ce qui est de la taxe carbone.

Pour le coup, c'est raté : le gouvernement a dû remballer ce produit fiscal diabolique. « C'est le Medef qui a planté la taxe carbone. Au nom de la compétitivité », a affirmé la secrétaire d'État à l'Écologie, Chantal Jouanno, dans *Libération*, le 25 mars 2010. Pour les patrons, tout est bien qui finit bien.

11. Conseil constitutionnel, Décision n° 2009-599 DC du 29 décembre 2009, portant sur le projet de loi de finances pour 2010, www.conseil-constitutionnel.fr.

Charles-Henri Filippi, banquier distingué mais lucide, ayant beaucoup appris pour avoir été président et directeur général du Crédit commercial de France, puis de HSBC France après que le CCF fut passé sous cette marque, a écrit antérieurement à cette décision du Conseil constitutionnel, mais qui lui convient parfaitement : « La dérive oligarchique risque de ne plus être capable d'offrir de perspective de prospérité qu'à une petite élite pleine d'appétit, plus soucieuse du compromis efficace que de la démocratie et du progrès pour tous [12]. »

Il faut sauver le soldat Tapie

Les tribulations de Bernard Tapie sont un bon révélateur de l'oligarchie au travail. On y voit un président de la République mettre toute son énergie à renflouer un ami qui compte dans ses soutiens. Au début du mois de juillet 2008, on apprend que l'État va devoir verser 390 millions d'euros, intérêts compris, à Bernard Tapie en dédommagement des pertes subies au moment de la vente d'Adidas effectuée par le Crédit lyonnais (LCL aujourd'hui) en février 1993. Cette conclusion d'un rocambolesque feuilleton juridique, fruit d'un recours ultime auprès d'un tribunal arbitral *ad hoc*, surprend et choque.

Les jugements se sont succédé, un premier au détriment de Bernard Tapie, le second, en appel, en sa faveur et pour finir à son détriment en cassation en octobre 2006. Bernard Tapie est définitivement débouté et les millions réclamés lui échappent. Son avenir d'acteur et de chanteur semble se confirmer, le monde des affaires devenant hors de portée.

C'est sans compter avec le travail d'une araignée qui sait tisser sa toile sans fin pour aboutir à son objectif : sauver le soldat Tapie. Ce qui se fera aux frais de l'État et donc du contribuable, par l'intermédiaire du Consortium de réalisation (CDR), organisme public dépendant du ministère de l'Économie et des Finances, qui a hérité de tous les contentieux du Crédit lyonnais.

La justice ayant tranché, les réseaux vont prendre le relais. « L'histoire révèle l'investissement personnel, très tôt, de Nicolas Sarkozy dans ce dossier, écrit le journaliste Laurent Mauduit. De

12. Charles-Henri Filippi, *L'Argent sans maître*, Paris, Descartes & Cie, 2009, p. 94.

lui, mais aussi de Claude Guéant, qui, depuis, est devenu secrétaire général de l'Élysée, et de François Pérol qui, de son côté, après un aller et retour à la Banque Rothschild, est devenu secrétaire général adjoint, en charge de l'économie, à l'Élysée, suivant donc toujours de très près, en relation avec Stéphane Richard à Bercy, ce même dossier Tapie [13]. »

Stéphane Richard est entré en relation avec Bernard Tapie par l'entremise de Jean-Louis Borloo. Il a confié aux journalistes Denis Demonpion et Laurent Léger que la décision de recourir à un tribunal arbitral, donc hors du cadre juridique *stricto sensu*, « était bien un choix politique ». Ce que leur a confirmé Patrick Ouart, conseiller juridique du président de la République, en allant même plus loin puisqu'il a répondu, lorsque les journalistes lui ont demandé qui avait pu faire un tel choix : « Sarkozy, j'imagine [14]. »

L'amitié entre Bernard Tapie et Nicolas Sarkozy est ancienne. Ils furent présentés l'un à l'autre en 1983, par le publicitaire Jacques Séguéla. Depuis, ils ne se sont plus perdus de vue. Lorsque Nicolas Sarkozy était ministre du Budget, « il avait donné un coup de pouce à l'Olympique de Marseille, alors présidé par Bernard Tapie, en lui permettant d'étaler un redressement fiscal de 120 millions de francs [15] ». Bernard Tapie a appelé à voter pour Sarkozy en 2007 et a organisé une rencontre avec son ami Bernard Kouchner en mars 2007, qui a porté les fruits que l'on sait.

Nicolas Sarkozy et Bernard Tapie ont des points communs dans leurs manières de faire de la politique au service des affaires. « Les deux hommes entretiennent des relations très particulières, écrit le journaliste Airy Routier. Ils ne connaissent que les rapports de forces, se sentent tous deux hors de l'establishment. Ils ont surtout en commun une forme de puérilité, celle d'adolescents permanents, avec les atouts, ils osent tout, et les faiblesses que cela implique... Ils ont en commun leur "parler vrai", un langage simple et concret, parfois à la limite de la vulgarité, mais avec un sens inné du mot, de la formule qui fait mouche... Ils ont en

13. Laurent MAUDUIT, *Sous le Tapie*, Paris, Stock, « Les Documents », 2008, p. 81.

14. Denis DEMONPION et Laurent LÉGER, *Tapie-Sarkozy, les clefs du scandale*, Paris, Pygmalion, 2009. Voir le compte rendu dans *Le Canard enchaîné* du 29 avril 2009.

15. Victor NOIR, *Nicolas Sarkozy ou le destin de Brutus*, Paris, Denoël, « Impacts », 2005, p. 156.

commun, aussi, d'être totalement centrés sur leur propre personne pour laquelle leur admiration n'a pas de limites [16]... »

L'idée de recourir à un tribunal arbitral était présente avant que Nicolas Sarkozy ne soit entré à l'Élysée. Alors ministre de l'Intérieur, il aurait préparé, selon Laurent Mauduit, un amendement permettant le recours à l'arbitrage dans le cas où, dans un contentieux, une structure publique (ministère, collectivité locale...) serait partie prenante, ce qui est interdit depuis longtemps par l'article 2060 du code civil, sauf rares dérogations comme l'ordonnance de 2004 sur les contrats de partenariat. Le 15 février 2007, Pascal Clément, garde des Sceaux, fait voter un amendement au Sénat qui autorise à l'avenir le gouvernement à prendre par ordonnance des mesures permettant à des personnes de droit public de recourir à l'arbitrage. Mais, comme souvent en Sarkozie, une mesure générale peut cacher un intérêt particulier.

L'amendement sera cassé par le Conseil constitutionnel, le 1er mars 2007. À peine élu, Nicolas Sarkozy impose le tribunal arbitral dans l'affaire Tapie. « C'est donc en pleine connaissance de cause de l'illégalité de la décision, écrit le dirigeant centriste François Bayrou, que le pouvoir issu de l'élection présidentielle de 2007 relance, dès son installation, la procédure d'arbitrage [17]. »

Le tribunal arbitral sera composé de trois experts : Pierre Mazeaud, ancien président du Conseil constitutionnel, fonction qu'il occupait au moment de la déclaration d'inconstitutionnalité de l'utilisation d'un tribunal arbitral dès lors que l'État est concerné ; Jean-Denis Bredin, avocat et ancien président des radicaux de gauche, dont Bernard Tapie fut un membre très en vue ; et Pierre Estoup, magistrat à la retraite, ancien président de la cour d'appel de Versailles. Celui-ci avait déjà été critiqué pour les conditions dans lesquelles il avait procédé à un précédent arbitrage dans le cadre de l'affaire Elf.

Chacun de ces trois experts touchera, selon *Le Canard enchaîné*, en dédommagement de sa peine, une modeste compensation de 300 000 euros. Le contribuable en sera pour ses frais, sans jamais savoir ce qui aura été dit au cours de cette procédure,

16. Airy ROUTIER, *Le Phénix. Le retour de Bernard Tapie*, Paris, Grasset, 2008, p. 347.

17. François BAYROU, *Abus de pouvoir*, Paris, Stock, 2009, p. 204.

car tout est couvert par une opportune clause de confidentialité. On sait simplement que la décision d'attribuer un dédommagement global de 390 millions d'euros à Bernard Tapie a été prise le 7 juillet 2008. Elle ne fut rendue publique que le 11 juillet, à la veille d'un grand week-end du 14 juillet, qui tombait un lundi ! Pour une fois, il n'y a pas eu de fanfaronnade, pas de victoire historique autoproclamée : le pactole a été attribué à Bernard Tapie dans le secret et l'opacité.

Saisi par plusieurs parlementaires de l'opposition comme de la majorité, François Bayrou, Jean-Marc Ayrault ou Charles de Courson, le tribunal administratif de Paris validera par son jugement du 8 octobre 2009 la décision ministérielle de recours à l'arbitrage. Il juge que la société CDR (Consortium de réalisations), même passée du fait de la loi du 28 novembre 1995 sous le contrôle de l'État, et de l'EPFR (Établissement public de financement et de restructuration), n'est pas un organe public ni même un mandataire de l'État. Le CDR échappe donc à l'interdiction d'arbitrage de l'article 2060 du code civil. Le tribunal administratif ne trouve pas d'« erreur manifeste » dans la décision ministérielle de recourir à l'arbitrage. Depuis, Bernard Tapie, grâce à cette sentence arbitrale très favorable, a demandé et obtenu l'annulation de la mise en liquidation judiciaire de ses deux holdings, Financière et Immobilière Bernard Tapie (FIBT) et Groupe Bernard Tapie (GBT). Ce qui est une nouvelle réhabilitation par rapport aux accusations de banqueroute. « Désormais, a-t-il déclaré à l'annonce du verdict du tribunal correctionnel, toutes les portes me sont à nouveau ouvertes. »

Patrick Balkany, l'ami de Levallois-Perret

Les arrangements entre amis peuvent aussi emprunter des voies complexes. La ville de Levallois-Perret, dont Patrick Balkany, ami très proche de Nicolas Sarkozy, est le maire, a ainsi pu bénéficier d'un prêt important de la Caisse des dépôts et consignations. L'affaire a été révélée, le 3 janvier 2009, par un communiqué de la CGT de la Caisse des dépôts qui dénonce les pressions de l'Élysée. Un prêt de 100 millions d'euros aurait été accordé à la ville de Levallois-Perret. « Le montant est considérable et dépasse très largement tous les montants prêtés aux collectivités locales par la Caisse des dépôts ces dernières années. Il faut rappeler que

100 millions d'euros permettent de financer 1 000 logements sociaux (mission première de la CDC). Or ce prêt... concerne le projet pharaonique porté par Balkany, de construction sur le Front de Seine de deux tours de 164 mètres de haut, abritant un hôtel de luxe de 400 chambres, 40 boutiques haut de gamme... On est très loin, conclut ce communiqué, des missions d'intérêt général de la Caisse des dépôts, mais on se rapproche peut-être des projets d'aménagement de la région parisienne tels que dessinés par le locataire actuel de l'Élysée ! »

Le président sait donc être généreux envers ceux qui ont accompagné son ascension sociale. Mais, pour prendre la mesure des libéralités et des faveurs élyséennes, c'est à l'échelle de la planète qu'il faut s'intéresser.

Le VRP des « grands contrats »

Les présidents de la République et leurs ministres jouent, en voyage officiel à l'étranger, le rôle de VRP (visiteurs représentants placiers). Accompagnés d'industriels et d'hommes d'affaires, ils négocient, à l'occasion de ces déplacements diplomatiques, des contrats commerciaux de grande ampleur, engageant des milliards d'euros. Nicolas Sarkozy n'échappe pas à la règle, en y ajoutant sa touche personnelle. L'homme pressé vend volontiers la peau de l'ours avant de l'avoir tué.

Il en fut ainsi à Brasilia, le 10 septembre 2009, lorsqu'il déclara, au cours d'une conférence de presse à laquelle participait également le président brésilien, que l'affaire était dans la poche : le Brésil était acheteur d'avions Rafale. « Nous avons décidé de conclure un contrat historique, proclama-t-il solennellement, puisque le Brésil a décidé de retenir un avion français, le Rafale. Ça créera 6 000 emplois en France parce qu'on développera une industrie aéronautique avec le Brésil et la France. Je veux dire à chaque Brésilien : "Cette visite est historique, vous nous faites confiance, chaque Français fera en sorte que vous ne soyez pas déçus." » Le Rafale est un avion de combat mis au point et construit dans les ateliers de Dassault Aviation, dont l'héritier, Serge Dassault, était présent au grand soir du Fouquet's. Dix mois plus tard, le Brésil n'a toujours pas confirmé ce choix. D'autres avionneurs sont sur les rangs.

L'effet d'annonce avant tout : l'achat de Rafale, pour lequel le colonel Khadafi aurait eu, lui aussi, les yeux de Chimène, est resté à l'état de mirage. En mai 2009, Nicolas Sarkozy est à Abu Dhabi, où il inaugure une base militaire française. Dans la foulée des succès précédents, il aurait placé quelques Rafale à l'émir Cheikh Khalifa bin Zayed. Rien n'est encore signé.

En Afrique, Nicolas Sarkozy se doit de plaider la cause de celui qui lui permit de se reposer et de se préparer à sa lourde tâche en lui prêtant un yacht magnifique et son équipage. Vous aurez reconnu Vincent Bolloré, dont les intérêts africains sont nombreux et importants. « Lors du sommet Europe-Afrique qui se tient du 8 au 9 décembre 2007 à Lisbonne, écrit le journaliste Frédéric Charpier, Nicolas Sarkozy s'emploie à donner un coup de pouce à cet ami dont le groupe, très présent en Afrique, y opère dans de multiples secteurs, dont celui de la gestion de terminaux à conteneurs, où il a déjà raflé les concessions de plusieurs grands ports comme celui de Douala au Cameroun ou d'Abidjan en Côte d'Ivoire [18]. »

Politique et affaires se sont dangereusement rapprochées durant ces dernières années. La République n'a peut-être jamais été totalement vierge de relations douteuses. Mais aujourd'hui la collusion est publique. Les liens entre les dirigeants de la droite et les grands patrons sont mis au grand jour. « Ainsi, écrivent Noël Mamère, député Vert, et Patrick Farbiaz, militant altermondialiste, lorsque Frédéric Lefebvre fait passer subrepticement, dans la nuit du 2 au 3 octobre dernier [2009], un amendement *ad hominem*, exigé par Bolloré – il s'agissait d'accorder des exonérations d'impôts à des investisseurs en Afrique –, que fait-il d'autre que servir la soupe de la République à un ami du président ? Ce n'est pas la première fois que le système politique français produit ce genre de lobbyiste, mais c'est la première fois que la bourgeoisie française sécrète un groupe d'industriels et de politiques aussi soudés, aussi méthodiques, aussi déterminés [19]. »

18. Frédéric CHARPIER, « Le CAC 40 à l'Élysée : Nicolas Sarkozy et les grands patrons », *in* Benoît COLLOMBAT et David SERVENAY (dir.), *Histoire secrète du patronat de 1945 à nos jours*, *op. cit.*, p. 574.

19. Noël MAMÈRE et Patrick FARBIAZ, *Petits Arrangements entre amis. Le parrain des médias*, Paris, Jean-Claude Gawsewitch éditeur, 2009, p. 51-52.

Une loi sur les bandes, mais lesquelles ?

Le sens commun attribue spontanément le phénomène des « bandes » à la jeunesse des banlieues défavorisées. Mais il est d'autres bandes, dans les beaux quartiers, qui ne vivent que pour des revenus mirifiques et des parachutes dorés. La cupidité de l'oligarchie des conseils d'administration, des cercles et des lobbies fait la misère des autres. La violence est légale, organisée et planifiée, qui règle et contrôle les délocalisations et les fermetures d'usines, laissant les friches industrielles comme décor de la vie des familles ouvrières, leur signifiant qu'elles ne comptent pour rien dans la société actuelle. La violence s'inscrit dans un urbanisme de classe qui loge dans des cités dégradées et éloignées des réseaux de transport et des centres des villes, des jeunes qui n'ont guère de chances de décrocher un diplôme leur offrant une entrée sur le marché du travail. Car il ne s'agit pas seulement d'argent : les atteintes au système scolaire pour faire quelques économies minent encore un peu plus une école qui n'est que trop souvent le moyen apparemment légitime de sélectionner les sélectionnés.

Le 18 mars 2009, Nicolas Sarkozy était au commissariat de Gagny, en Seine-Saint-Denis. Non pas en garde à vue, mais pour annoncer les mesures qu'il comptait prendre afin de « sanctuariser » les établissements scolaires et les protéger contre les ban des violentes. Il venait de visiter le lycée Jean-Baptiste Clément de cette ville, où une intrusion avait eu lieu quelques jours auparavant. Parmi les mesures annoncées, figurait une nouvelle loi réprimant l'appartenance « en connaissance de cause » à une bande, soupçonnée de vouloir commettre des agressions contre les biens ou les personnes. Une peine de trois ans de prison pourrait désormais être appliquée en raison de cette appartenance. C'est la possibilité de l'acte qui est sanctionnée. Une sorte de produit dérivé juridique.

Cette loi a été adoptée par le Parlement le 11 février 2010, après avoir été votée par le Sénat le même jour. Selon l'article 222-14 du code pénal, ainsi modifié, « le fait pour une personne de participer sciemment à un groupement, même formé de façon temporaire, en vue de la préparation, caractérisée par un ou plusieurs faits matériels, de violences volontaires contre les personnes ou de destructions et de dégradations de biens est puni d'un an d'emprisonnement et de 15 000 euros d'amende ». Même si la durée d'emprisonnement a été réduite, de même que l'amende, l'application de la loi, promulguée le 2 mars 2010 et publiée le lendemain au *Journal officiel*, risque d'entraîner de graves atteintes aux libertés.

C'est ainsi que « cent dix personnes ont été interpellées lors d'un rassemblement anticarcéral relativement confidentiel aux abords de la prison de la Santé, dimanche 28 mars, après que l'un des participants a procédé à un tir de fusée de détresse [20] ». Deux cents personnes ayant participé à ce rassemblement, c'est la moitié des manifestants qui furent interpellés, et le quart finit en garde à vue. Comme dit l'ineffable Frédéric Lefebvre, il faut saluer cet outil qui permettra « l'éradication des bandes de racailles, qui prennent toujours pour cible les plus fragiles de nos concitoyens dans les quartiers les plus populaires ».

Cette loi semble avoir été conçue pour casser la contestation sociale en rétablissant la responsabilité pénale collective. Elle permettra de juger un manifestant pour des actes commis par des tiers, et même pour de simples intentions supposées. La responsabilité collective avait été établie dans le droit français en 1970 avec la loi Pleven, dite loi « anticasseurs ». Elle fut abrogée avec l'arrivée de la gauche au pouvoir en 1981. Voilà qu'on la réinvente. Drôle de rupture. La conséquence risque d'être que ce soit la pauvreté, la misère sociale et le désespoir des jeunes qui se trouveront pénalisés.

Pendant ce temps-là, à l'autre bout de la société, on dépénalise le droit des affaires et les pôles financiers des tribunaux sont en voie de disparition. Le chef de l'État est intervenu en ce sens devant l'université d'été du Medef, le 31 août 2007, pour annoncer son intention d'interdire les dénonciations anonymes dans les domaines fiscal et pénal et dans les affaires politico-financières. Avec, pour horizon, de dépénaliser le droit des affaires et les abus de biens sociaux. Nicolas Sarkozy prit un air outré en arguant qu'il était inhumain et insupportable que « la moindre erreur de gestion [puisse] vous conduire en prison ».

Faussement naïf, autant que faussement indigné, dans sa défense du pauvre P-DG et du banquier seul contre tous, Nicolas

20. Soren Seelow, www.lemonde.fr, 28 mars 2010.

Sarkozy se livre avec délectation au jeu des questions ingénues, bien à même de faire pleurer dans les chaumières sur le sort insupportable des grands patrons : « Comment faire un calcul économique quand on ne sait pas ce qu'on peut attendre des juges ? » Ou encore : « Comment faire un calcul économique quand le risque financier se double de plus en plus d'un risque pénal ? »

« On ne peut continuer à mener aux entrepreneurs une guerre judiciaire sans merci », estime le chef de l'État. Le pénal dans les affaires, tel que le courage d'Éva Joly, installée dans le pôle financier en 1999 par la gauche, a pu l'incarner, est aujourd'hui d'une autre époque. « Tout est fait, nous a confié un juge ayant travaillé dans ce service, pour clore le chapitre de la délinquance financière des cols blancs. La juridiction financière est bridée, les saisines des juges financiers se raréfient. Si jamais l'article de l'avant-projet de réforme de la justice pénale qui ferait courir la prescription pour abus de biens sociaux non plus à partir de la date où les faits sont révélés, mais de celle où les faits ont été commis, était adopté, l'abus de bien social deviendrait alors très rare. »

Les grands patrons doivent avoir les coudées franches et se savoir à l'abri des dérives idéologiques et irresponsables de magistrats indépendants, libres de venir ruiner les montages les plus juteux. Isabelle Prévost-Desprez parle de « drogue » pour caractériser le rapport à l'argent des hauts délinquants financiers qu'elle a à juger : « C'est une drogue, un substitut de puissance qui atrophie la pensée. Il n'y a chez eux aucune peur du lendemain, mais ils sont les pharaons, ils amassent l'argent et souhaitent mourir avec. Pour eux, la seule certitude qui vaille, c'est que l'argent dirige non seulement le monde, mais qu'il fait peur. Inspirer la crainte, voilà dans le fond leur seule ambition [21]. »

La véritable violence sociale n'est-elle pas là, dans cette « gouvernance par la délinquance » comme mode de régulation de la finance folle, selon l'expression d'un magistrat spécialiste

21. Isabelle Prévost-Desprez, *Une juge à abattre*, *op. cit.*, p. 7-8.

de la criminalité financière [22] ? N'est-ce pas de là que naissent le désespoir, les vies gâchées avant même de s'être épanouies ?

DES LOTISSEMENTS OLIGARCHIQUES

Au fil des saisons, le couple présidentiel migre d'une résidence chic et fermée à une autre : la villa Montmorency dans le XVIe arrondissement de Paris en hiver, le Cap Nègre en été. des demeures appartenant à Carla Bruni et à sa famille. La villa Montmorency et le Cap Nègre sont inaccessibles aux promeneurs. Soigneusement gardés, clôturés avec efficacité, il est impossible de pénétrer dans ces lotissements sans y avoir été autorisé par l'un des propriétaires, en tant qu'invité ou pour des raisons de services et de travaux. Il s'agit d'enclaves privées, dont la voirie et tous les espaces collectifs sont à la charge des résidents.

Que l'on soit petit millionnaire ou grand milliardaire, le lotissement privé répond à une exigence de la fortune : la recherche d'une paisible homogénéité sociale. L'entre-soi est un facteur favorable à l'entretien du capital social et à son accumulation : la vie des réseaux passe aussi par la proximité spatiale.

Du beau monde

Nous avons mené une enquête avec Pascale Krémer, grand reporter au *Monde Magazine*, sur les habitants de la villa Montmorency [23]. La diversité architecturale des maisons fait songer au Deauville d'autrefois, à Dinard ou à Arcachon, aux stations balnéaires de la fin du XIXe siècle où s'affichait une richesse sûre d'elle-même. L'origine de la villa est d'ailleurs contemporaine de la création de ces lieux de villégiature. Quant à la richesse, elle peut ici s'assumer sans complexe.

Les rues calmes, les vastes hôtels particuliers abritent de nombreux chefs d'entreprise et des célébrités diverses : Xavier Niel (Iliad, maison mère de Free) ; Dominique Desseigne (hôtels de luxe et casinos Lucien Barrière) ; Alain Afflelou (Groupe Alain Afflelou SA) ; Vincent Bolloré (Groupe Bolloré : transport, industrie, distribution d'énergie, communication et médias, et Groupe Havas) et ses deux fils, Yannick et Sébastien, qui y ont chacun

22. Jean DE MAILLARD, *L'Arnaque, la finance au-dessus des lois et des règles*, Paris, Gallimard, « Le Débat », 2010.

23. Pascale KRÉMER, « HLM : la villa Montmorency entre en résistance », *Le Monde 2*, 3 octobre 2008.

une maison ; Jean-Paul Bucher (ancien propriétaire du Groupe Flo) ; Arnaud Lagardère (Groupe Lagardère : Hachette, Larousse, Grasset, Stock, Dunod, Le Livre de poche, *Paris Match*, *Le Journal du Dimanche*, Relay, Virgin, 7,5 % de EADS...) ; Georges Tranchant (holding Finindusco, 24 casinos et 40 sociétés) et bien d'autres hommes d'affaires.

Au milieu des grands patrons, des familles de la noblesse et du *Bottin mondain*, des professionnels du cinéma, comme Tarak Ben Ammar (Quinta communications, Studios Éclair, Ex Machina...) ; le fondateur d'une radio privée, en la personne de Jean-Paul Baudecroux (P-DG de NRJ Group). Puis quelques gloires passées ou présentes du *show-business*, comme Mylène Farmer, Rika Zaraï ou Sylvie Vartan. Et Carla Bruni, dont l'hôtel particulier est doté de deux entrées, l'une dans la villa et l'autre sur la voie publique. L'endroit est fréquenté le soir venu, en semaine, par son mari, Nicolas Sarkozy.

Le président de la République est un habitué des lieux. Pour préparer la campagne électorale de 2007, il a goûté aux charmes de ce voisinage argenté, séjournant chez son ami Dominique Desseigne. Il est un familier de plusieurs des personnalités qui rendent socialement exceptionnel cet ensemble de maisons cossues, perdues sous les frondaisons. Tous les pôles de l'activité économique et culturelle sont représentés dans ce microcosme emblématique du pouvoir dans toutes ses variantes. Le président de la France qui travaille et qui se lève tôt semble avoir un faible pour la compagnie des gens fortunés, tout au long de sa vie, que ce soit à Neuilly, à Paris ou sur la Côte d'Azur.

Le collectivisme pratique

Pour maîtriser les qualités sociales et urbanistiques d'un espace chic, il faut, paradoxalement, que l'individualisme soit contenu au profit de modes collectifs de gestion. Les classes fortunées ont inventé, dès le XIXe siècle, le lotissement privé et fermé. Le cahier des charges de la villa Montmorency date de 1850, tandis que le règlement d'urbanisme des Parcs de Saint-Tropez est établi un siècle plus tard, en 1956.

Ces cahiers des charges sont beaucoup plus restrictifs que les plans d'urbanisme. Ils sont gérés et mis en application par les copropriétaires à travers une association dite syndicale qui peut être « libre » (ASL), comme celle du Cap Nègre, ou « autorisée »

(ASA), comme celle de la villa Montmorency. Une ASL est une personne morale de droit privé, alors qu'une ASA est un établissement public à caractère administratif placé sous la tutelle du préfet. Tout acquéreur d'un ensemble immobilier géré par une ASA en devient automatiquement membre. Le percepteur prélève la contribution de chaque propriétaire en même temps que la taxe d'habitation, sur l'avis de laquelle elle figure. Les charges collectives de voierie, de gardiennage et d'entretien de ce type de copropriété pourraient être prises en compte dans le calcul du bouclier fiscal, qui intègre la taxe d'habitation. Le site de Bercy mentionne en effet dans la liste des impôts considérés « la taxe d'habitation et la taxe foncière sur les propriétés bâties et non bâties concernant la résidence principale et certaines taxes additionnelles à celles-ci [24] ». Mais l'un des propriétaires, consulté, nous a répondu que, « vérification faite, les charges de la villa Montmorency ne sont pas incluses dans le bouclier fiscal ».

La gestion collectivisée de ces lieux oligarchiques affirme un véritable pouvoir sur l'espace avec la maîtrise de l'aménagement résidentiel et celle de la composition sociale des résidents. Cette autodiscipline est décisive pour que soient possibles les dignes écrins d'existences exceptionnelles. Pour cela, l'aristocratie de l'argent n'hésite pas à casser la logique du marché libre au profit d'un protectionnisme résidentiel qui est la condition de la préservation des privilèges de ces lieux de vie hors du commun.

L'été, nombre d'amis de Nicolas Sarkozy se retrouvent dans les Parcs de Saint-Tropez. Tous partisans résolus du libéralisme concurrentiel, ils mettent leur idéologie de côté pour gérer collectivement ce paradis provençal. Plus de cent cinquante villas et presque autant de piscines dominent le golfe et le vieux port de pêcheurs. Les foules estivales ignorent ce havre de paix qu'elles savent ne pas être fait pour elles, bien qu'il ne soit pas interdit aux piétons. En revanche, François Pinault, Bernard Arnault, Albert Frère, pour ne citer que quelques personnalités marquantes du Gotha des affaires, sont chez eux dans cet écrin de luxe. Albert Frère a beaucoup reçu Nicolas Sarkozy, avant son élection à l'Élysée, dans sa propriété de Knokke-le-Zoute, sur la côte belge. Elle

24. www.2.impots.gouv.fr/bf/bf-accueil.htm.

fait partie d'un lotissement chic où se retrouvent les familles les plus fortunées de Belgique.

Ces multipropriétaires sont voisins à la ville, à la campagne ou à la mer. Mais on ne se lasse guère de son semblable, que l'on aime aussi retrouver dans les cercles et les conseils d'administration.

Des HLM, oui, mais pas chez nous

Aussi, lorsque l'entre-soi auquel on tient tant se trouve menacé, on s'organise et on s'engage dans la lutte sociale. Dès 2001, la perspective de voir construire des immeubles, trois cent cinquante logements dont la moitié en HLM, sur les friches ferroviaires de l'ancienne gare d'Auteuil, a soulevé un tollé remarquable et remarqué. Les habitants de ce quartier du XVIe arrondissement, dont ceux de la villa Montmorency, directement concernés, se sont mobilisés. Ils ont créé des associations et sont intervenus auprès des élus, du maire et des services administratifs. La cohabitation avec le logement social ne leur semble guère envisageable. Pas ici, pas nous ! On veut bien traiter courtoisement le personnel, mais pas vivre à ses côtés... Sans compter les enfants du quartier, jusqu'à présent à l'abri des mauvaises rencontres. Les écoles publiques préservées par l'homogénéité de la population résidente deviendraient infréquentables. Les associations organisent la résistance.

Le label de la défense des paysages urbains et de l'environnement a beau jeu de légitimer une lutte qui vise en réalité la dimension sociale du projet. Les franges de la villa Montmorency ne pourraient qu'être souillées par l'emménagement de cette population incongrue dans ses cages à lapins. Bonnes manières et langage châtié demeurent, mais le rejet de l'autre n'en est que plus perfide. Les familles de l'oligarchie veillent ainsi sur la qualité de leurs lieux de vie et se mobilisent comme un seul homme pour défendre cet entre-soi décisif pour l'existence de leur classe sociale et cette confortation permanente de la certitude d'être légitimement là où elle est, c'est-à-dire au sommet.

4. LA TÉLÉVISION : LES GUIGNOLS DE LA PUB

Dans la bataille des idées, la télévision est un enjeu stratégique de premier plan : la boîte à images tend à devenir un formidable instrument de contrôle des esprits qu'il importe de faire fonctionner au service de l'oligarchie et de son président.

Les propos de Patrick Le Lay, alors P-DG de TF1, sont édifiants : « Il y a beaucoup de façons de parler de la télévision. Mais dans une perspective "business", soyons réalistes : à la base, le métier de TF1, c'est d'aider Coca-Cola, par exemple, à vendre son produit. Or, pour qu'un message publicitaire soit perçu, il faut que le cerveau du téléspectateur soit disponible. Nos émissions ont pour vocation de le rendre disponible : c'est-à-dire de le divertir, de le détendre pour le préparer entre deux messages. Ce que nous vendons à Coca-Cola, c'est du temps de cerveau humain disponible. Rien n'est plus difficile que d'obtenir cette disponibilité. C'est là que se trouve le changement permanent. Il faut chercher en permanence les programmes qui marchent, suivre les modes, surfer sur les tendances, dans un contexte où l'information s'accélère, se multiplie et se banalise [1]. » Ainsi, la guerre des classes est aussi une guerre psychologique, dans laquelle le produit Sarkozy doit occuper positivement les cerveaux conditionnés.

UNE « RÉVOLUTION CULTURELLE » DANS L'AUDIOVISUEL

Dès le mois de décembre 2007, un livre blanc, *Les Grands Enjeux de la régulation dans l'audiovisuel*, élaboré au sein de TF1, est remis à Nicolas Sarkozy. En Bourse, le titre de la chaîne est à son plus bas niveau depuis avril 1999. L'audience est en baisse, comme celle de

1. Dépêche AFP du 9 juillet 2004.

toutes les chaînes généralistes. Selon Médiamétrie, la part d'audience de TF1 est passée de 32 % en octobre 2007 à 26 % un an plus tard. Ce sont surtout les chaînes privées et spécialisées de la télévision numérique terrestre (TNT) qui, depuis 2005, augmentent leurs recettes publicitaires en captant une part croissante de l'audience. Fin 2009, 12,9 millions de foyers étaient équipés pour recevoir la TNT. Les Direct 8 et autres NRJ 12 réunissent plus de 18 % de parts d'audience. Par ailleurs, Internet commence à concurrencer la télévision.

Le livre blanc de TF1 incrimine de manière vive la concurrence « déloyale » de l'audiovisuel public, qui bénéficie à la fois de la redevance et de la publicité. En conséquence, les dirigeants de TF1 demandent un « financement public pour les chaînes publiques » et donc la suppression de leurs recettes publicitaires. En revanche, pour elle, TF1 revendique la possibilité d'opérer une seconde coupure publicitaire durant la diffusion des films et des fictions, afin de récupérer les budgets de la publicité libérée par les chaînes publiques.

Nicolas Sarkozy va s'empresser de répondre positivement aux *desiderata* de son ami Martin Bouygues, dont le groupe détient, en 2008, 43 % des parts de TF1. « Je ne suis pas ami de Martin, je suis très ami », a-t-il dit autrefois [2].

Le tout nouveau président de la République bénéficie des conseils avisés d'Alain Minc, qui lui a soufflé cette idée géniale de prendre l'argent de la publicité des chaînes publiques pour le distribuer aux chaînes privées. Ces dernières verraient diminuer leurs difficultés passagères tandis que les chaînes publiques seraient enfin libérées de la tyrannie de l'audimat. Tout le monde devrait donc trouver son compte dans cette révolution du financement de la télévision.

Il est vrai que la suppression de la publicité était l'une des mesures prévues dans le Programme commun de gouvernement, qui rassemblait la gauche de 1972 à 1977. Mais c'est François Mitterrand, qui a pourtant ouvert la voie de la privatisation de la télévision à partir de 1982 avec la loi Fillioud, qui déclare « la communication audiovisuelle libre » : le monopole de l'État est supprimé

2. Pierre Péan et Christophe Nick, *TF1, un pouvoir*, Paris, Fayard, 1997, p. 547.

En 1987, c'est la privatisation de TF1. La gauche ne verrait aucun inconvénient à une télévision publique sans publicité, mais avec des financements pérennes pour remplacer les recettes publicitaires qui couvraient, en 2007, 60 % du budget de France Télévisions.

Un coup de théâtre

Au cours de la conférence de presse du 8 janvier 2008 à l'Élysée, Nicolas Sarkozy déclare sans ambages, devant huit cents journalistes et dans une formule quelque peu absconse, que, « en 2008, la politique de civilisation s'exprimera dans la rénovation de l'audiovisuel public ».

Le chantier ouvert est de taille. « Je propose que nous accomplissions une véritable révolution culturelle dans le service public de la télévision. [...] Le service public, son exigence, son critère, c'est la qualité. Sa vocation, c'est d'offrir au plus grand nombre un accès à la culture, c'est de favoriser la création française. Je ne veux pas dire que la télévision publique doit être élitiste ou ennuyeuse, mais seulement qu'elle ne peut pas fonctionner selon des critères purement mercantiles. Je souhaite donc que le cahier des charges de la télévision publique soit revu et que l'on réfléchisse à la suppression totale de la publicité sur les chaînes publiques, qui pourraient être financées par une taxe sur les recettes publicitaires accrues des chaînes privées et par une taxe infinitésimale sur le chiffre d'affaires de nouveaux moyens de communication comme la téléphonie mobile et l'accès à Internet. Voilà une révolution qui, en changeant le modèle économique de la télévision publique, changera du tout au tout la donne de la politique culturelle dans la société de communication qui est la nôtre [3]. »

La ministre de la Culture et de la Communication, Christine Albanel, non prévenue, est aussi surprise que le reste de l'assistance. Patrick de Carolis, président de France Télévisions, principal concerné dans l'affaire, tombe des nues. « Ce fut un coup de tonnerre, raconte Jean Bigot, qui était alors directeur de la fiction à France 2. On ne peut pas imaginer ce que cela a représenté. Je

3. www.sarkozynicolas.com/nicolas-sarkozy-conference-de-presse-8-janvier-2008-texte-integral.

me souviens très bien. J'étais en réunion avec toute l'équipe de la direction de France 2, une trentaine de personnes. Pour écouter le responsable de la régie publicitaire de la chaîne nous expliquer le nouveau système mis en place qui allait nous permettre de vendre davantage d'espace publicitaire ! »

L'argumentaire du président de la République peut paraître en soi fondé : les chaînes ont leurs spécificités. Mais le projet va se révéler peu construit, sans que les conditions de sa réalisation aient été soigneusement étudiées. De plus, à la réflexion et avec les péripéties qui suivront, il apparaîtra que d'autres motivations, moins légitimes, sont aussi à l'origine de ce pan télévisuel de la « politique de civilisation », notion empruntée à Edgar Morin.

Une politique de la télévision, une télévision politique

Nicolas Sarkozy a fait un beau cadeau à son ami Martin Bouygues, du moins potentiellement : faut-il encore que la publicité quittant le service public aille bien abonder les caisses des chaînes privées. Ce ne sera pas si évident.

Le président de la République entend bien être payé de retour et être chez lui à TF1. Dès le printemps 2007, Franck Louvrier, conseiller du chef de l'État, annonce, depuis l'Élysée, le recrutement de Laurent Solly, directeur adjoint de la campagne présidentielle de Nicolas Sarkozy, comme directeur général de TF1. Une embauche dans une société privée a donc été rendue publique depuis le palais présidentiel, dans un affichage surprenant des liens entre la politique et les médias.

Nicolas Sarkozy peut aussi se débarrasser de quelqu'un qui lui aura déplu. Il a certainement contribué au départ soudain et involontaire de Patrick Poivre d'Arvor, à qui la direction de TF1 a brusquement demandé de quitter son poste de présentateur du journal. Ce pauvre PPDA avait eu l'imprudence, qui fut vécue comme une impudence, de demander au président de la République, au cours d'un entretien télévisé, si, au moment de participer à son premier G8, il n'était pas « excité comme un petit garçon », laissant entendre que la réponse ne pouvait être que positive. Ce fut très mal pris par l'intéressé.

Dans cette symbiose entre l'audiovisuel et la politique, Nicolas Sarkozy doit être chez lui, non seulement à TF1, mais aussi dans le groupe public France Télévisions, qui comprend France 2 (généraliste), France 3 (nationale à vocation régionale), France 4 (à destination des 15-34 ans), France 5 (culturelle) et France Ô (Outre-mer). Parallèlement à la suppression de la publicité, la décision a été prise de confier la nomination du président de France Télévisions à Nicolas Sarkozy lui-même. « Il faut mettre fin à une hypocrisie, a-t-il déclaré : je ne vois pas pourquoi l'actionnaire principal de France Télévisions, en l'occurrence l'État, ne nommerait pas son président. »

À ceci près que France Télévisions n'est pas une société par actions, avec des actionnaires et des dividendes, l'État étant propriétaire de la totalité du capital. Nicolas Sarkozy reprend implicitement la formule de Louis XIV : « L'État, c'est moi. » Élu à la présidence, il se perçoit et se sent propriétaire de l'État. C'est lui le patron, plus porté à se conduire en homme d'affaires qu'en président de tous les Français. Il ne voit pas qui pourrait lui contester le droit de nommer qui il veut où il veut, dans toutes les institutions, les organisations et les entreprises dépendant de l'État. « C'est inouï, s'exclame Nicole Borvo Cohen-Seat, sénatrice du groupe CRC-SPG (groupe communiste républicain et citoyen et des sénateurs du parti de gauche), au cours d'un entretien. Certes, depuis 1958 et 1962, l'évolution de nos institutions ne fait que renforcer le rôle du président de la République, mais à ce point de concentration de tous les pouvoirs, c'est unique et c'était inimaginable ! D'autant, poursuit-elle, qu'il ne s'agit pas de pouvoirs par délégation, mais bien de pouvoirs réels. »

Le pouvoir personnel est là, inquiétant, qui essaye de faire oublier que le peuple, auquel le chef de l'État doit son élection, a un droit inaliénable de contrôle sur les décisions du président de la République, droit dont les assemblées et les corps constitués sont les détenteurs. Les multiples rappels à l'ordre émanant de la Cour des comptes, du Conseil d'État, du Conseil constitutionnel sont des garde-fous pour empêcher de trop importantes dérives.

Avec la télévision, l'enjeu est de taille pour Nicolas Sarkozy. « La question de l'image pour un homme politique n'est pas une petite affaire, a-t-il écrit dans son ouvrage, *Libre*[4]. Ici, il ne s'agit pas d'une préoccupation nombriliste, mais bien plus fondamen-

4. Nicolas Sarkozy, *Libre*, Paris, XO Éditions, 2001, p. 125.

tale, des moyens pour agir. En négligeant mon image, en la considérant comme anecdotique et superficielle, je commettrais une réelle faute politique. »

En Italie aussi, politique et médias audiovisuels ont des relations quelque peu incestueuses. Mais les liaisons ne sont pas de même nature. Silvio Berlusconi, authentique grande fortune, est propriétaire de plusieurs chaînes de télévision [5]. Son contrôle sur leurs émissions en est facilité.

Nicolas Sarkozy, moins favorisé par la fortune, doit passer par ses amis propriétaires de chaînes privées, comme Martin Bouygues, qui contrôle TF1 et son groupe (LCI, Eurosport France, Eurosport International, TF6, Série Club, TV Breizh, Odyssée, Histoire, Ushuaia TV, TMC). Ou comme Vincent Bolloré (Direct 8 pour la télévision et *Direct Matin Plus*, en collaboration avec *Le Figaro*, *Direct Soir* et *Direct Sport* pour la presse écrite et gratuite).

Nicolas Sarkozy doit aussi exercer son pouvoir sur les chaînes publiques car, comme l'écrivent fort justement Noël Mamère ancien journaliste de télévision, et Patrick Farbiaz : « Nicolas Sarkozy n'est ni Chirac ni Mitterrand, pour lui la télévision n'est pas seulement un instrument de propagande, mais le vecteur principal d'une politique globale. La question n'est pas de contrôler le 20 heures mais de disposer du "pouvoir écranique" pour imposer une politique scénarisée. Dès lors, il faut contrôler l'ensemble de la télévision [6]. »

Un feuilleton ubuesque

Dès le 19 février 2008, une commission est mise en place à l'Assemblée nationale sous la responsabilité du président du groupe UMP, Jean-François Copé. Composée à parité de professionnels et de parlementaires, elle est chargée de faire des propositions au président de la République pour aménager le financement de la télévision publique.

L'intempestivité des réformes de Nicolas Sarkozy est à l'origine d'une kyrielle de commissions qui donnent l'illusion de la concertation et d'une réflexion collective et constructive. Ces commissions, jeux de rôles dont les postes de responsabilité sont

5. Voir l'ouvrage de Pierre MUSSO, *Télé-politique. Le sarkoberlusconisme à l'écran*, La Tour d'Aigues, Éditions de l'Aube, 2009.

6. Noël MAMÈRE et Patrick FARBIAZ, *Petits Arrangements entre amis*, *op. cit.*, p. 20-21.

occupés par les familiers du président de la République, ont souvent vu leurs conclusions finir dans les corbeilles à papiers du bureau présidentiel.

Nicolas Sarkozy déclare dès le 27 mai 2008, soit bien avant que la commission *ad hoc* eût conclu ses travaux, qu'il « excluait catégoriquement toute augmentation de la redevance audiovisuelle », alors que cette mesure, en cours de discussion au sein de la commission, a la faveur de la majorité de ses membres. Le 4 juin 2008, les parlementaires de gauche démissionnent. Ils ne peuvent avaliser l'attitude d'un président de la République qui proclame publiquement son choix sur un sujet délicat et complexe avant que la commission ait rendu son avis, prévu pour le 29 juin. Jack Ralite, ancien ministre communiste sous Mitterrand, justifie sa démission en estimant que « le président de la République détricote le service public tandis que le service privé tricote le sien avec la laine que lui fournit Sarkozy ». Cette image est reprise par neuf professionnels, membres de cette commission, qui écrivent dans *Le Monde* du 25 novembre 2008 : « Le détricotage des propositions de la commission Copé, auquel se sont livrés les hommes politiques de la majorité ces dernières semaines, rend vains tous les efforts que nous avons déployés pendant six mois pour faire de France Télévisions un grand groupe de l'audiovisuel européen. Comment ne pas ressentir un sentiment de trahison, alors qu'on n'avait de cesse de nous assurer que nos recommandations seraient prises en compte ? »

Mais on n'en a pas fini pour autant avec ce feuilleton. Les prochains épisodes pourraient être drolatiques, voire époustouflants, s'il ne s'agissait d'un enjeu fondamental du droit à l'information pluraliste et à la diversité dans les programmes télévisés, et donc à la liberté et à la démocratie.

Le projet de loi sur la réforme du financement de l'audiovisuel est présenté le 22 octobre 2008 en Conseil des ministres. La procédure d'urgence est déclarée. Elle raccourcit considérablement la durée des débats et le temps de parole des parlementaires [7].

7. Voir Connaissance de l'Assemblée nationale, la procédure législative, sur le site : www.assemblee-nationale.fr.

L'urgence paraît bien avoir été brandie pour mieux faire passer un texte approximatif pour l'avenir de la télévision publique. Le déferlement de lois, souvent discutées sommairement dans le cadre de cette procédure qui ne devrait être qu'exceptionnelle, fait songer aux journaux télévisés, qui traitent les sujets les plus graves en deux temps, trois mouvements, au milieu de ceux que l'on retrouve d'année en année – la neige qui tombe en hiver, les embouteillages qui résultent des départs en vacances et les prix des cahiers d'écoliers, indispensables à une bonne rentrée. Tout est traité sur un pied d'égalité, ce qui empêche une hiérarchisation dans un flot de nouvelles, ou de réformes sarkozystes, dont on ne voit pas pourquoi on accorderait plus d'importance aux unes qu'aux autres.

Téléspectateurs et parlementaires sont scotchés sur leurs sièges devant un déferlement continu, qui interdit de zapper ou d'entrer dans une discussion de fond. Jusqu'au Conseil d'État dont le vice-président, Jean-Marc Sauvé, regrette, le 4 mai 2010, au cours d'une conférence de presse, le recours de plus en plus fréquent à la procédure d'urgence. « Cela peut se justifier dans certains cas, mais il est étonnant d'être saisi en urgence en octobre et de constater que le texte n'est pas examiné avant plusieurs mois par le Parlement. » Nicolas Sarkozy construit son action prolifique et désordonnée comme un journal télévisé dont il serait le producteur, le journaliste, le réalisateur et le présentateur.

Urgence, donc ! Dès les premiers jours de décembre 2008, le projet de loi est à l'ordre du jour de l'Assemblée nationale. Le 4 décembre, les députés votent un article très controversé, susceptible de mettre en péril la liberté de l'information. Le président de France Télévisions sera dorénavant nommé par le président de la République, alors que la commission Copé proposait qu'il soit élu en conseil d'administration sur proposition de trois noms sélectionnés par le CSA.

La résistance s'organise et l'opposition multiplie les amendements. Elle exige de véritables débats et l'abandon de la procédure d'urgence face à un projet de loi qui n'a rien d'urgent, mais qui menace gravement l'indépendance de l'audiovisuel public. Les discours s'enflamment et les noms d'oiseaux volent, indice fiable de l'importance de l'enjeu. Le 15 décembre, Jean Glavany, PS, honore Frédéric Lefebvre, porte-parole de l'UMP, du qualificatif de « petite frappe de TF1 ». Rappelé à l'ordre par le président de séance, et conscient du caractère peu flatteur de son propos, l'orateur reconnaît qu'il aurait dû parler de la « Grosse Bertha de la Une », ce qui aurait été certes plus proportionné à la force de frappe du député concerné.

La tension est sensible et, devant le retard pris par une discussion qui nargue la procédure d'urgence, le gouvernement a envisagé de faire passer le texte en force par décret. Procédure à laquelle il a renoncé par crainte d'une sanction du Conseil constitutionnel.

Tous les coups sont permis

En définitive, le projet de loi sur l'audiovisuel public est adopté le 17 décembre 2008 par 293 voix contre 242. Une cinquantaine de voix ont fait défaut à la majorité. Le texte doit encore passer devant le Sénat à partir du 7 janvier 2009. La patience de Nicolas Sarkozy a été mise à rude épreuve et devant cette insupportable insubordination des représentants du peuple, y compris dans ses propres rangs, il décide, au mépris affiché des sénateurs qui n'ont toujours pas débattu sur ce texte, que la publicité sera supprimée sur les chaînes publiques entre 20 heures et 6 heures, dès le 5 janvier 2009. Un coup de force risqué : la loi n'est encore qu'un projet, puisque la consultation du Sénat est de règle.

Habile à contourner la loi comme tout avocat d'affaires, Nicolas Sarkozy implique quelques subalternes dans son choix. Dont Patrick de Carolis, toujours président de France Télévisions. Une missive officielle de Christine Albanel, sa ministre de tutelle, lui demande de prendre lui-même la décision de la suppression de la publicité sur les chaînes publiques, de 20 heures à 6 heures, à partir du 5 janvier 2009.

Le président de la République a réussi à se tirer d'une mauvaise passe en chargeant sa ministre de la Culture et le responsable des chaînes publiques de l'en sortir. Pour Patrick de Carolis, se plier à cet ordre présidentiel constitue une humiliation qui n'aurait pu être évitée que par une démission. « On demande au président de France Télévisions de mettre sa tête sur le billot et de se donner lui-même le coup de hache ! », a commenté Patrick Bloche, député PS de Paris, qui a dénoncé un « dérèglement total de nos institutions ». Il ne faut pas en effet sous-estimer le camouflet que cela représente pour les sénateurs qui devront se prononcer sur une loi déjà mise en application.

Aussi les vingt-quatre sénateurs du Parti communiste et du Parti de gauche déposent-ils un recours devant le Conseil d'État. Recours qui se conclut, le 11 février 2010, par l'annulation de la suppression de la publicité sur les chaînes publiques entre 20 heures et 6 heures. L'annulation porte sur la période courant du 5 janvier 2009, date de la limitation effective de la publicité, au 5 mars 2009, jour où la loi entre en vigueur après avoir été votée par les sénateurs.

Le Conseil d'État a donc annulé la lettre de la ministre de la Culture : « Il s'est agi d'une instruction ministérielle illégale. » La délibération du conseil d'administration de France Télévisions, décidant d'obtempérer, sur recommandation de Patrick de Carolis, à l'ordre présidentiel transmis par Christine Albanel, est également annulée. Le Conseil d'État considère qu'une telle décision « ne pouvait relever que de la compétence du législateur », c'est-à-dire du vote des deux chambres, Assemblée et Sénat. « Le Conseil d'État étant plus indépendant que le Conseil constitutionnel, nous nous sommes décidés à faire ce recours, raconte Nicole Borvo, bien que cela coûte cher financièrement. Mais nous ne le regrettons pas. »

Évidemment, « cet avis ne modifie en rien le fonctionnement actuel des antennes du groupe public, la suppression de la publicité ayant été entérinée par la loi du 5 mars 2009 », a tout de suite précisé France Télévisions dont les journaux de 20 heures ont été particulièrement silencieux sur l'humiliation symbolique que constitue cette annulation, pour Christine Albanel et pour Patrick de Carolis, exécuteurs des basses œuvres, mais aussi pour un président de la République pris en défaut sur un point juridique de droit constitutionnel dont il est l'un des garants. Le texte de l'article 5 précise en effet que « le Président de la République veille au respect de la Constitution. Il assure, par son arbitrage, le fonctionnement régulier des pouvoirs publics ainsi que la continuité de l'État ».

Jack Ralite, sénateur communiste, estime que « c'est un sacré soufflet, très fort, infligé à la façon autoritaire et expéditive dont le pouvoir a agi. C'est un grand geste de morale face à un geste de coquin ». Le communiqué des sénateurs qui avaient initié la procédure souligne que « le service public de l'audiovisuel en sort renforcé et France Télévisions peut et doit agir en toute indépendance en se conformant à la loi, et non aux projets illégaux de l'Élysée ». Toutefois, regrette Nicole Borvo, « le jugement du Conseil d'État aurait dû avoir des effets sur la suite des décisions concernant la publicité sur les chaînes publiques. Mais le pouvoir actuel se sent suffisamment puissant pour ne pas tenir compte d'un tel jugement ».

Le Conseil constitutionnel a validé dès le 3 mars 2009 l'essentiel de la loi sur l'audiovisuel public, adoptée le 4 février par le Sénat. Il a jugé la réforme du mode de désignation des présidents des sociétés de l'audiovisuel public conforme à la Constitution. Pierre Joxe, membre du Conseil constitutionnel, a toutefois fait savoir qu'il était partisan de sa censure car, d'un point de vue proprement juridique, cette loi lui paraît être en contradiction avec l'article de la Constitution qui garantit la liberté de la presse [8].

PAROLES, PAROLES...

Le candidat Sarkozy affirmait dans *L'Express* du 15 février 2007 : « On ne peut pas être exigeant à l'égard de l'audiovisuel public et le laisser dans un état chronique de sous-financement. Je préfère qu'il y ait un peu plus de publicité sur les chaînes publiques plutôt que ces chaînes n'aient pas assez de moyens pour financer beaucoup de programmes de qualité. » Le président de la République ne reste donc pas cramponné envers et contre tout à ses convictions d'un moment.

Les lobbyistes à l'affût

Comment et où trouver le financement pour compenser la perte des ressources publicitaires ? D'emblée, il y a divergence sur le manque à gagner. Les responsables des chaînes publiques avancent le chiffre de 1,2 milliard d'euros, leurs concurrents du privé divisent par deux le préjudice, ramené à 600 millions. La confusion sur la compensation à accorder à la télévision publique a été totale. Une seule certitude se dégage de cet imbroglio : il n'y a

8. Voir Pierre Joxe, *Cas de conscience*, Genève, Labor et Fides, 2010.

aucune pérennité assurée du financement de l'audiovisuel public au-delà de 2011.

Au départ, il a été question d'une taxe de 3 % sur les recettes publicitaires supplémentaires des chaînes privées. Cette ressource aurait été abondée par un prélèvement de 0,9 %, sur les gains des opérateurs et fournisseurs d'accès à Internet. Mais, avant même que le projet de loi ne soit soumis au Parlement, les députés de la majorité ont adopté, en commission spéciale, le 19 novembre 2008, un amendement qui abaisse la taxe prévue initialement de 3 % à 1,5 %. Les intérêts des chaînes privées ont été efficacement défendus : pour en arriver à une telle influence sur les votes des parlementaires, il faut en amont que les élus soient soumis à tout un travail de lobbying.

C'est Christian Kert, député UMP des Bouches-du-Rhône, rapporteur de la loi sur l'audiovisuel public, qui a déposé cet amendement. Sans doute surchargé de travail, le député a déposé un texte qui reprend fidèlement un document publié par la direction de TF1, qui suggère au gouvernement ce que le député propose à l'Assemblée. Il est vrai que Christian Kert est un ami de Jean-Michel Cournillon, l'un des lobbyistes de TF1. Ce dernier a d'ailleurs invité le député à son mariage dans la propriété qu'il possède dans sa circonscription.

Nicolas Sarkozy bénéficie également des conseils de Frédéric Lefebvre. Lobbyiste professionnel et assumé, il est le fondateur du Club parlementaire sur l'avenir de l'audiovisuel et des médias (CPAA, www.cpaa.unblog.fr).

« Nicolas Sarkozy paie les dividendes à ses amis du Fouquet's », s'insurge Jean-Marc Ayrault, le 25 novembre 2008, dénonçant le « cadeau » ainsi fait aux télévisions privées. Une libéralité dont le coût, pour les finances publiques, s'élève à 25 millions d'euros, rien que pour TF1. Comble de malheur pour cette réforme, le projet de taxer le chiffre d'affaires des opérateurs des télécommunications et de l'Internet est rejeté par la Commission européenne en 2010, au motif que « cette taxe constitue une charge incompatible avec le droit européen ».

L'État se trouve devant l'obligation de couvrir au moins partiellement la perte des ressources des chaînes publiques. Au moment où les déficits budgétaires atteignent des sommets, certains font savoir qu'il serait plus sage de renoncer à la suppression totale des recettes publicitaires. Gilles Carrez (UMP) a déclaré en décembre 2008, lors de l'examen du projet de loi : « Il serait dangereux de s'engager dès maintenant dans une suppression totale des recettes publicitaires pour la fin de 2011. Croyez-moi, c'est le bon sens qui parle » et, début avril 2010, Jean-François Copé s'est prononcé pour le maintien des écrans publicitaires avant 20 heures.

Et le dépeçage continue

France Télévisions Publicité (FTP), la régie publicitaire du groupe public, a été mise en vente partiellement par l'État, en avril 2009, pour 70 % du capital. Des amis de Nicolas Sarkozy sont déjà sur les rangs pour son rachat.

FTP, qui comprend 288 salariés, avait un chiffre d'affaires de l'ordre de 840 millions d'euros avant la réduction de la publicité. L'affaire pourrait être juteuse : la publicité n'est supprimée, pour l'instant, que de 20 heures à 6 heures. Les rentrées publicitaires ont augmenté dans le créneau encore disponible. Le chiffre d'affaires de FTP est encore de 365 millions d'euros en 2009. Compte tenu des menaces qui pèsent sur cette régie, le moment est favorable pour réaliser l'opération : pour Stéphane Courbit, le coût serait de 20 à 28 millions d'euros.

Stéphane Courbit, ancien P-DG d'Endemol France et créateur du groupe de production audiovisuelle Banijay, qui compte quinze sociétés réparties dans dix pays, ne prend pas de risques. La droite ne pourra certainement pas maintenir la suppression totale de la publicité en 2011, les caisses de l'État étant vides. Même si les écrans publicitaires sont définitivement supprimés, des formes spécifiques de publicité échappent à l'interdiction. Le « placement de produit », interdit en France depuis 1992, devrait être de nouveau autorisé à partir de 2010. Il s'agit de mettre en évidence « un produit, un service ou une marque » dans « les œuvres cinématographiques, les fictions audiovisuelles et les vidéomusiques » moyennant finances [9]. À ne pas confondre avec les émissions « parrainées », comme la rubrique météo encadrée par des

9. Conseil supérieur de l'audiovisuel (CSA), Communiqué de presse, 16 décembre 2009, www.csa.fr.

références aux magasins Darty, ou des programmes courts, les *billboards*, comme *Du côté de chez vous*, financé par Leroy-Merlin.

Autrement dit, France Télévisions Publicité a encore de l'avenir. Ce qui permettrait à Stéphane Courbit de vendre aux annonceurs ses propres productions télévisuelles et de faire de la publicité pour ses sociétés de jeux en ligne. Pour deux de ses sociétés, Betclic (paris sportifs, paris hippiques et poker) et Everest Gaming (poker), l'Autorité de régulation des jeux en ligne a attribué, en juin 2010, quatre licences à Stéphane Courbit, soit un quart des autorisations accordées.

Ce jeune entrepreneur était parmi les invités du Fouquet's. Il fait partie du sérail. Il entretient de bonnes relations avec Alain Minc et Nicolas Bazire, qui furent eux aussi de la fête. Proche de Sarkozy, Stéphane Courbit a évincé le candidat au rachat de la FTP soutenu par Patrick de Carolis, la société Hi-media, alliée au Groupe Sud-Ouest et à Orange.

Une fois encore, Patrick de Carolis a obéi aux injonctions de l'Élysée en ne soumettant, au conseil d'administration de France Télévisions, qu'une seule candidature, celle de Courbit allié à Publicis.

Nouvelle soumission, nouvelle humiliation : le Conseil d'État a déclaré illégal ce vote qui n'avait pas eu à trancher entre plusieurs propositions, ne répondant pas ainsi à l'exigence de mise en concurrence qui prévaut dans les marchés publics.

Stéphane Courbit contrôle une holding personnelle, la société financière LOV, dont le nom est composé des initiales des prénoms de ses trois enfants, Lila, Oscar et Vanille. Anne Méaux a en charge sa communication, à laquelle s'intéresse aussi Alain Minc. Selon *Le Canard enchaîné* du 3 février 2010, celui-ci aurait « reçu 1,5 % d'actions gratuites, un paquet estimé au bas mot à 3 millions ». Cette générosité aurait récompensé ses conseils, d'autant plus précieux que Stéphane Courbit est autodidacte et d'origine modeste, donc peu familier par sa naissance avec le monde des affaires.

Ce feuilleton a connu une nouvelle péripétie le 13 avril 2010. Patrick de Carolis a fait voter, par le conseil d'administration de France Télévisions, la suspension du processus de privatisation de la régie publicitaire. Les raisons invoquées sont la prise de position de Jean-François Copé en faveur du maintien de la publicité sur les chaînes publiques avant 20 heures, et celle du ministre de la Culture et de la Communication Frédéric Mitterrand sur le « problème déontologique » posé par la candidature de Stéphane Courbit, producteur de télévision et propriétaire de sites de jeux, gros consommateurs de publicités.

Alerté sur la possibilité d'être mis en minorité dans sa volonté de privatisation au conseil d'administration de France Télévisions, Nicolas Sarkozy recule et propose son report au 30 octobre 2010. Carolis refuse, suivi dans ce choix par la majorité des administrateurs.

Le président de la République n'est pas encore celui de la télévision publique, un cumul qui semble difficile à faire passer.

Le rideau de fumée publicitaire

La question de la publicité sur les chaînes publiques fait écran à celle de leur indépendance face aux pouvoirs, politique et économique. L'affaire de la publicité n'aurait même pas existé si une solution de financement pérenne de remplacement avait été proposée. Au contraire, la soudaineté de l'annonce de cette mesure, que l'on peut supposer calculée, a pris de court les premiers concernés, les employés des chaînes publiques. « Les salariés dans leur ensemble, raconte Jean Bigot, se sont sentis attaqués, abandonnés et méprisés, avec des affirmations comme quoi il n'y avait plus de différences de contenu entre les chaînes publiques et les chaînes privées. Les personnels ont été déstabilisés, cela a créé une incertitude folle, et la crainte du chômage est apparue. Car, derrière la "restructuration" et la "réorganisation" de France Télévisions, chaque salarié a bien compris que ces mots cachaient un plan social. »

L'indépendance des journalistes est compromise. Le président de la République a l'initiative : dorénavant, il désigne le candidat de son choix à la présidence de France Télévisions. Le CSA et les commissions des Affaires culturelles du Sénat et de l'Assemblée nationale se prononcent sur cette candidature. Son refus suppose qu'au moins les trois cinquièmes des parlementaires qui composent ces commissions aient voté contre.

Les noms qui circulaient dans la presse au mois de juin 2010 pour le remplacement de Patrick de Carolis, dont le mandat s'achève le 21 août, n'étaient pas rassurants quant à l'indépendance politique de la télévision. En particulier celui qui paraissait favori, Alexandre Bompard, inspecteur des Finances et P-DG d'Europe 1. Proche d'Alain Minc, auquel il doit son poste de P-DG, il a signé un accord avec BetClic, une société de jeux en ligne, dont Stéphane Courbit est l'actionnaire principal. Le petit monde de l'oligarchie tourne en rond sur lui-même, en dehors des règles démocratiques minimales puisque des Minc influent, sans aucune légitimité électorale, sur les lois dans la France de 2010 de sorte que le partage du gâteau puisse continuer à s'effectuer entre amis.

Surprise début juillet. Devant les difficultés du pouvoir déstabilisé par divers scandales dans lesquels sont impliqués des ministres, Nicolas Sarkozy finit par choisir Rémy Pflimlin, ancien directeur général de France 3 et directeur général de Presstalis, ex-NMPP (Nouvelles messageries de la presse parisienne). Un choix inspiré par une saine prudence, ce candidat, plus consensuel, prêtant moins le flanc à une nouvelle polémique.

5. NICOLAS SARKOZY, AVOCAT D'AFFAIRES

Peu avant d'être élu maire de Neuilly en 1983, à 28 ans, Nicolas Sarkozy devient avocat à la cour, au cabinet de Mᵉ Danet, bâtonnier de l'ordre pour le barreau de Paris, dont les locaux sont situés dans les beaux quartiers, près du parc Monceau.

Nicolas Sarkozy se trouvait sans doute bien dans ce Paris de bon aloi. Toujours est-il qu'il reste six ans dans ce cabinet d'avocats, tout en étant le premier magistrat de Neuilly. Avec ses collègues, Arnaud Claude et Michel Leibovici, aujourd'hui décédé, il crée en 1987 un cabinet d'avocats, au 52 du boulevard Malesherbes dans le VIIIᵉ arrondissement.

LE DROIT COMME PROPÉDEUTIQUE À LA POLITIQUE

Le droit et la politique ont partie liée depuis longtemps. Le pouvoir est exécutif et législatif. Il applique les lois, les crée ou les modifie.

Les études de droit particulièrement sélectives

Les classes populaires et, dans une moindre mesure, les classes moyennes n'ont d'accès à la chose juridique que dans une situation contrainte. Le citoyen ordinaire n'a à connaître les méandres du droit qu'en tant que victime ou coupable. À l'inverse, les personnes issues de milieux favorisés ont accès dès leur enfance à une culture juridique inhérente à leur classe sociale. Les affaires et le patrimoine ne vont pas sans problèmes qui trouvent leur solution devant les tribunaux de commerce ou au civil. Il y a toujours quelque question fiscale ou immobilière qui réclame l'intervention de conseillers, souvent un notaire, ami de la famille. Les études de droit, ou d'économie, renforcent les premières approches offertes par le milieu familial. La loi est une forme d'existence des relations entre les classes : les avantages acquis de la haute société sont protégés par elle. La loi exprime donc un rapport de forces à un moment donné : la fixation par le droit du travail de la durée légale du temps de travail le dit clairement.

La maîtrise du droit est très inégalement répartie. Presque nulle en milieu populaire, elle est un facteur d'accès beaucoup plus aisé à la politique pour les jeunes bourgeois. Études de droit et goût du pouvoir mêlés donnent les bases des grandes ambitions politiques. Mais ce goût du pouvoir, d'où peut-il venir ?

Le goût du pouvoir

Le goût du pouvoir n'est pas inné, il se construit dans un environnement et au fil d'une histoire familiale et sociale. Il est constitutif de l'éducation des enfants des classes dominantes. Le père et, de plus en plus souvent, la mère occupent des positions d'autorité dans la société, d'un point de vue professionnel mais aussi par la possession d'un patrimoine important. La puissance omniprésente est redoublée par des cadres de vie qui symbolisent, par l'ampleur des espaces et la richesse décorative, la supériorité et la démesure. Les tâches domestiques sont déléguées, ce qui introduit des relations de pouvoir sur autrui jusque dans l'intimité du domicile familial. Élevés dans un univers où les profits matériels et symboliques vont de soi, les enfants des classes supérieures sont construits de façon à aspirer aux mêmes avantages pour leur âge adulte.

Le goût du pouvoir est inculqué par la famille, mais aussi par l'école et les rallyes, ces groupes de jeunes issus du même milieu social favorisé et choisis par les mères pour organiser collectivement les loisirs de leurs enfants. L'envie de l'autorité doit être comme celle de la lecture ou de la musique, une satisfaction, un plaisir, une réalisation du plus intime de soi-même, une seconde nature. Sans cette intériorisation profonde des droits et des devoirs que lui donne sa position dominante, le grand bourgeois pourrait vivre nombre de contraintes, telles que celles des mondanités, comme du temps perdu dans un ennui profond.

Habitant à Neuilly, fréquentant les écoles de la grande bourgeoisie, tout en se situant aux franges les moins favorisées de cette classe, Nicolas Sarkozy avait toutes les chances de développer un goût du pouvoir hypertrophié. Il s'agit peut-être pour lui d'assurer une continuité avec ses origines, mais aussi de prendre sa revanche sur ses camarades de classe plus favorisés que lui par la fortune. Ayant été trop souvent le second, il rêvait d'être enfin le premier.

Les avocats d'affaires au cœur du champ politique

La profession d'avocat est un point nodal de la toile d'araignée tissée par l'oligarchie. Avec le passage du libéralisme au néolibéralisme, le monde de l'argent investit celui de la politique dans ses composantes de droite comme de gauche. Les avocats en sont les chevaux de Troie. François Mitterrand était lui-même avocat. C'est d'ailleurs sous sa présidence, Édith Cresson étant Premier ministre, qu'un article d'un décret organisant la profession d'avocat stipule pour la première fois que « les fonctionnaires et anciens fonctionnaires de catégorie A, ou les personnes assimilées aux fonctionnaires de cette catégorie, ayant exercé en cette qualité des activités juridiques pendant huit ans au moins, dans une administration ou un service public ou une organisation nationale [...] sont dispensés de la formation théorique et pratique et du certificat d'aptitude à la profession d'avocat [1] ».

Le Conseil national des barreaux donne son aval aux demandes et, pour pouvoir exercer, le candidat n'a plus qu'à prêter serment « lors d'une cérémonie au cours de laquelle chacun s'engage solennellement à respecter les principes essentiels de la profession d'avocat [2] ». Ce qu'a fait Rachida Dati en février 2010. Auparavant, ce fut aussi le cas, entre autres, de Jean-François Copé, Frédéric Lefebvre, François Baroin, Claude Goasguen, Dominique de Villepin, pour la droite, mais aussi de Dominique Strauss-Kahn, Ségolène Royal, Noël Mamère, Arnaud Montebourg, Christophe Caresche, pour la gauche. Le cumul d'un mandat électoral avec la profession d'avocat est donc légal.

De nombreux ministres du gouvernement Fillon exercent ou ont exercé le métier d'avocat. De 2005 à 2007, Christine Lagarde, ministre de l'Économie et des Finances, était à la tête du cabinet Baker & McKenzie aux États-Unis. Jean-Louis Borloo, ministre de

1. Article 98 du décret n° 91-1197 du 27 novembre 1991, signé également par les ministres Bérégovoy, Le Pensec, Jospin, Aubry et Charasse, Henri Nallet étant garde des Sceaux.

2. www.avocatsparis.org.

l'Environnement, avocat lui aussi, était dans les années 1980 « l'un des meilleurs spécialistes du droit des sociétés. Profitant des failles de la législation française, c'est J.-L. Borloo qui a mis au point la nouvelle méthode de reprise des entreprises en difficulté que pratiquera entre autres Bernard Tapie [3] ». Patrick Devedjian, ministre chargé de la mise en œuvre du plan de relance, est également avocat. Le gouvernement Fillon remanié en mars 2010 compte encore huit autres avocats, trois spécialistes de droit public et un autre dans le droit international des affaires. Soit quatorze ministres sur quarante, le premier d'entre eux étant titulaire d'un DEA (ancien master 1) de droit public.

DES DOUBLES CARRIÈRES QUI N'EN FONT QU'UNE

Avocat et maire de Neuilly, avocat et président du conseil général des Hauts-de-Seine et de l'EPAD : les cumuls de ces fonctions par le jeune Nicolas Sarkozy sont légaux. En revanche, le poste de ministre exige que l'avocat inscrit au barreau se fasse « omettre » : une mise en disponibilité en quelque sorte, son nom étant effacé de la liste des inscrits. Un avocat « omis » peut, lorsque la raison de l'omission a disparu, se faire de nouveau inscrire. Pendant ses années ministérielles, Nicolas Sarkozy a donc dû renoncer à sa robe d'avocat.

Mais, depuis 2001, une disposition prise sous le gouvernement Jospin permet aux membres d'une « société d'exercice libéral par actions simplifiées » (Selas) de maintenir le nom d'un avocat en état d'omission sur la raison sociale du cabinet et de lui verser ses honoraires sous forme de dividendes. L'omission n'empêche donc plus un avocat « omis » de continuer à percevoir des rémunérations [4]. Dès 2002, le cabinet Arnaud Claude-Nicolas Sarkozy se transforme en Selas. Aussi est-ce bien à tort qu'un couple a été surpris de recevoir, le 28 octobre 2004, une assignation devant le tribunal visant à l'expulsion de son logement par une société ayant pour avocat la « Selas Arnaud Claude-Nicolas Sarkozy » alors que celui-ci était ministre d'État [5].

3. Airy ROUTIER, *Le Phénix*, *op. cit.*, p. 112.

4. Victor NOIR, *Nicolas Sarkozy ou le destin de Brutus*, *op. cit.*, p. 45-50.

5. Ce couple avait envoyé la copie de cette assignation à *Marianne*. Voir l'article d'Emmanuel Lévy dans le numéro du 15 au 25 mars 2005.

Que se passe-t-il lorsque, le 6 mai 2007, notre héros est élu président de la République ? Trois jours après, le procès-verbal de l'assemblée générale extraordinaire de la Selas modifie la raison sociale du cabinet d'avocats qui devient « Arnaud Claude et associés ». *Exit* le patronyme présidentiel. Les statuts sont également modifiés en ajoutant un passage à l'article 9 intitulé « De la location d'actions ». On y lit qu'un associé « pourra consentir une location de ses actions [...], considérant que cette location ne pourra intervenir qu'au profit de professionnels salariés ou collaborateurs libéraux, exerçant au sein de la société ». L'assemblée redéfinit également le capital, fixé à 40 000 euros divisés en 400 parts de 100 euros. Avec 136 actions, Nicolas Sarkozy en possède donc 34 %.

Si le président reste associé à son cabinet, il a déclaré renoncer à toucher des dividendes tant qu'il serait à l'Élysée. Arnaud Claude a dévoilé, dans *Le Parisien*, en octobre 2007, les modalités de l'arrangement. « Nous avons mis en place une location de ses actions, a-t-il dit, à mon profit, par acte notarié. Il ne touche donc plus de dividendes de la société. » La location d'actions est possible depuis la loi du 2 août 2005, à un moment où Nicolas Sarkozy était ministre de l'Intérieur. Elle se concrétise par un acte sous seing privé. Cette location d'actions aboutit à ce que Nicolas Sarkozy en reste nu-propriétaire, tandis qu'Arnaud Claude est l'usufruitier des parts concernées. Il encaisse des dividendes et Nicolas Sarkozy perçoit un loyer, dont on ne peut connaître le montant, ni savoir s'il est fixe ou variable selon les résultats du cabinet.

L'ordre des avocats a traité le président de la République différemment du ministre. Dès le 10 mai 2007, Nicolas Sarkozy a été invité à maintenir son inscription au tableau de l'ordre des avocats. Ce que le bâtonnier de Paris, Yves Repiquet, justifiait dans le numéro du 15 mai 2007 du *Bulletin du barreau de Paris* : « Le président de la République élu, écrivait-il, bénéficie de l'expérience que lui ont apportée les responsabilités de maire, de conseiller général, de député, de membre du gouvernement. Le fait qu'il ait choisi d'exercer et [qu'il] exerça la profession d'avocat lui sera également utile dans la mission que vient de lui confier la majorité de nos concitoyens. C'est dans la loi et le règlement que devront être traduites les réformes annoncées par le candidat, c'est-à-dire dans la part la plus importante du droit [...]. Nicolas Sarkozy, qui fut le collaborateur du bâtonnier Guy Danet, est le neuvième président de la République avocat au barreau de Paris. L'indépendance étant inhérente à la profession de l'avocat, notre barreau sait pouvoir compter sur le président pour être le garant de l'indépendance de la justice. »

En tant que président de la République, Nicolas Sarkozy devient le président du Conseil supérieur de la magistrature (CSM), cet organisme d'État ayant la haute main sur la carrière des magistrats. L'un d'eux nous dira au cours d'un entretien que « Nicolas Sarkozy va se servir du CSM avec détermination pour, d'une part, promouvoir des magistrats proches de lui et souvent contre l'avis donné par le CSM. Et, d'autre part, intervenir par le biais de son conseiller Patrick Ouart dans les procédures en cours, comme cela apparaît dans l'affaire Bettencourt, pour intimider les récalcitrants et orienter les procès dans lesquels sont impliqués ses amis. On peut parler d'une justice de parquet qui ne prend d'initiative que sur ordre de la chancellerie et du conseiller justice du président, familier des milieux d'affaires ».

LE PRÉSIDENT DU CONSEIL GÉNÉRAL PLAIDE POUR SES AMIS

Parmi ses prérogatives, un maire peut choisir qui lui convient pour défendre les intérêts de sa ville. Charles Ceccaldi-Reynaud, et à sa suite sa fille Joëlle, qui lui succéda au poste de maire de Puteaux et à celui de suppléant de Nicolas Sarkozy aux élections législatives, n'ont pas réfléchi longtemps avant de charger le cabinet Arnaud Claude-Nicolas Sarkozy des contentieux de leur ville.

En 2005, plusieurs hôtels meublés et immeubles délabrés brûlent dans Paris, faisant de nombreuses victimes. Nicolas Sarkozy est alors ministre de l'Intérieur. Aussitôt, devant de nombreux micros et caméras, sept autres bâtiments jugés dangereux sont évacués, dont un est situé à Puteaux. « Un immeuble insalubre dans un quartier devant être réhabilité, écrit Paul Coiffou dans un numéro de *Charlie hebdo*. Une adresse bien connue de Me Claude qui, entre les mois de novembre 2003 et 2004, a perçu à trois reprises des honoraires pour y avoir "engagé des procédures à l'encontre des occupants sans titre de logement", "pour avoir représenté la ville dans la procédure de reprise des lieux" ou pour avoir obtenu la désignation d'un huissier. » Le journaliste en conclut fort logiquement et avec un certain humour que « le hasard fait parfois bien les choses, l'évacuation du 3-5, rue du Four aura permis à Nicolas Sarkozy de montrer aux Français son engagement sur le front des immeubles insalubres et aux clients du cabinet Claude-Sarkozy de récupérer leur bien ».

Patrick Balkany, grand ami de Nicolas Sarkozy depuis leur adolescence partagée à Neuilly, aujourd'hui maire de Levallois-Perret, a choisi plusieurs cabinets d'avocats pour travailler pour cette ville en pleine restructuration immobilière et sociologique, dont le cabinet Arnaud Claude et associés. Le conseil municipal du 21 septembre 1987 décide par exemple, à l'unanimité, de « confier à Me Claude, avocat à la cour, 52, boulevard Malesherbes, la poursuite pour la procédure d'expropriation des immeubles cités » dans le cadre d'une opération de rénovation. Arnaud Claude est l'avocat de la ville depuis 1981, donc avant l'élection de Patrick Balkany en 1983. Les délibérations du conseil municipal conservent la trace de la désignation de la Selas Arnaud Claude et associés pour des contentieux avec, par exemple, la société Danone, ou la propriétaire du 60, rue Baudin, à propos d'un permis de démolir.

Lors d'un conseil municipal en septembre 2006, un élu, M. de Précigout, a déposé une question écrite dans laquelle il demandait au maire de « bien vouloir communiquer le montant TTC des honoraires d'avocats acquittés de 2001 à 2006 par la commune de Levallois-Perret [6] ». « Cela figure dans votre budget, vous avez donc les éléments », répond Patrick Balkany. « Non, rétorque, M. de Précigout, ce n'est pas détaillé. Je souhaite une répartition par cabinet d'avocats, en particulier pour deux d'entre eux, que vous avez cités : le cabinet Lafarge et le cabinet Claude et Sarkozy. » À M. de Précigout, lui-même avocat, Patrick Balkany rétorque qu'il ne donnera pas ces chiffres, « parce que ce serait inconvenant pour vos confrères ». Le ton monte. « Répondez aux questions au lieu de tourner autour du pot », lance le conseiller. « Mais je n'ai rien à cacher, proteste le maire. Le montant des honoraires d'avocats, en 2005, s'élève à 463 000 euros pour la ville. » « Très bien, poursuit M. de Précigout, mais je souhaiterais avoir ce montant par cabinet. » « Non, je m'y oppose », conclut

6. Ville de Levallois-Perret, *Compte rendu des décisions municipales. À propos des prestations de conseil juridique pour les opérations d'aménagement-autorisation de signature demandée*, septembre 2006.

brutalement le maire, en insistant sur le fait que le conseiller est lui-même avocat. « Je vais écrire au bâtonnier, poursuit-il, pour lui envoyer votre demande, en lui disant que celle-ci m'a extrêmement choqué. Ce n'est pas la première en la matière, je vous l'accorde, puisqu'il vous arrive souvent d'utiliser vos prérogatives pour connaître les honoraires de... » Le conseiller coupe le maire. « Non, monsieur. Ce que vous dites est scandaleux ! Je suis conseiller municipal et je souhaite simplement avoir des informations sur le budget dédié. »

La vivacité de ce débat révèle un terrain sensible. Car, en 2005 et 2006, Nicolas Sarkozy était à la fois président du conseil général des Hauts-de-Seine et avocat d'un cabinet qui travaille pour plusieurs communes de ce département.

UNE BELLE CLIENTÈLE

« Aujourd'hui, est-il écrit sur son site claude-associes.com, le cabinet Arnaud Claude compte parmi sa clientèle des collectivités territoriales, des sociétés d'économie mixte, des OPHLM, des entreprises et des compagnies d'assurances, nationales et internationales, des promoteurs immobiliers, des constructeurs automobiles, des banques et établissements financiers et de crédit, ainsi qu'une vaste clientèle de particuliers. »

Des procédures d'expulsion de locataires, le cabinet est passé à la défense de grands groupes comme Cogedim ou Generali. Ou encore Nexity, ex-CGIS de Vivendi, dont Stéphane Richard, un très proche de Nicolas Sarkozy, est devenu le P-DG en mars 2000 [7].

Le cabinet Claude et associés, lit-on sur son site, « intervient également en soutien des intérêts de ses clients en matière de droit pénal des affaires, impliquant le conseil et la défense devant les juridictions répressives des personnes morales et/ou de leurs dirigeants victimes d'infractions pénales économiques ».

Frédéric Charpier nous apprend que « lorsque Martin Bouygues succède à son père à la tête du groupe, en septembre 1989, il fait de Nicolas Sarkozy son avocat et celui de TF1 ». Après son passage à Bercy comme ministre du Budget et malgré son échec

7. Erwan SEZNEC, « Stéphane Richard : le roi du conflit d'intérêts à Bercy », *loc. cit.*, p. 577.

dans le choix malheureux d'Édouard Balladur [qu'il a soutenu] dans le cadre de l'élection présidentielle de 1995, « Sarkozy apportera de nouveaux clients au cabinet, comme le groupe pharmaceutique Servier, Bernard Arnault et LVMH, ainsi que quelques vedettes du showbiz. Son carnet d'adresses s'est considérablement étoffé [8] ».

Par les nombreux ouvrages consacrés au président de la République, ou par les articles de presse, on sait qu'il a aidé Serge Dassault quand il a succédé à son père, Marcel. Nicolas Sarkozy est un familier du fils aîné de Serge, le député UMP de l'Oise, Olivier Dassault. Il en a été de même avec la succession difficile pour Arnaud Lagardère après la mort brutale de son père Jean-Luc en mars 2003. L'avocat Sarkozy a aussi aidé son ami Dominique Desseigne à prendre les rênes du Groupe Lucien Barrière après le décès accidentel en mai 2001 de sa femme, Diane Barrière, seule héritière et grande amie d'enfance de Cécilia, seconde épouse de Nicolas Sarkozy. Henri Leconte, champion de tennis, a aussi fait partie de la clientèle de ce cabinet, décidément bien fréquenté [9].

Un cabinet des beaux quartiers, pour une clientèle ayant pignon sur rue, riche et connue, au cœur des réseaux qui comptent. Amitiés, confidences, complicités, pactes officiels ou secrets, ces amitiés bien comprises tissent et confortent les mailles de la toile d'araignée oligarchique.

8. Frédéric CHARPIER, « Le CAC 40 à l'Élysée : Nicolas Sarkozy et les grands patrons », *loc. cit.*, p. 570-571.

9. Victor NOIR, *Nicolas Sarkozy ou le destin de Brutus*, *op. cit.*, p. 36-43.

6. ÉTAT, FAMILLE, COUPLE : LE MÉLANGE DES GENRES

Au gré des circonstances, grands projets et petits enjeux semblent être traités sur un pied d'égalité par le président de la République. Avant de partir pour l'Afghanistan pour rendre hommage à des soldats français tués dans une embuscade, Nicolas Sarkozy a pris le temps de régler un problème majeur : faire installer le tout-à-l'égout dans le lotissement chic du Cap Nègre où il séjourne en ce mois d'août 2008 avec sa femme, dans une résidence de la famille de celle-ci. Entre vie privée et vie publique, l'activité présidentielle paraît ne pas établir de hiérarchie.

LES EAUX USÉES DU CAP NÈGRE

Un article du *Canard enchaîné*, du 27 août 2008, intitulé « Sarkozy, copropriétaire efficace », raconte la visite impromptue du président de la République à l'assemblée générale des copropriétaires du lotissement du Cap Nègre, sur la commune du Lavandou, dans le Var, au bord de la Méditerranée. Il passe ses vacances dans cet ensemble privé de villas cossues, avec vue imprenable sur la mer et les îles d'Hyères. Les résidents sont en désaccord entre eux sur le projet de tout-à-l'égout qui leur est proposé pour régler des problèmes de pollution. Une minorité est fermement décidée à faire valoir l'efficacité des fosses septiques en service.

Nicolas Sarkozy s'est permis de venir à cette assemblée des copropriétaires en tant que gendre. Sa belle-mère, Marisa Bruni-Tedeschi, possède la belle et vaste demeure qui se dresse au sommet de la pointe extrême et escarpée du cap. Avec sa dizaine de chambres et autant de salles de bains, son parc de 3,5 hectares, sa piscine et son ponton d'amarrage pour bateaux, cette maison est la seule à avoir le privilège de pouvoir se prévaloir du titre de château. Le château Faraghi, du nom de l'industriel italien qui fit construire en 1937, en cet endroit exceptionnel, une villa immense, flanquée de deux tours circulaires, qui, de loin, a des allures de forteresse moyenâgeuse.

Le 16 août 2008, le président de la République est donc venu dans l'intention d'imposer le tout-à-l'égout aux propriétaires récalcitrants et de régler un conflit qui n'avait que trop duré à ses yeux. Étonnante situation mêlant la plus haute charge de l'État au prosaïsme domestique, rencontre incongrue entre l'extraordinaire et l'ordinaire. Aucun consensus n'ayant été trouvé, le gendre président convoque pour le 19 août une nouvelle réunion, non statutaire et non plénière, mais élargie à des personnalités qui ne pouvaient guère, même avec déférence, décliner l'invitation. C'est au château qu'aura lieu la concertation. Le préfet du Var, la directrice départementale de l'équipement, le maire, UMP, du Lavandou et quelques propriétaires sur lesquels on pense pouvoir compter sont donc rassemblés chez la belle-mère de Nicolas Sarkozy.

Mais, entre-temps, le 18 août, l'état-major des armées a informé le président de la République de la mort de dix soldats français dans une embuscade en Afghanistan. Nicolas Sarkozy doit impérativement s'envoler pour Kaboul le 19, en fin de journée, afin de manifester sa compassion et celle de la nation aux victimes et à leurs familles. Avant cette mission d'une importance nationale et internationale, il n'hésite donc pas à prendre le temps de chercher à imposer le tout-à-l'égout aux propriétaires qui préfèrent la fosse septique.

Lors de l'enquête que nous avons menée en collaboration avec Pascale Krémer, une résidente nous a confié que les propriétaires s'étaient vu « signifier des décisions déjà prises par le maire, le préfet et le président. C'était "raccordement, exécution, rompez !". Tout cela au moment de la mort de dix soldats français en Afghanistan. Ubuesque [1] ! ».

Les affaires du tout-à-l'égout du Cap Nègre ne s'arrangent pas pour autant. Le 3 juin 2009, on apprend le départ du préfet du Var, Jacques Laisné, pour une destination inconnue. Serait-ce une sanction pour ne pas avoir fait aboutir assez rapidement le

1. Pascale Krémer, « Cap Nègre, quand le président s'en mêle », *Le Monde 2*, 31 janvier 2009.

problème sur lequel Nicolas Sarkozy s'était engagé ? « M. Jacques Laisné [...] sera réintégré dans son corps d'origine », déclare le décret présidentiel publié au *Journal officiel* du 5 juin. « Moult commentaires associent ce départ au dossier du Cap Nègre, sur lequel le préfet ne se serait pas montré assez diligent », écrit le *Var matin* du 17 juin 2009. Cette mutation paraît en contradiction avec les promesses du candidat Sarkozy. « La démocratie irréprochable, déclarait-il le 14 janvier 2007 devant le congrès de l'UMP, ce n'est pas une démocratie où les nominations se décident en fonction des connivences et des amitiés, mais en fonction des compétences. »

Un an plus tard, le 15 août 2009, l'assemblée générale des propriétaires a été mouvementée, violente verbalement, une vraie « guerre de tranchées » entre les partisans du tout-à-l'égout et ceux de la fosse septique, selon *Le Canard enchaîné*. Nicolas Sarkozy n'a pas participé à cette réunion, alors qu'il était en vacances au Cap Nègre. Depuis, l'affaire est en jugement au tribunal de Toulon et les travaux n'ont toujours pas commencé.

LA VIE CONJUGALE À LA UNE

Le peuple français a été étroitement associé aux joies et aux déboires de la vie conjugale de son actuel président de la République. Déjà du temps où il n'était encore que candidat, Nicolas Sarkozy et son épouse apparaissaient régulièrement en couverture de la presse « people ». Cécilia Sarkozy disparut avant l'élection présidentielle puis réintégra le foyer conjugal pour aller voter, du moins au premier tour, car, au second, elle s'abstint. Cécilia, encore Sarkozy, se fit attendre le soir de la fête du Fouquet's. Elle bouda l'invitation du président des États-Unis, alors George W. Bush, sous prétexte d'une « angine blanche ». Sa présence se fit de plus en plus discrète et le divorce fut prononcé.

La rencontre du président de la République avec Carla Bruni suivit de peu ces mésaventures. Le nouveau couple se fit photographier pour la première fois en décembre 2007 dans le parc d'attractions pour enfants, Disneyland, à Marne-la-Vallée. L'ex-top modèle, reconvertie dans la chanson, convola en justes noces, en février 2008, avec son président quelques mois après la rupture définitive de celui-ci avec Cécilia.

Ces péripéties, volontairement abrégées, mettent en évidence une dangereuse banalisation de la fonction présidentielle dans l'étalage de la vie privée, qui semble ne pas vouloir s'arrêter. Au printemps 2010, des rumeurs insistantes ont laissé entendre que la vie conjugale présidentielle traversait une nouvelle zone de turbulences. L'arroseur est arrosé : la publicité rend publique la dimension privée de la vie du président et de son épouse. Un retour de flammes d'autant plus brûlantes que le réseau Internet reprend et amplifie toutes ces vicissitudes et que la moindre rumeur s'emballe.

D'autres épisodes de la vie mouvementée du président confirmeront ce mélange des genres. À commencer par la saga assez croquignolesque – que nous avons suivie sur le terrain – de l'élection municipale du printemps 2008 à Neuilly.

QUERELLES DE FAMILLE AU CHÂTEAU

Le premier tour

En ce dimanche 9 mars 2008, vers 21 h 30, le château, comme les Neuilléens appellent leur mairie, est illuminé. Les buffets, préparés par la maison Fauchon, et les bouteilles de champagne, soigneusement tenues au frais, attendent paisiblement leur fin prochaine, sous les coups d'œil que leur jette à la dérobée une foule d'électeurs qui, depuis deux heures, n'a cessé de grossir. Soudain, le brouhaha paisible s'enfle et prend des allures de tempête naissante. Une houle impétueuse se rue pour se masser au haut d'un escalier d'honneur déjà passablement obstrué par les supporters de l'une et l'autre listes des candidats à l'élection municipale.

Les choses prennent une tournure inattendue dans cette cité habituellement si policée. Des hurlements et des bousculades accueillent les principaux candidats qui viennent faire un petit tour dans les salons. Jean-Christophe Fromantin et Arnaud Teullé sont les deux mamelles de la discorde. Les vedettes montent les marches qui mènent aux grandes salles de réception du premier étage dans une bousculade spectaculaire. Le maire sortant, Louis-Charles Bary, 82 ans, Neuilléen de toujours, qui ne se représentait pas, est sifflé, hué, lorsqu'il veut prendre la parole pour annoncer les résultats du premier tour.

Jean-Christophe Fromantin, qui n'est pas membre de l'UMP mais qui bénéficie de l'investiture de ce parti, arrive largement en tête : 47,9 % des voix, contre 32,1 % pour Arnaud Teullé, dissident UMP et néanmoins ami de longue date de Nicolas Sarkozy. Un troisième candidat, Bernard Lepidi, secrétaire général adjoint du CNI, parti associé à l'UMP, se réclame aussi de la majorité présidentielle, et rassemble 5,1 % des suffrages sur sa liste. Soit 85 % au total pour les candidats qui se sont présentés comme partisans du président de la République et soutiens de son action. Un total très proche de celui des voix du second tour de l'élection présidentielle, qui avait atteint presque 87 % des suffrages exprimés. Un candidat du Modem a recueilli 4,6 %. Enfin, la liste conduite par Lucienne Buton pour le PS et les verts totalise 7,9 %, ce qui n'est pas rien dans un tel fief de droite, mais qui marque un recul par rapport au score de 13,4 % réalisé au premier tour des municipales de 2001.

La droite est en situation hégémonique dans cette ville parmi les plus riches de France, mais elle est partie dans la campagne électorale en ordre dispersé et ses divisions, sous le même drapeau présidentiel, se sont exprimées très durement, trahissant un profond désarroi, sans doute lié aux décisions autoritaires du président de la République.

Celui-ci est venu lui-même, le 30 septembre 2007, introniser le porte-parole de l'Élysée, David Martinon, comme candidat à la mairie de Neuilly. Il s'agit d'une première trahison envers Arnaud Teullé, né dans cette ville il y a quarante et un ans et ayant mené toute sa carrière politique dans le sillage de celle de Nicolas Sarkozy. Mais David Martinon, accueilli aux cris de « Martinon, non, non ! » par une partie de l'assistance, est vite abandonné par son mentor dès qu'apparaît la possibilité d'un échec.

Durant un week-end de tragédie grecque, les 9 et 10 février 2008, le jeune postulant est contraint de passer la main, lâché par Jean Sarkozy, le fils cadet du président, et d'autres militants de l'UMP, affolés par des sondages qui pronostiquent l'échec de Martinon et le succès d'une liste sans étiquette, conduite par Jean-Christophe Fromantin. Celui-ci obtient le 11 février le soutien officiel de l'UMP, que lui confirme en personne son secrétaire général délégué, Patrick Devedjian. Arnaud Teullé est désavoué une seconde fois, Martinon prend quelques jours de repos, et les Neuilléens se retrouvent avec deux listes UMP : celle officielle de Jean-Christophe Fromantin et une liste dissidente menée par Arnaud Teullé. Jean Sarkozy se replie sur l'élection cantonale de Neuilly Sud.

Les listes Arnaud Teullé et Jean-Christophe Fromantin ont drainé la quasi-totalité des voix de la mouvance Sarkozy, mais, paradoxalement, sur un mode plus conflictuel que complémentaire. Comme si la concurrence s'était installée au cœur même du dispositif électoral neuilléen, au point d'en brouiller les termes, dans le double sens d'obscurcir et d'opposer. Comme à la cour : le prince régnant, en jouant des rivalités entre les courtisans, maintient son pouvoir tout en risquant l'éclatement et la guerre de succession, qui n'attend pas toujours la fin du règne pour se déclarer.

Quant au dauphin, Jean Sarkozy, n'ayant, lui, aucun rival UMP, il est élu dès le premier tour au conseil général, dans le canton sud de la ville. Il n'a toutefois réussi à réunir sur son nom que 52 % des électeurs. L'ancien maire, Louis-Charles Bary, auquel le jeune Sarkozy succède, avait été élu dans ce canton avec 72 % des voix au premier tour. Rappelant quelque peu son père, Jean Sarkozy remercie chaleureusement les électeurs sur un mode très personnel : « Je continuerai à être avec vous, dit-il, d'une voix forte et assurée. Je n'aurai qu'un seul agenda, celui de ma disponibilité pour Neuilly et les Neuilléens, et dès demain je commencerai à travailler avec vous. »

Mais, sous le remue-ménage des électeurs de droite se chamaillant, se cachait un des résultats importants de ce premier tour : l'élimination de l'opposition. La gauche, qui comprend des socialistes et des Verts, ne sera plus représentée au conseil municipal, n'ayant pas atteint le seuil fatidique des 10 %. Les problèmes sociaux, et tout particulièrement ceux du logement, ne seront plus ramenés au premier plan des discussions par Lucienne Buton et Thierry Hubert.

Entre les deux tours

Les jeux de cour se sont poursuivis. Jean-Christophe Fromantin a participé au dîner donné à l'Élysée en l'honneur du président israélien Shimon Peres par le président de la République. D'après la presse, Arnaud Teullé, lui aussi invité, n'aurait pu se joindre aux convives, faute de place.

La famille Sarkozy, dont plusieurs de ses membres résident à Neuilly, semble pencher pour le candidat dissident de l'UMP. Le jeudi 13 mars, un dernier meeting réunit les partisans d'Arnaud Teullé au Théâtre de la Ville, tandis que Jean-Christophe Fromantin œuvre au cinéma Le Village. Arnaud Teullé se prévaut du soutien de la famille Sarkozy. Mais seule la mère de Nicolas Sarkozy est présente dans la salle. La première épouse du président devait être là, mais elle se serait excusée pour raison de santé. Jean Sarkozy était aussi prévu, mais il aurait été retenu à Paris.

Le même jour, la guerre juridique est déclarée. Jean-Christophe Fromantin assigne Arnaud Teullé devant le tribunal correctionnel de Paris pour diffamation et injures : il aurait été accusé de propos antisémites sur Internet et sur des chaînes d'appels téléphoniques. Arnaud Teullé aurait retourné le compliment, en assignant à son tour son concurrent, appuyé dans cette démarche par un des meilleurs amis et soutiens de Nicolas Sarkozy, Patrick Balkany.

Le second tour

Le 16 mars 2008, le second tour se présente sous un jour plus calme. Comme la semaine précédente, le château est illuminé et les buffets paraissent tout aussi prometteurs. Mais c'est un silence de plomb soudain qui fige l'assemblée déjà nombreuse à l'annonce, à 20 heures, des premières estimations. Strasbourg, Reims, Amiens, Rouen, Caen... Les noms s'égrènent sur les écrans, annonçant partout la défaite de l'UMP. Peu à peu, les Neuilléens se font plus nombreux et remplissent les salons du premier étage de la mairie où l'intérêt pour les élections locales reprend le dessus. À l'annonce du résultat définitif, 61,67 % pour Jean-Christophe Fromantin et 38,33 % pour Arnaud Teullé, il y a de vifs applaudissements et des cris de joie pour les supporters du premier, les partisans du second faisant plutôt profil bas devant un résultat sans appel. Attitude d'autant plus responsable que le règlement électoral accorde en définitive trente-huit sièges de conseillers à la liste Jean-Christophe Fromantin et huit à la liste Arnaud Teullé.

Celui-ci, dans son discours, appelle au respect du verdict, tout en exigeant que les quelque 40 % d'électeurs qui lui ont accordé leur vote soient également respectés. Prenant ensuite la parole, Jean-Christophe Fromantin remercie les électeurs de lui avoir fait confiance pour mener à bien une nouvelle aventure avec eux, pour laquelle il précise bien que, s'il a obtenu le soutien de l'UMP, c'est « sans échange de promesses », dans un « fantastique signe d'ouverture ». Sa victoire, dit-il, c'est celle d'un « homme libre », qui n'a pas eu à prendre la carte d'un parti politique.

La foule se disperse sans animosité. Les buffets sont vides. Il y a du soulagement que cela soit fini, que la nouvelle municipalité soit élue et l'opposition exclue.

IMBROGLIO AUTOUR DE L'HÔTEL LAMBERT

Les mésaventures de l'hôtel Lambert mettent en évidence les vicissitudes qui peuvent affecter les monuments historiques habités lorsque le pouvoir politique se fait le complice d'autres enjeux que la défense du patrimoine. Les procédures administratives habituelles n'ont pas été respectées et certains ont pu se demander si Nicolas Sarkozy, en voulant favoriser les desseins de l'émir du Qatar, n'entendait pas lui témoigner sa reconnaissance pour son aide précieuse dans la libération des infirmières bulgares en juillet 2007, à laquelle Cécilia Sarkozy a contribué.

L'hôtel Lambert, au 2, rue Saint-Louis-en-l'Île, dans le IVe arrondissement de Paris, est un hôtel particulier du XVIIe siècle, construit entre 1639 et 1644 à la pointe amont de l'île Saint-Louis. Étant l'un des plus anciens bâtiments de Paris, il est entièrement classé. Toute intervention sur l'immeuble doit être soumise aux administrations compétentes, la couleur des volets étant aussi surveillée que la forme du toit. De même qu'à l'intérieur, les boiseries, les escaliers, les cheminées et les plafonds sont intouchables sans une autorisation de travaux en bonne et due forme. L'hôtel a été construit sur les plans de Le Vau, l'architecte de Vaux-le-Vicomte. Après avoir changé plusieurs fois de propriétaires, cette demeure exceptionnelle fut vendue à la famille de l'émir du Qatar pour 80 millions d'euros par la famille du baron Guy de Rothschild peu de temps avant sa mort, en 2007.

Un traitement à part

Les acquéreurs souhaitaient opérer des travaux de grande ampleur : installer des ascenseurs, équiper chaque chambre d'une salle de bains et aménager un parking sous la cour. Le bâtiment étant classé, le maître d'œuvre ne pouvait être qu'un architecte en chef des monuments historiques, choisi par le maître d'ouvrage parmi la cinquantaine actuellement en activité. Alain-Charles Perrot, qui a en charge la circonscription de Paris, fut retenu. Cet architecte, qui dispose de notices dans le *Bottin mondain* et le *Who's Who*, avait déjà travaillé pour l'émir du Qatar dans le cadre de la restauration de l'hôtel d'Évreux, au numéro 19 de la place Vendôme. Travailleurs indépendants, les architectes en chef des monuments historiques exercent au service à la fois de l'État et des particuliers. Un statut assez ambigu, qui mélange le public et le privé. Fonctionnaires sans traitement, ils sont payés sur honoraires par le propriétaire des bâtiments restaurés.

Dès le mois de décembre 2008, des irrégularités sont apparues dans l'instruction du projet de restauration de cet hôtel emblématique de l'architecture du Grand Siècle. Grâce aux bonnes relations entre le président de la République et l'émir du Qatar, le projet a été traité directement par le ministère de la Culture. Dans une procédure normale, un tel chantier doit être supervisé par la Commission nationale des monuments historiques, où un conservateur est spécialement affecté aux « édifices classés en mains privées ».

Une seconde anomalie résulte de la décision de Christine Albanel, alors ministre de la Culture, de créer une commission *ad hoc*, chargée spécifiquement de l'hôtel Lambert. Sa composition a été contestée, car elle ne comprenait aucun historien de l'architecture ou de Paris, ni aucun spécialiste du second œuvre. Les deux historiens de l'art, spécialistes du XVIIe siècle, qui en faisaient partie, sont apparus comme ne rassemblant pas toutes les connaissances scientifiques et techniques nécessaires pour contrôler une rénovation de cette ampleur. De plus, la liberté de parole des deux inspecteurs généraux des monuments historiques complétant la commission pouvait paraître *a priori* limitée puisqu'ils sont placés sous l'autorité du ministère chargé de conduire ce dossier. « Les défenseurs du patrimoine ont eu le sentiment du pouvoir régalien dans la nomination des personnalités *ad hoc* », nous a dit l'un de ceux-ci.

En ce début d'année 2009, les cadeaux fiscaux dont ont bénéficié les ressortissants du Qatar ont confirmé l'intérêt de l'État français à maintenir les meilleures relations avec cet émirat. Mais, parallèlement, ils ont contribué à entretenir la polémique autour de l'hôtel Lambert. Le 19 février 2009, un avenant qui amende la convention fiscale signée antérieurement entre la France et le Qatar en vue d'éviter les doubles impositions a été adopté par le Sénat, après avoir été approuvé en première lecture par l'Assemblée nationale. Cet avenant fait suite à deux déplacements de Nicolas Sarkozy au Qatar en 2008, au cours desquels il s'était engagé à « améliorer l'attractivité de la France pour les investisseurs qataris, notamment dans le secteur immobilier ». Cet avenant aboutit à ce que les plus-values immobilières et les gains en capital réalisés en France par le Qatar ou ses « entités publiques », dont la famille de l'émir du Qatar fait partie, soient exonérés d'impôts.

En pleine crise financière, voici donc un régime de faveur, aligné il est vrai sur celui dont bénéficie le Koweït. La contestation parlementaire a été évitée, le texte ayant été adopté selon la procédure simplifiée, sorte de niche législative qui exclut le débat public, coûteux en temps, après un « bref échange » en commission.

Marie-Louise Fort, députée UMP et rapporteuse de la commission des finances de l'Assemblée nationale, a évoqué la libération des infirmières bulgares retenues en Libye et libérées à grand bruit médiatique avec le concours de Cécilia Sarkozy en juillet 2007. « Le Qatar a joué un rôle discret mais sans doute décisif », a-t-elle souligné. Le Qatar aurait-il payé une rançon par le biais du financement d'une fondation pour les enfants libyens ayant développé le sida, fondation présidée par le fils de Kadhafi, comme le bruit en a couru ?

Au Sénat, Adrien Gouteyron, UMP, a rappelé que « 80 % des équipements de l'armée qatarie sont d'origine française ». Dès le mois de mai 2007, alors que EADS est en pleine crise, une commande providentielle d'Airbus A350 vient apporter un peu d'air frais à la trésorerie de la société grâce au Qatar.

La convention fiscale a concrétisé les rapports privilégiés entre les dirigeants français et ceux du Qatar. Il est donc difficile de ne pas mettre ces faveurs fiscales en relation avec les divers investissements immobiliers réalisés récemment par les ressortissants qataris. Ce n'est donc pas un hasard si Éric Ginter, avocat de la famille de l'émir, chargé du dossier de l'hôtel Lambert, n'est pas un spécialiste du patrimoine historique, mais un fiscaliste. Ancien élève de l'ENA, il fut, avant de devenir avocat, administrateur civil à la Direction générale des impôts de 1982 à 1992. Il est aujourd'hui membre du cabinet Sarrau Thomas Couderc, fondé en 2005 par Xavier de Sarrau, un ami suffisamment proche de Nicolas Sarkozy pour avoir été invité à la fête du Fouquet's, le 6 mai 2007, en compagnie de son épouse. Xavier de Sarrau exerce actuellement son activité en Suisse, à Genève (www.sarrau.com).

Le Qatar s'est montré généreux avec la République française, ce dont le président lui sait gré. La célérité de l'administration dans le processus d'examen des projets de restauration de l'hôtel Lambert en est l'une des manifestations. Mais ne pas en avoir respecté le déroulement normal a mis le feu aux poudres.

Le patrimoine en folie

La Commission du vieux Paris a émis « des protestations véhémentes contre les travaux d'aménagement envisagés sur l'hôtel Lambert, [...] seul hôtel particulier de la fin du règne de Louis XIII qui soit parvenu pratiquement intact jusqu'à nous ». Cet avis n'étant que consultatif, la Ville de Paris ne pouvait guère faire valoir ses droits, sauf en cas de contradiction avec le Plan local d'urbanisme. Ce qui était le cas. Cette première alerte a fait grand bruit parmi les défenseurs associatifs et institutionnels du patrimoine, au point que Christine Albanel a décidé de solliciter l'avis de la commission nationale des monuments historiques. Mais l'affaire s'était déjà emballée.

Les tirs se sont alors croisés en tous sens. Divisant même les défenseurs du patrimoine, certaines associations s'opposant sur ce sujet. L'opacité du dossier doit expliquer en partie l'ampleur prise par la polémique. On ne savait pas très bien comment se répartissaient les responsabilités et les pouvoirs de décision entre l'architecte en chef, Alain-Charles Perrot, le décorateur Alberto Pinto, le propriétaire, son avocat, le ministère de la Culture et la mairie de Paris.

Jean-François Cabestan, président de l'association Sauvegarde et mise en valeur du Paris historique, parle de « courtisanerie servile et aveugle ». « Alain-Charles Perrot a donné la sensation que le dossier de l'hôtel Lambert a été traité rapidement, sous le manteau », selon le responsable d'une autre association. « On a eu l'impression d'une chasse gardée de l'Élysée », déclare un militant du vieux Paris.

Un vrai champ de bataille, avec pétitions, articles vengeurs, interventions dans les pages « Débats » des grands quotidiens. L'affaire a fini devant le tribunal administratif, saisi par un recours de l'association Sauvegarde et mise en valeur du Paris historique. Le juge des référés a ordonné, le 15 septembre 2009, la suspension de la décision, prise par Christine Albanel, le 11 juin, autorisant les travaux. Soit quelques jours avant le grand dîner d'État organisé le 22 juin à l'Élysée en l'honneur de son altesse, le cheikh Hamad bin Khalifa Al Thani, émir du Qatar, en présence de Christine Albanel. Les premiers coups de pioche étaient prévus pour le 6 octobre 2009.

Finalement, après bien d'autres péripéties, un protocole d'accord a été signé le 22 janvier 2010 entre la famille de l'émir du Qatar et l'association Paris historique. Cette dernière a renoncé à son action en justice compte tenu des concessions faites par le propriétaire, comme celle de renoncer au parking souterrain et au pourvoi en cassation qui était alors en cours d'examen au Conseil d'État. « L'association se réjouit, est-il écrit sur le site de Paris historique, d'avoir obtenu gain de cause de manière amiable sur la majeure partie des aménagements qu'elle avait contestés [2]. »

L'accord a été signé au ministère de la Culture, qui a fait office de médiateur, en la personne de Jean Gautier, directeur de l'Architecture, avec la Ville de Paris, représentée par le conseiller du maire pour les questions de culture, David Kessler. Selon ce dernier, « le niveau de tension a été énorme, mais dès que la médiation s'est installée, chaque parti a fait preuve d'esprit de conciliation et un compromis a été trouvé. Dommage que le dossier de départ ait été traité trop vite, à la hussarde ». Colombe

2. www.paris-historique.org.

Brossel, ancienne adjointe au maire de Paris sur les questions de patrimoine, regrette « cet immense gâchis en termes de temps et d'image politique, mais qui s'explique par le fait que les procédures normales n'ont pas été respectées. Nous n'avons jamais su pourquoi une commission *ad hoc* avait été mise en place. Nous avons eu beaucoup de mal à obtenir des réponses écrites de Christine Albanel ».

Entourloupes présidentielles

Mais on reconnaît là la façon de faire du président de la République, soucieux de réaliser au plus vite ce qu'il a envisagé. Dans son libéralisme sans concession, Nicolas Sarkozy ne prise guère les contraintes de l'urbanisme. Ainsi, le 23 juillet 2009, au cœur des vacances d'été, le Parlement a supprimé, par un amendement subrepticement et très ironiquement glissé dans les textes du Grenelle de l'environnement, l'avis conforme des architectes des bâtiments de France (ABF), c'est-à-dire l'obligation pour les pouvoirs publics de respecter leurs avis pour tout projet d'aménagement dans les zones de protection du patrimoine architectural, urbain et paysager (ZPPAUP). Cet avis n'aura plus qu'une valeur consultative.

Le cynisme se glisse ainsi à la faveur de la torpeur de l'été dans la loi qui prétend faire progresser la posture écologique. Cet amendement, conforme à la pression des intérêts économiques, constitue une manœuvre d'autant plus perverse qu'il avait déjà été glissé dans la « loi pour l'accélération des programmes de construction et d'investissements privés » du Plan de relance. Mais il avait été annulé le 12 février 2009 par le Conseil constitutionnel. Celui-ci a souligné que cet article n'avait pas de lien avec les dispositions qui figuraient dans le projet de loi. De surcroît, il avait été adopté selon une procédure contraire à la Constitution. Plus tard, le Sénat a rétabli l'avis conforme des ABF, qui a été à nouveau supprimé le 6 mai 2010.

La même logique ultralibérale de déréglementation des protections en matière d'urbanisme et de patrimoine se poursuit. Cette fois, au début de juin 2010, dans le cadre du Grenelle 2 de l'environnement, ce sont les ZPPAUP qui disparaissent au profit des AMVAP, les « aires de mise en valeur de l'architecture et du patrimoine ». Le projet de la commission mixte paritaire prévoit dans ces aires une version minimale et accélérée des permis de construire et la suppression de la protection des 500 mètres autour des monuments historiques. Ce qui a activé comme jamais le lobbying des associations de défense du patrimoine avant le vote définitif du Parlement.

Si la mobilisation autour de l'hôtel Lambert et de ses vicissitudes a pris autant d'ampleur, c'est en raison de son caractère emblématique du sarkozysme. Il en va ainsi de l'opacité du dossier dérogatoire par lequel l'affaire a tenté de passer en douce. Mais aussi peut-être par la mise au premier plan de la richesse et de l'autorité qu'elle confère dans une transaction qui concernait un joyau du patrimoine architectural. Jusqu'alors propriété de dynasties familiales et du vieil argent, le parallèle a pu être fait entre les projets d'ascenseurs, de salles de bains et de parkings souterrains, et l'absence de complexes, notamment à l'Élysée, envers la richesse.

L'hôtel Lambert est arrivé à fédérer des oppositions diverses. Comme pour les élections municipales à Neuilly, avec l'imposition de la candidature de David Martinon, comme au Cap Nègre, avec son intervention en faveur du tout-à-l'égout contre les partisans des fosses septiques, le chef de l'État ne peut éviter de rendre visible l'intervention du pouvoir pour remercier qui l'a servi, en l'occurrence un conseiller fidèle, la famille de Carla Bruni et l'émir du Qatar. Les rouages du pouvoir ont toujours fonctionné ainsi, mais dans la discrétion, voire le secret. Nicolas Sarkozy, peut-être parce qu'il n'est pas né au cœur du sérail, vend la mèche dans une sorte de forfanterie, celle du novice trop heureux de pouvoir réaliser enfin ce qu'il désirait depuis l'enfance.

UN GRAND PARIS DONT LA DÉFENSE SERAIT LA CAPITALE

Les amis du CAC 40, le monde des affaires et de l'argent étant désormais au cœur du système politique, il n'est pas étonnant que les enjeux sur la définition de la capitale aient émergé au premier plan avec l'élection de Nicolas Sarkozy. Les rêves de grandeur du nouveau président de la République lui ont fait s'approprier l'idée déjà ancienne d'une redéfinition des limites de la capitale française. Au point qu'il a été envisagé de les repousser jusqu'au Havre.

Dans cette perspective, on peut faire l'hypothèse que le Paris d'aujourd'hui deviendrait une ville musée, le conservatoire du passé et d'un patrimoine à valeur universelle. La Défense, agrandie, jouerait le rôle d'une capitale dans le champ des affaires et de la finance. Sans exclure le pouvoir politique : certains ministères pourraient quitter le Paris historique pour rejoindre les palais du libéralisme triomphant au-delà de Neuilly. Comme ce fut déjà le cas à l'époque mitterrandienne avec la confirmation du déménagement, en 1981, du ministère de l'Équipement décidé par Raymond Barre en 1978 et avec la construction de la Grande Arche inaugurée en 1989. Toutefois, c'est aussi sous la présidence de François Mitterrand que le ministère des Finances a été exilé dans l'Est parisien pour contribuer à la revitalisation d'un tissu urbain quelque peu livré à l'abandon après la fermeture du marché aux vins de Bercy.

Le népotisme comme mode de « gouvernance »

La volonté de placer le jeune Jean Sarkozy, fils cadet du président, à la tête du quartier d'affaires de La Défense à l'automne 2009 montre bien les enjeux décisifs que ce pôle représente dans la construction du Grand Paris tel que le conçoit le chef de l'État. Cette réforme de l'organisation territoriale est un objectif majeur pour le monde des affaires et de la finance. Nicolas Sarkozy a élaboré une stratégie pour que son fils devienne président de l'Établissement public d'aménagement de La Défense (EPAD).

L'EPAD a été créé en 1958, pour gérer la vente des droits à construire sur ses terrains et administrer ce vaste et complexe ensemble immobilier. Son budget a atteint 115 millions d'euros en 2009. Compte tenu de la taille de ce quartier d'affaires où 150 000 personnes travaillent et où des entreprises comme Total, la Société générale ou AREVA ont leur siège social, on conçoit l'intérêt du pouvoir politique pour La Défense.

Que le président de la République ait tenté de mettre à la tête d'un organisme aux enjeux aussi importants quelqu'un en qui il puisse avoir confiance, cela peut se comprendre. Mais que son choix ait été de placer son fils, âgé alors de 23 ans, encore étudiant en droit, à ce poste aux lourdes responsabilités, cela ne peut que surprendre. Un tel népotisme est accordé au caractère « nouveau riche » du maître de l'Élysée : à qui le sort a souri en si peu de temps, serait-ce au prix d'efforts réels mais tous orientés par l'obsession de la réussite personnelle, tout semble possible, y compris brûler les étapes.

Pour que Jean Sarkozy puisse prétendre à la présidence de l'EPAD, il fallait qu'il en soit administrateur. Le conseil général des Hauts-de-Seine en compte deux, Patrick Devedjian, qui souhaitait conserver cette charge, et Hervé Marseille, du Nouveau Centre, qui a fort opportunément démissionné de ce poste d'administrateur au début d'octobre 2009, ayant obtenu la certitude d'être nommé membre du Conseil économique, social et environnemental.

Compte tenu de la composition du conseil d'administration de l'EPAD, l'élection de Jean Sarkozy à sa tête ne posait aucun problème. Selon *Le Canard enchaîné*, plusieurs hauts fonctionnaires membres de ce conseil auraient été remplacés à cet effet, entre février 2008 et septembre 2009. Estimés plus dociles, ils étaient apparus plus sûrs pour assurer l'élection du candidat du président de la République. Selon Patrick Jarry, maire « gauche citoyenne » de Nanterre, parmi ces fonctionnaires, au nombre de neuf, seuls Bruno Chauffert-Yvart et Noël de Saint-Pulgent étaient déjà en place avant février 2008.

Les ficelles sont trop grosses et le tollé est général, sous forme de pétitions, d'articles nombreux, scandalisés ou moqueurs. La presse internationale se fait également l'écho de l'apparition d'une nouvelle monarchie en Europe. Le « prince » Jean est obligé de renoncer, ce qu'il fait *in extremis*, seulement la veille au soir de la séance du conseil général des Hauts-de-Seine du 23 octobre 2009, qui l'élira administrateur de l'EPAD, étant entendu qu'il ne sera pas candidat à la présidence [3].

Malgré ce renoncement de dernière minute, le dispositif de sécurité autour de l'hôtel du département, surnommé le Coffre-fort, a été maintenu en ce vendredi 23 octobre 2009 où doit être élu le représentant du département au conseil d'administration de l'EPAD. Quelques trublions du collectif « Sauvons les riches », en longues robes de courtisanes et en justaucorps du XVIIe siècle, tentent de franchir la barrière de CRS pour approcher de la salle

3. Voir Jean-Marc Philibert, *Jean Sarkozy, le fils doré*, Paris, Max Milo éditions, 2010, p. 221-241.

où doit se tenir la séance du conseil général. En pure perte, car les fonctionnaires de police se montrent intraitables. Quelques militants communistes de Nanterre distribuent des tracts aux rares passants : de toute évidence, le désistement de Jean Sarkozy a démobilisé les masses.

Il reste une atmosphère lourde d'état de siège : les CRS, en tenue de combat, jambières et gilet de protection, casque à la ceinture, jalonnent le parcours jusqu'à l'hôtel du département et forment une haie d'honneur un peu inquiétante en cette fraîche matinée. La sociologue, assurée de son bon droit, lettre d'invitation d'un élu en poche, demande à l'un de ces guerriers l'autorisation de passer, tout en lui confiant que ce déploiement de force l'inquiète quelque peu. Le factionnaire lui demande s'il est, lui, à la source de cette angoisse. « Non, dit-elle, c'est la situation qui fait peur. » « Moi aussi, cela m'inquiète », répond-il avec une certaine complicité, tout en refusant le passage.

Il faut un badge pour franchir le *no man's land*. Les sociologues en sont dépourvus et seule l'intervention d'un élu passant par là leur permet de franchir enfin les barrages. À l'intérieur du bâtiment, l'atmosphère est plus feutrée, malgré la présence de journalistes de la télévision. Une élue nous emmène prendre un café à la cafétéria du conseil général, digne du bar d'un cercle parisien, meublée de fauteuils généreusement capitonnés. Isabelle Balkany et Charles Ceccaldi-Reynaud sont là, devisant avec d'autres conseillers. L'arrivée de Jean Sarkozy est remarquée. Il vient saluer tous les présents, dont les deux sociologues, serrant, à droite et à gauche, les mains de gauche et de droite dans le même élan et le même sourire encore juvéniles.

L'hôtel du département, transformé en fort Chabrol, accueille la presse du monde entier, venue là pour l'intronisation du « prince » Jean. Elle en sera pour ses frais. Une certaine tension est palpable, ne serait-ce qu'en raison de la présence de tous ces journalistes. Elle n'épargne pas la majorité UMP au sein de laquelle les stratégies de carrière se télescopent.

En séance, Jean Sarkozy est élu, sans surprise, administrateur de l'EPAD par trente voix contre quinze pour Nadine Garcia, candidate unique des partis de gauche. Dès l'annonce du résultat du vote, une agitation subite semble annoncer un incident. Il ne s'agit que du départ des dizaines de journalistes qui plient bagage en désordre, le retrait de la candidature de Jean Sarkozy à la présidence de l'EPAD ayant été confirmé en séance. Il n'y a plus rien à voir et celle-ci peut reprendre et achever son ordre du jour dans une relative sérénité.

La symbolique de l'homme d'État mise à mal

L'ascension du fils à marche forcée ne respectait pas le temps de la légitimation, celui de la validation par l'appareil scolaire, celui des politiciens patentés initiant le nouveau venu. Jean Sarkozy a bien été élu, en 2008, conseiller général du canton sud de Neuilly, celui où se trouve le boulevard Maurice-Barrès, l'une des concentrations des plus grandes fortunes de France. Mais il n'y avait pas vraiment de concurrent dans un quartier où les milliardaires sont chez eux. Le prédécesseur avait été élu par plus de 70 % des voix dès le premier tour. Pour notre nouveau champion, ce ne fut que par 51,9 % : un vote qui a exprimé des réticences, y compris dans les familles fortunées, face à une précipitation malséante, parce que trop voyante.

Alors que l'opposition à la candidature de son fils à la présidence de l'EPAD était à son plus haut niveau, Nicolas Sarkozy n'a pas hésité à dire, à l'occasion de la réforme du lycée, que ce qui « compte en France pour réussir, ce n'est plus d'être bien né, c'est de travailler dur et d'avoir fait la preuve par ses études, par son travail, de sa valeur ». Dire et redire ce que les Français veulent entendre, voilà ce qui importe : pas de favoritisme, que le meilleur gagne. Ce discours n'a pas suffi à désamorcer l'irritation devant une preuve manifeste d'inégalité de traitement en contradiction avec la référence au mérite. Peu de temps après, au cours de la fête de l'Épiphanie de 2010 à l'Élysée, Nicolas Sarkozy a déclaré devant les caméras : « Je tiens à rappeler que nous sommes en République. » En effet : l'immense galette des Rois ne contenait pas de fève et ne donnerait pas la possibilité de sacrer roi ou reine une personne de l'assistance. Ce qui n'était guère en cohérence avec la tentative d'intronisation précoce du fils à un poste de haute responsabilité...

Le double langage interdit aux citoyens ordinaires, pris dans les urgences de la nécessité, entre le travail, les transports et les tâches domestiques, de se faire une idée claire de la politique du gouvernement, et donc de l'approuver en toute connaissance de cause ou, inversement, de s'y opposer de façon motivée et claire.

Ces incohérences dans le langage et ce mélange de la famille et des affaires avec les plus hauts intérêts de l'État ont abouti de manière systématique à des désaveux politiques. Ils ont été fatals au chef de l'État, dont la popularité n'a cessé de baisser. Le fait de mêler la vie familiale à ses responsabilités a littéralement cassé la fonction de l'homme d'État. « Le roi est mort, vive le roi » : cette formule traditionnelle, analysée par l'historien Ernst Kantorowicz [4], veut signifier que la fonction est au-delà du corps. Hautement symbolique, elle a une dimension immortelle dans un corps mortel qui doit se faire oublier pour ne pas affaiblir la fonction. Or, sous couvert de rupture, Nicolas Sarkozy n'a cessé de mettre en scène son corps, y compris transpirant après le traditionnel jogging médiatique, et de placer femmes et enfants sous l'œil des caméras.

Cette démagogie populiste, à laquelle correspond un parler qui se veut populaire en avalant les voyelles, a fini par en faire un homme ordinaire. Alors que la fonction présidentielle exige non seulement que le président ne soit pas un chef de parti, mais représente aussi et surtout l'intérêt général, Nicolas Sarkozy est trop souvent un chef de famille, encombré par les vicissitudes de la vie privée qui l'ont ramené à la condition ordinaire d'un homme ordinaire.

Alors que le Grand Paris demandait une stature symbolique qui en impose, le népotisme a repoussé les dimensions internationales d'un urbanisme au service de la finance au niveau des affaires familiales.

Le Grand Paris, une réalité déjà ancienne

Paris s'est développé de manière continue à partir d'un noyau central, s'étendant au fil des siècles en franchissant les lignes successives des fortifications. Jusqu'à celles du second Empire, qui correspondent, depuis 1860, aux limites administratives de la ville. Cette petite capitale de 87 km², sans les bois de Boulogne et

4. Ernst KANTOROWICZ, *Les Deux Corps du Roi*, Paris, Gallimard, « Bibliothèque des Histoires », 1989.

de Vincennes, est enserrée par des banlieues toujours plus peuplées et toujours plus lointaines.

Paris est donc confiné dans les limites de ses anciennes murailles, remplacées aujourd'hui par le boulevard périphérique, en vérité une autoroute urbaine qui constitue une frontière hermétique, franchissable seulement aux emplacements des anciennes portes de la ville. La capitale, étouffant dans cet espace réduit, a implanté des infrastructures dans les villes de banlieue. Il est vrai que, avec une densité de 25 460 habitants au kilomètre carré en 2007, Paris est l'une des villes les plus denses du monde, et que la place y est comptée.

Elle dispose d'un parc de logements sociaux que Neuilly-sur-Seine pourrait lui envier, mais dont 10 % sont localisés en banlieue. Il en va de même pour les équipements sportifs et les centres aérés pour les enfants. L'approvisionnement en eau est à l'origine d'un réseau de canaux et d'aqueducs qui empiètent sur les territoires des communes traversées. Le canal de l'Ourcq est propriété de Paris jusqu'à La Ferté-Milon, dans l'Aisne, et l'on peut voir le personnel de la Ville de Paris roulant dans les véhicules de service sur le chemin de halage pour atteindre tel chantier d'entretien des berges. Les parcs et jardins de la capitale dépériraient sans les pépinières possédées par la ville dans toute la région. Les halles ont été déplacées du centre de Paris à Rungis, dans le Val-de-Marne. Les morts ont depuis longtemps pris leur parti d'être ensevelis hors les murs, à Pantin, Bagneux et Thiais, où la ville de Paris possède d'immenses cimetières.

En outre, chaque matin de la semaine, la banlieue entre massivement dans Paris, y modifie, par sa présence, le caractère qui lui est donné par la population résidante, vaque à ses occupations, travaille, puis repart, donnant à la capitale deux dimensions bien différentes, la ville diurne et la ville nocturne. Des flux multiples et croisés relient la banlieue à Paris.

Les enceintes des fortifications ont été submergées par la croissance de la ville, qui n'a pu absorber tous les migrants. Des villages ont été annexés, totalement ou partiellement, comme Belleville ou Gentilly. Certains ont donné leur nom à des quartiers de Paris, dont on a oublié l'autonomie d'autrefois. Le 1er janvier 1860, l'annexion de ces nouveaux territoires a fait passer la capitale de douze à vingt arrondissements, et en a doublé la superficie. L'idée d'étendre les limites de Paris est bien antérieure à l'arrivée de Nicolas Sarkozy [5].

Les élus locaux court-circuités

Paris a toujours été une ville à part. Les communes françaises ont été créées au début de la Révolution de 1789. Mais Paris a connu un régime d'exception jusqu'à la loi du 31 décembre 1975, à partir de laquelle les Parisiens ont enfin pu élire leur conseil municipal au sein duquel le maire est lui-même choisi par les conseillers. Jacques Chirac fut le premier maire démocratiquement élu, en 1977. Toutefois, Paris reste un département et la préfecture continue à faire partiellement doublon avec l'échelon municipal.

Tous les gouvernements après 1789 ont craint cette ville aux soubresauts récurrents : 1830, 1848, 1871, 1936, 1968. Paris la rebelle, avec ses faubourgs turbulents, a toujours été ressentie comme un danger. Aujourd'hui encore, l'ordre public à Paris est sous la tutelle de la préfecture de police. Un an après l'élection de Nicolas Sarkozy à l'Élysée, les Parisiens ont assuré, en mars 2008, une large majorité au maire socialiste Bertrand Delanoë, avec 57,7 % des voix contre 36 % au candidat de l'UMP. D'ailleurs, dès le début, le nouveau chef de l'État n'a pas atteint dans la capitale le niveau moyen de ses résultats pour la France entière : il a rassemblé 50 % des électeurs parisiens sur son nom, alors que son score national fut de 53 %.

Avec le Grand Paris, tout se passe comme si Nicolas Sarkozy voulait revenir au statut antérieur de la capitale avec une mise sous tutelle de Paris et de sa région, elle aussi acquise à l'opposition de gauche. Celle-ci a remporté les élections régionales de 2010 avec 56,7 % des suffrages exprimés, contre 46,3 % pour l'UMP. « Le Grand Paris de Nicolas Sarkozy, nous a dit Jean-Paul Huchon, président de la région Île-de-France, au cours d'un entretien, c'est un métalangage pour cacher une volonté spéculative et pour casser les pouvoirs de la région, qui reste toujours à construire. Paris-Métropole est une expérience intéressante, car c'est un peu comme une agence de réalisation, on bâtit des projets ensemble. »

5. Voir notre ouvrage *Sociologie de Paris*, Paris, La Découverte, « Repères », 2008, nouvelle édition.

En effet, dès 2001, la municipalité de Paris, sous l'impulsion de Bertrand Delanoë et d'un adjoint communiste, Pierre Mansat, chargé des relations avec les collectivités territoriales d'Île-de-France, a pris des initiatives visant à rendre plus fluide la circulation entre la capitale et sa banlieue la plus proche, qui ont abouti à la création de Paris Métropole. Ce fut d'abord le projet d'une ligne de tramway empruntant les boulevards des Maréchaux, ancienne voie de desserte des fortifications de Thiers. En 2010, ce projet est déjà réalisé au sud, entre le pont du Garigliano et la porte d'Italie. Les aménagements de certaines portes et la couverture partielle du boulevard périphérique, au sud et à l'est, correspondent aussi à ce plan d'amélioration des espaces séparant Paris des communes limitrophes de banlieue.

Le cercle s'est élargi en 2006 avec Paris Métropole, dont l'objectif est de mettre en commun les politiques du logement, des transports, du développement économique et d'améliorer la solidarité fiscale à l'échelle de la région Île-de-France. Cette structure rassemble des maires de gauche et de droite : Jean-Christophe Fromantin, le nouveau maire de Neuilly, en fait partie. Plus d'une centaine de collectivités de gauche y ont déjà adhéré.

Jean-Paul Huchon est l'un des vice-présidents de Paris Métropole, le maire divers droite de Sceaux, Philippe Laurent, en étant un autre. Ce dernier a confié au *Figaro* (1er juillet 2009) : « L'État veut prendre la main totalement et ne fait pas confiance aux élus locaux. »

Mais cette tentative de création d'une métropole nouvelle, étendue à ses banlieues, s'est heurtée avec une vivacité accrue aux clivages politiques qui opposent les tenants d'une économie de marché globalisée, tendant à soumettre les enjeux sociaux et économiques à l'impératif de la concurrence et du rayonnement internationaux, à ceux qui veulent construire le Grand Paris à venir en faisant reculer la ségrégation urbaine et sociale, en assurant le développement harmonieux et durable de l'agglomération. Les clivages sont également liés aux profondes inégalités territoriales et à la complexité institutionnelle qui empile les niveaux de responsabilité, avec les communes, les intercommunalités, les départements et la région Île-de-France. De sorte que ces clivages divisent, à l'intérieur même des partis politiques, qu'ils soient de droite ou de gauche. Quelle que soit l'ampleur des enjeux et des concurrences, « Paris Métropole a permis, selon Jean-Paul Huchon, de résister à la seule vision sarkozyste ».

La « mobilisation générale » du président

Le 17 septembre 2007, Nicolas Sarkozy annonce son intention, dans un discours prononcé à l'occasion de l'inauguration de la Cité de l'architecture et du patrimoine, de lancer une consultation internationale pour « travailler sur un diagnostic prospectif, urbanistique et paysager, sur le Grand Paris à l'horizon de vingt, trente, voire quarante ans ». Dix équipes internationales d'architectes ont été sélectionnées et leurs travaux ont fait l'objet, en 2009, d'une exposition, « Le Grand Paris et l'agglomération parisienne », à la Cité de l'architecture et du patrimoine.

Le 29 avril 2009, Nicolas Sarkozy prononce un nouveau discours à la Cité de l'architecture devant tous les élus de la région. « Cette nouvelle page de l'histoire de Paris, affirme-t-il, nul ne peut l'écrire seul, nous devons l'écrire avec tous les élus de l'Île-de-France. » Le Grand Paris s'affranchira des limites territoriales de la région et s'étendra jusqu'au Havre. « Il faut voir loin, il faut voir grand » face à la concurrence internationale, s'est exclamé Nicolas Sarkozy, jamais alarmé par l'ampleur de ses visions. Il veut faire entrer le Paris de demain dans le club très fermé des métropoles de rang mondial. Le président en espère l'installation de nouveaux sièges sociaux de groupes internationaux et d'entreprises du luxe. Et sûrement aussi une immortalité symbolique, liée à une œuvre grandiose qui associera son nom à la grande histoire.

Mais la logique du marché mondialisé, avec tous les profits espérés pour le BTP et la finance, n'attend pas. Dès le 30 juin suivant, sur le champ de bataille, au CNIT, près de la Grande Arche, c'est l'appel à la « mobilisation générale ». Il veut « aller le plus vite possible ». Pour les élus, c'est la douche froide. L'expérience leur a appris que l'urgence d'une réforme signifiait la fin de la concertation. Le temps presse et les palabres ne sont plus de mise. L'autoritarisme de l'exécutif doit mettre un terme aux atermoiements du laxisme législatif.

Christian Blanc a été nommé secrétaire d'État au développement de la région capitale le 18 mars 2008. Il est l'un des premiers députés UDF à quitter François Bayrou pour rejoindre le nouveau président. Le 27 août 2009, le projet de loi sur le Grand Paris est adopté par un comité ministériel.

Jean Nouvel, l'un des dix architectes mobilisés sur le projet, dénonçait dans *Le Monde* du 21 octobre 2009 : « Le Grand Paris de Christian Blanc n'a rien à voir avec le Grand Paris exposé à la Cité de l'architecture [...]. Le secrétaire d'État [C. Blanc] fait la sourde oreille au nom d'une urgence qui devient vite raison d'État. Tout le monde a compris que Nicolas Sarkozy souhaitait aller le plus vite possible. » Aucune des dix équipes d'architectes n'a participé à l'élaboration de la loi. Le temps des projets urbains n'est guère compatible avec celui de l'agenda électoral du président. Cette précipitation trouble jusqu'aux membres de la majorité. Bernard Accoyer, président de l'Assemblée nationale, a exprimé son désaccord, le 24 novembre 2009, avec la décision du gouvernement de demander que le projet de loi sur le Grand Paris soit examiné en procédure accélérée, soit avec une seule lecture devant chaque chambre. Gérard Larcher, président du Sénat, a aussi manifesté son opposition à cette urgence.

Le projet de loi a été adopté à l'Assemblée nationale le 1er décembre 2009 à 299 voix contre 216. « Telle que la loi a été votée, on peut parler d'un véritable acharnement législatif », dit Jean-Paul Huchon, qui se demande : « Comment Nicolas Sarkozy a-t-il pu faire une erreur politique aussi énorme, qui a fédéré des oppositions de gauche, mais aussi de droite, s'il n'avait pas un objectif économique pour ses sponsors naturels ? » Les sondages pour les élections régionales qui approchaient devaient être déjà assez défavorables à l'UMP pour que le gouvernement décide de repousser son examen par le Sénat au mois de mai 2010. Ce qui a ainsi évité que les problèmes soulevés par la programmation d'un Grand Paris autoritaire et au service de l'argent pèsent sur une campagne électorale déjà passablement compromise.

Un Grand Paris au service des puissances financières

Construit sans débat, comme un bloc qui ne se négocie pas, le projet de Christian Blanc organise un urbanisme opérationnel plus ou moins dérogatoire et conçoit une « Société du Grand Paris » qui est en charge des opérations d'aménagement et de construction concernant les transports régionaux. Elle est créée dans le cadre de la loi du 3 juin 2010, « relative au Grand Paris », avec le statut d'établissement public à caractère industriel et commercial (EPIC)[6]. Des représentants des départements et de la région y siègent.

Bien que Christian Blanc ait dû démissionner de son poste de secrétaire d'État dans les premiers jours de juillet 2010, il est, en 2009, fermement soutenu par Nicolas Sarkozy. La Société du Grand Paris sera chargée de réaliser, pour un coût de 20 milliards d'euros environ, un métro automatique encerclant la capitale d'un anneau de 130 kilomètres. Quarante gares permettraient de relier neuf pôles d'excellence : à l'ouest, La Défense pour la finance, Achères pour l'industrie de l'« écomobilité » (étude et mise en place des modes de transport les moins polluants) ; au nord, Roissy-Villepinte pour l'aéroport, Le Bourget pour l'aéronautique, la communauté d'agglomération Plaine-Commune pour les métiers de l'image ; à l'est, Noisy-Marne-la-Vallée-la Cité Descartes, pour la construction et les services pour la ville durable ; au sud, Évry pour la vallée des biotechnologies ; au sud-ouest, Saclay pour la recherche scientifique et Paris pour le tourisme et le rayonnement international. Pour bien montrer qu'il s'agit d'un modèle fondé sur l'essor économique des grands territoires qui entourent la capitale, Christian Blanc emploie le mot anglais *clusters* puisque chacun de ces neuf regroupements concentrerait les activités d'un même secteur.

Le métro automatique relierait ces neuf pôles et donc prioritairement des entreprises à d'autres entreprises. Or les liaisons entre lieu de travail et lieu de travail ne représentent que 3 % des déplacements en Île-de-France. Une telle structure risque de reproduire le ghetto de La Défense, qui est essentiellement un lieu de travail, et d'en multiplier le mauvais exemple. Les déplacements domicile-travail ne sont pas pris en compte. De plus, l'absence de pôle au cœur même de la banlieue Est constitue une source de déséquilibre venant aggraver les inégalités déjà existantes. Si les communes de Sarcelles, Gonesse, Clichy-sous-Bois et Montfermeil font partie de l'un de ces pôles, malgré leurs difficultés sociales et économiques, cela est fort probablement lié

6. www.legifrance.gouv.fr, loi n° 2010-597 du 3 juin 2010 relative au Grand Paris.

à un capital foncier appelé à muter et à se valoriser du fait de leur proximité, relative, avec l'aéroport international de Roissy.

La future rocade du métro automatique ne sera donc pas construite sous la responsabilité de l'autorité régionale pour les transports, le Syndicat des transports de l'Île-de-France (STIF), mais par un établissement *ad hoc* créé à cet effet et contrôlé par le gouvernement et l'Élysée.

Le coût de ce métro devrait osciller entre 15 et 25 milliards d'euros. Le financement pourrait être assuré par des fonds privés, mais les investisseurs exigent d'être assurés de la rentabilité de leur investissement. Les usagers pourraient être mis à contribution par une surtaxe sur le tarif actuel des transports publics. À moins que l'État, en expropriant les terrains aux alentours des gares de ce futur métro, puisse les revendre avec une marge confortable après réalisation des travaux. Une dotation en capital de 4 milliards d'euros avait été prévue, dans le cadre du projet de budget pour 2011, financée par les remboursements des prêts consentis par l'État aux constructeurs automobiles lors de la crise de 2008, mais elle a été supprimée à la demande de Bercy. En juin 2010, le financement n'était toujours pas validé.

Le Grand Paris « managé » par un homme d'affaires

Le Grand Paris est élaboré dans la logique d'un président de la République qui ne se comporte guère en élu ayant pour tâche première le sort et la condition des Français, mais en homme d'affaires, en avocat défendant la cause de la finance, de l'argent et des puissants.

Les habitants des quartiers défavorisés ont massivement ignoré les urnes des élections régionales de mars 2010, ayant bien compris que le Grand Paris n'était pas pour eux. Nicolas Sarkozy avait assuré dans l'un de ses discours que « la ville est faite pour l'homme et non pas l'homme pour la ville ». Ou encore qu'« il s'agit de rompre avec un rationalisme si excessif et si glaçant qu'il finit par être à l'opposé même de la vie ». Propositions si évidentes qu'elles ont été aussitôt contredites. L'oligarchie financière est passée au premier plan et avec elle la nécessité de promouvoir la déréglementation de l'urbanisme, forme citadine de la dérégulation, si chère aux libéraux radicaux. Après que les attributions des architectes des bâtiments de France ont été réduites durant l'été 2009, la loi du Grand Paris prévoit un droit de préemption sur les terrains situés dans un rayon de 400 mètres autour de chaque gare du futur réseau de transport. Ce qui reviendrait, dans certains cas, à déposséder des communes d'une partie importante de leur territoire et à créer autant d'occasions de spéculations foncières et immobilières.

La Société du Grand Paris, détenue majoritairement par l'État, deviendra le bras armé de ces dizaines de « projets d'infrastructures d'intérêt national » (PITN). Sous couvert d'intérêt général, des expropriations pourraient être engagées « en extrême urgence » au Conseil d'État. Le 29 avril 2009, Nicolas Sarkozy appelait déjà « à sortir du respect passif d'une réglementation de plus en plus pesante [et] à rendre constructibles les zones inondables pour des bâtiments adaptés à l'environnement et au risque ».

Le Grand Paris devrait permettre à Nicolas Sarkozy de rivaliser avec le baron Haussmann, sans les contraintes d'une capitale dont le patrimoine architectural est tel qu'il est protégé aujourd'hui à 60 % par des règles d'urbanisme limitant les hauteurs et imposant des alignements, par des secteurs sauvegardés et de nombreux immeubles classés monuments historiques.

Rapports de forces fluctuants avec les élus

Après des années de concertation avec le STIF, les élus de la région ont établi leur propre projet pour améliorer les conditions de transport en commun en Île-de-France. Les travaux envisagés sont évalués à 18 milliards d'euros, avec notamment l'« Arc Express », une nouvelle rocade ferrée reliant entre elles les banlieues. Cette rocade comprendrait deux arcs, l'un au nord, qui relierait La Défense à Bobigny, et l'autre au sud, qui ferait le lien entre Meudon et Noisy-le-Grand. Ces deux arcs recoupent à 80 % le trajet du métro automatique du Grand Paris.

Le STIF devrait en partie emprunter les 18 milliards nécessaires aux travaux, et pour cela garantir les créanciers. Or le STIF possédait un patrimoine d'une valeur de 8 milliards d'euros, dont un immeuble à Paris. Mais, dans la nuit du 21 au 22 septembre 2009, le gouvernement a transféré ce patrimoine à la RATP, entreprise publique gérée par l'État. En échange, une partie du matériel roulant de la RATP a été cédée au STIF. Mais l'échange est inégal. Selon Jean-Paul Planchou, conseiller régional PS, « le gouvernement a préféré l'offrir à la RATP, qui a d'autres ambitions. Son directeur général, Pierre Mongin, souhaite engager l'entreprise sur les marchés internationaux. Alors qu'il devait bénéficier aux transports d'Île-de-France, le bien des Franciliens sera investi aux États-Unis ! Face à ce hold-up, les communes, les départements et la région se mobilisent[7] ». Jean-Paul Huchon, dans le numéro de *Paris-Match* du 8 octobre 2009, dénonçait, après ce « hold-up ordinaire », « tant d'acharnement à s'approprier l'espace, seule vraie richesse territoriale, [ce qui] ne peut que recouvrir des visées spéculatives permettant à de grands groupes habitués des commandes publiques à accroître encore leurs bénéfices ».

Le pouvoir présidentiel est prêt à tout pour désarmer les élus et armer au contraire les entreprises privées à la recherche permanente des meilleurs taux de rentabilité. Les élus, qui ont mis plusieurs années pour élaborer le schéma directeur d'aménagement de la région Île-de-France (SDRIF), ont dû attendre encore des années avant que le Premier ministre le transmette pour validation au Conseil d'État, au printemps 2010. « À vrai dire, précise avec gourmandise Jean-Paul Huchon, le gouvernement n'avait plus le choix, car la région se trouve en état d'insécurité et de fragilité juridiques. Les procédures engagées par les promoteurs immobiliers peuvent prendre trois ou quatre ans. »

Comme sur un champ de bataille, les élus doivent reculer sur un point, mais peuvent ensuite avancer sur un autre. La loi du Grand Paris, votée le 27 mai 2010 par le Sénat, admet que le projet Arc Express, le métro en cœur d'agglomération conçu par la région Île-de-France, Paris Métropole et les élus, sera soumis, comme le métro automatique de Christian Blanc, à la commission nationale des débats publics.

On voit, à travers toutes ces péripéties, que le lecteur pourra trouver parfois ennuyeuses, à quel point la politique de Nicolas Sarkozy va et vient en fonction des rapports de forces et des sondages. Tout se passe comme si le président avait abandonné à la gauche le conseil régional et la ville de Paris. Celle-ci, ville musée, serait devenue la « belle endormie », selon les propos d'un de ses

7. *Bulletin de la Région Île-de-France*, décembre 2009.

ministres, au point d'ailleurs qu'elle ne vivrait plus la nuit. Le Grand Paris de Nicolas Sarkozy trouverait plutôt sa logique dans une revigoration de son fief des Hauts-de-Seine.

Cette stratégie doit beaucoup au fait que La Défense est située au cœur de son bastion d'origine. Quand il souhaite que son fils prenne la tête de l'EPAD, c'est aussi pour garder le contrôle des Hauts-de-Seine avec en vue la présidence du conseil général. Nicolas Sarkozy serait finalement moins dans une logique de mainmise personnelle sur le Grand Paris que dans celle du maintien de son « leadership » sur les Hauts-de-Seine. Ce département, dans lequel il a construit toute sa trajectoire politique, n'est pas celui qui l'a porté le plus vigoureusement à la présidence de la République. Avec 55,7 % des voix le 6 mai 2007, il était immédiatement derrière les Yvelines, qui obtinrent le meilleur score francilien (58,7 %). Contrôler ce département, aux ressources multiples et prometteuses, est donc un enjeu à la hauteur des ambitions du président.

Une promenade sociologique dans les territoires du président de la République permettra de mieux prendre conscience des enjeux économiques, sociaux et politiques qui se jouent derrière le Grand Paris.

7. INTERLUDE : PROMENADE EN SARKOZIE

Dans la guerre des classes, la géopolitique joue son rôle. Le contrôle du territoire est une arme qui assure pouvoirs et carrières politiques. Une promenade sociologique sur les champs de bataille peut éclairer les enjeux et les vicissitudes de cet impérialisme et en faire sentir la démesure, comme une visite à Verdun permet de comprendre l'ampleur du carnage de 1916.

Le point de départ se situe à la sortie de la station Pont-de-Neuilly de la ligne 1 du métro, du côté de l'avenue de Madrid, à Neuilly. On se trouve alors à un endroit névralgique de l'« axe historique », l'un des éléments urbains qui structurent l'agglomération de Paris. Les beaux quartiers de Paris et de sa banlieue se répartissent de part et d'autre de cette interminable voie triomphale.

L'AXE HISTORIQUE, ORIGINES ET PERSPECTIVES

L'axe historique prend son essor sous les frondaisons du jardin des Tuileries où il se refait une beauté avant de franchir la place de la Concorde pour s'épanouir sur la « plus belle avenue du monde », les Champs-Élysées. Une fois franchi l'arc, qui ne peut être que de Triomphe, l'axe se glisse entre les XVIe et XVIIe arrondissements par l'avenue de la Grande-Armée. Il sort de la capitale par la porte Maillot et tranche à vif dans le tissu urbain de Neuilly pour traverser la Seine par le pont du même nom et atteindre le quartier de La Défense.

Cet axe doit sa pérennité à l'installation de Louis XIV à Versailles. Cette localisation du pouvoir royal à l'ouest de Paris a, compte tenu de l'héliotropisme de la cour, favorisé la migration de la noblesse du Marais vers le faubourg Saint-Germain, puis le faubourg Saint-Honoré, et ainsi de suite, la bourgeoisie trouvant dans la foulée les terres vierges et maraîchères fort opportunes pour la construction de ses hôtels particuliers.

Dès 1973, la famille Sarkozy achète un appartement à l'extrémité ouest de l'avenue Charles-de-Gaulle, qui coïncide avec l'axe historique sur les 2,5 kilomètres de la traversée de Neuilly. Le jeune Nicolas y prend son élan de Rastignac de banlieue chic, le regard fixé vers les lumières des salons de l'Élysée.

Les affaires sur les brisées résidentielles des familles fortunées

Le processus d'urbanisation de l'axe historique s'est organisé en deux temps : une phase de création de nouveaux quartiers bourgeois, suivie de leur transformation en quartiers d'affaires. Les familles fortunées créent les belles adresses. Le renom de ces familles et la qualité de leur habitat constituent une griffe, comme celle que le grand couturier appose sur les vêtements sortant de ses ateliers. L'appropriation de cette griffe spatiale devient un enjeu entre les familles et les sièges sociaux à la recherche d'une adresse qui les valorise.

Dans une conquête de l'Ouest commencée avec l'abandon du quartier du Marais à l'est, à la fin du XVIIe siècle, ce mouvement de fond n'a pas quitté l'axe historique. Mais celui-ci est venu buter, au-delà du pont de Neuilly, sur un obstacle infranchissable, un tissu urbain dense, sans valeur et sans prestige, occupé par des bâtiments industriels, des entrepôts et l'habitat peu attrayant de familles prolétariennes. Situation d'autant plus inextricable que le parcellaire est morcelé entre une multitude de propriétaires. Ces zones situées sur les communes de Courbevoie, Puteaux et Nanterre ne peuvent offrir les terrains libres nécessaires au prolongement de l'axe historique dans la continuité des Champs-Élysées et de Neuilly. Il a fallu l'intervention de l'État pour faire table rase d'un tissu urbain et d'un cadastre irrécupérables. Dès 1958 naît le quartier de La Défense, dans une opération qualifiée d'intérêt national (OIN), dont on ne peut manquer de voir les tours se dresser au-delà de la Seine.

Couvrir la RN 13 ?

Avant de partir à sa découverte, jetons un regard vers l'arc de Triomphe de la place de l'Étoile. Au premier plan, l'avenue Charles-de-Gaulle, au-dessus de laquelle on se trouve, traverse Neuilly. À la sortie du tunnel, vers Paris, elle redevient une autoroute à ciel ouvert. La circulation y est intense et l'on comprend que les Neuilléens aient apprécié la couverture des derniers 440 mètres. Avec ce flot bruyant et polluant, dont le déferlement mécanique tranche à vif avec le calme cossu d'une ville parmi les plus riches de France, le remplacement des immeubles bourgeois par des bureaux a commencé à grignoter le caractère résidentiel de la commune, tout en lui apportant une importante manne de taxes professionnelles.

Le statut d'axe historique a pesé lourd dans la décision, prise à la fin des années 1980, d'enfouir la circulation dans un tunnel couvert par un terre-plein accueillant les piétons. Nicolas Sarkozy a résidé dans l'un des immeubles qui le bordent, et des membres de sa famille y habitent encore. Il était maire de la ville lorsque l'opération fut entreprise. La première tranche de ce chantier exceptionnel a été terminée en 1992. Le tunnel fut couvert par une vaste esplanade fleurie, parsemée de bancs appréciés aux beaux jours. Selon certains acteurs de cette opération, « grâce à d'habiles négociations menées par notre municipalité », celle-ci a obtenu de la RATP un financement à la hauteur de 75 % des travaux de la première tranche [1].

Mais il reste long à couvrir : plus de 2 kilomètres pour atteindre l'échangeur de la porte Maillot. Alors, on ne parle plus de couvrir l'avenue de Neuilly (selon son ancienne dénomination), ni l'avenue Charles-de-Gaulle, mais la RN 13. Une banalisation très intéressée : la plupart des routes nationales, depuis la politique de décentralisation du gouvernement Raffarin, relèvent, pour leur entretien, du département. Mais l'Île-de-France bénéficie de quelques exceptions pour des axes au trafic particulièrement important, ce qui est le cas de la RN 13, restée dans le giron de l'État. Si l'on fait admettre par ce tour de passe-passe sémantique que c'est bien la RN 13 qu'il faut enterrer, ce sera donc aux frais de tous les contribuables.

L'enjeu est de taille : le coût de l'escamotage quotidien de 160 000 véhicules pourrait avoisiner le milliard d'euros, voire le

1. « Le projet de dénivellation et de couverture de la RN 13 à Neuilly-sur-Seine », *Cahiers d'acteurs* n° 1, mars 2006.

dépasser. Mais ces millions d'euros permettraient de remplacer le ruban de bitume tonitruant par une longue et paisible promenade plantée d'arbres, qui unifierait la ville au lieu de la fractionner. C'est un des projets chers aux Sarkozy, père et fils. Jean-Christophe Fromantin, le nouveau maire de Neuilly, trouve plus réaliste d'envisager des couvertures partielles de l'avenue, avec des aménagements paysagers sur les côtés.

La RN 13, après avoir traversé Neuilly, la Seine et La Défense, est tout aussi bruyante et polluante en frôlant les HLM et les pavillons modestes de Nanterre. Pourquoi cette délicate attention en faveur de Neuilly et l'abandon de Nanterre aux hordes mécanisées qui segmentent la ville en empruntant nationales et autoroutes urbaines ? L'habitat est, dans cette commune populaire, constitué à plus de 60 % de logements sociaux où résident des familles modestes, souvent immigrées. Le calme, les espaces verts et fleuris paraissent aller de soi pour certains, mais seraient incongrus pour les autres qui doivent se contenter du bruit et du béton.

En 1937, la ligne 1 du métro atteint la Seine. « La station Pont-de-Neuilly est une sorte de bout du monde, écrit Pierre Miquel en décrivant l'ambiance urbaine d'alors, où les voitures de luxe des propriétaires d'hôtels [particuliers] pouvaient apercevoir, quand ils circulaient à la pointe du jour, des files de travailleurs se rendant dans les usines, à la sortie du métro. Il suffisait de passer le pont pour accéder à la "banlieue rouge", celle des grévistes du Front populaire [2]. »

Démarrer la promenade sociologique à cet endroit de l'axe historique permet de comprendre la place de la ville de Neuilly, à la fois tournée vers Paris et le faubourg Saint-Germain, où se trouve le pouvoir politique, et vers La Défense où se dressent les tours du CAC 40. La ville de Neuilly est donc, comme celui qui fut son maire, en tension permanente entre le vieil argent et celui de la finance contemporaine.

LA DÉFENSE OU L'OLIGARCHIE FAITE TOURS

En traversant la Seine, on entre dans le quartier d'affaires de La Défense, ici sur le territoire de la commune de Courbevoie, autre-

2. Pierre MIQUEL, *Petite Histoire des stations de métro*, Paris, Albin Michel, 1993, p. 26 et 46.

fois elle aussi industrielle et ouvrière, politiquement socialiste puis proche de la majorité actuelle. Ce quartier récent, construit sur un espace qui fut occupé par des industries, des entrepôts et un habitat très modeste, constitue un tout autre monde que celui décrit par Pierre Miquel. Les travaux considérables entrepris depuis 1958 ont matérialisé la continuité de l'axe historique, qui n'existait alors à cet endroit que sur les dessins d'urbanistes visionnaires. La Grande Arche, à l'extrémité du quartier, au contact de Nanterre, a constitué en 1989 le point d'orgue de la réalisation de cette phase d'un quartier toujours en devenir.

Une fois la Seine franchie vers l'ouest, la deuxième avenue à droite, après les hôtels Ibis et Novotel, mène aux Damiers, un ensemble de logements sociaux réalisés par la société anonyme HLM filiale de la RATP, Logis-Transports. Les immeubles comprennent deux cent dix appartements de catégorie intermédiaire et quarante logements sociaux.

Mais ces logements sont promis à la disparition. Le 11 mars 2009, Patrick Devedjian, président de l'EPAD, a présenté un projet de deux tours à construire sur le site occupé par les Damiers. Avec vue sur la Seine, l'arc de Triomphe et la tour Eiffel, l'emplacement a fait naître des convoitises. Une première tour, haute de quatre-vingt-onze étages, accueillera un hôtel cinq étoiles, un centre de thalassothérapie et des appartements de standing. La seconde tour mêlera bureaux et appartements chics dans ses quatre-vingt-treize étages. Une résidence de cent trente-quatre appartements pour étudiants est prévue. Cette opération sera conduite par l'architecte Norman Foster, le maître d'œuvre du viaduc de Millau. Elle sera financée par le Groupe Saint-Pétersbourg-Stroïmontage. Sous le nom Hermitage-Plaza, elle est présentée comme devant permettre une meilleure liaison du quartier de La Défense avec la Seine et Neuilly. En front de Seine, elle sera le plus haut immeuble mixte jamais construit en Europe occidentale. Mais, pour cela, il faudra reloger les habitants expulsés, ce qui était en cours au printemps 2010.

Ceux-ci, interrogés, admettent qu'ils pèsent bien peu face au mastodonte financier qui convoite leur emplacement exceptionnel. Ils se plaisent dans ce lieu et se plaignent de faire face à un avenir amputé car incertain. Philippe Chaix, directeur général de l'EPAD, ami proche de Nicolas Sarkozy, a été interviewé par Pascale Pasquariello pour les émissions des 22 et 23 février 2010 de *Là-bas si j'y suis* de Daniel Mermet, sur France Inter. La journaliste lui fait remarquer que les locataires des Damiers ont du mal à accepter le label d'opération d'intérêt général, puisqu'ils devront partir pour laisser la place à la finance internationale. « Je suis un homme libre, et eux aussi, fait-il observer. Je suis propriétaire des terrains et je vends des droits à construire. Mais je ne peux pas vous dire, ajoute-t-il sur un ton de plus en plus courroucé, si c'est bien ou mal, je n'en sais rien. Je ne suis ni un professeur de morale ni un professeur de philosophie. On n'est pas là pour distribuer des bons ou des mauvais points. Je n'ai pas de commentaires à faire sur les positions de qui que ce soit d'autre que moi, et c'est déjà beaucoup ! » Sur ce, il quitte la journaliste en claquant la porte. Philippe Chaix est un haut fonctionnaire qui semble raisonner, à l'instar de Nicolas Sarkozy, plus en homme d'affaires qu'en représentant de l'intérêt général.

D'autant que *Le Parisien* du 22 juin 2010 annonce que le groupe russe Hermitage et l'EPAD auraient signé un accord sans que le conseil d'administration de ce dernier en ait été informé. Effectivement, Nicolas Sarkozy et Dimitri Medvedev ont assisté le 19 juin 2010, à l'occasion d'un forum économique à Saint-Pétersbourg, à la signature de l'accord par le représentant de la société russe Hermitage et la présidente de l'EPAD. « Ce projet, selon Jean-Paul Huchon, est d'autant plus indécent qu'il autorise la construction de bureaux, de logements de standing et d'un hôtel de luxe après destruction de logements sociaux. »

De retour sur l'esplanade, on se trouve devant le bassin conçu par le sculpteur Takis, dont les lampes, perchées à l'extrémité de mâts plantés dans l'eau, prolongent, à la nuit tombée, le ballet des phares et des feux arrière de la RN 13 au-delà de la Seine.

L'esplanade Charles-de-Gaulle, qui se trouve dans le prolongement de l'avenue homonyme de Neuilly et donc sur l'axe historique, porte ce nom en hommage à l'ancien président de la République qui a décidé, avec Paul Delouvrier [3], de la création de

3. « Paul Delouvrier, grand commis de l'État sous les IVe et Ve Républiques, [...] joua un rôle important, souvent décisif, dans la création de la TVA, la construction européenne, l'aménagement de la région parisienne, l'édification des villes nouvelles et la mise en œuvre du programme électronucléaire français », Institut Paul-Delouvrier, www.delouvrier.org.

La Défense

Le quartier d'affaires de La Défense occupe 160 hectares, dont 40 sont entièrement piétonniers. Il est divisé en 11 quartiers qui regroupent :

- 1 500 sièges sociaux d'entreprises, dont 14 des 20 premières françaises et 15 des 50 premières mondiales ;
- 3 millions de mètres carrés de bureaux, 150 000 salariés répartis dans 3 678 établissements ;
- des grands groupes dont les 8 plus importants emploient 50 000 salariés, soit le tiers des emplois de La Défense ;
- 10 120 logements qui totalisent 600 000 m^2, dont 36 % de logements sociaux ;
- 2 600 chambres d'hôtel ;
- 100 000 m^2 de commerces de proximité, auxquels il faut ajouter les 110 000 m^2 du centre commercial des Quatre Temps.

ce quartier d'affaires. Du bassin Takis, en se tournant vers la Grande Arche et Nanterre, on est dominé par l'imposante tour de la première entreprise française, par la capitalisation boursière, Total. Parmi les sociétés du CAC 40 ayant pignon sur rue à La Défense figurent Dexia, EDF, la Société générale, Saint-Gobain, France Télécom.

La concentration des pouvoirs

La composition du conseil d'administration de Total contribue à faire vivre et percevoir la toile d'araignée qui se tisse tout en haut des tours.

Cette liste des membres du conseil d'administration de Total n'est pas exhaustive et les indications sur les carrières sont succinctes [4]. Elles ne représentent que quelques fragments de vies professionnelles bien remplies, mais aussi bien rémunérées. Elle met en évidence l'un des traits les plus décisifs de la haute société : la concentration du pouvoir entre quelques mains, ce dont l'assemblée du Fouquet's autour de Nicolas Sarkozy était déjà la manifestation. Une force qui rend la notion de démocratie bien fragile devant tant de puissance accumulée. Au cours des six

4. Il est possible de la compléter en utilisant le site de la société Total, www.total.com, en particulier en consultant les « documents de référence ».

Le conseil d'administration de Total

Thierry Desmarest : P-DG depuis 2000. Polytechnicien et ingénieur des Mines. Ancien membre du conseil de surveillance de Paribas. Salaire de base : 1 100 000 euros*, plus une part variable, proportionnelle à la réussite des objectifs du groupe, atteints la même année : 871 852 euros. Total des revenus : 1 971 852 euros. Pas de jetons de présence.

Christophe de Margerie : directeur général. Descendant des Taittinger (champagne) par sa mère. En 2009, son salaire de base a été de 1 310 000 euros, la part variable atteignant 1 356 991 euros. À cela, il faudrait ajouter les 1 676 000 euros de la valorisation des options sur actions attribuées en 2009 et quelques avantages en nature pour 6 780 euros. Au total : 4 349 711 euros. Pas de jetons de présence.

Patricia Barbizet : directeur financier du Groupe Pinault depuis 1989, directeur général de la Financière Pinault, vice-président du conseil d'administration du Groupe Pinault-Printemps-Redoute (PPR). Elle est administrateur de Gucci, TF1, Yves Saint Laurent, Christie's, *Le Point*, La Fnac, Bouygues, Air France. Pour sa participation aux six conseils d'administration chez Total en 2008, elle a touché, au titre des jetons de présence, 39 651 euros.

Daniel Bouton : ancien président de la Société générale. Administrateur de Total depuis 1997, ce qui lui a valu 40 000 euros de jetons de présence en 2009. Depuis 2003, il est également administrateur de Veolia Environnement.

Bertrand Collomb : ancien président du Groupe Lafarge, administrateur de Total depuis 1997 et également de Vivendi Universal, Unilever et ATCO (société canadienne). Il est membre du conseil de surveillance d'Allianz. Jetons de présence chez Total : 75 000 euros.

Paul Desmarais Junior : fils de Paul Desmarais, milliardaire québécois, un ami personnel de Nicolas Sarkozy. Jetons de présence : 48 000 euros.

Anne Lauvergeon : secrétaire générale adjointe de la présidence de la République sous François Mitterrand dont elle fut le « sherpa » (surnom donné aux représentants personnels des chefs d'État et de gouvernement des États membres du G8). Elle fut associé-gérant de Lazard Frères et Cie (1995-1997). Depuis 1999, elle est P-DG de la Compagnie générale des matières nucléaires (Cogema), devenue en 2001 Areva. Elle est administrateur de Suez et de Vodafone et membre du conseil exécutif du Medef (Mouvement des entreprises de France). Jetons de présence chez Total : 45 000 euros.

Michel Pébereau : président de BNP Paribas, il accumule les fonctions d'administrateur. Membre du conseil de surveillance d'Axa, il est aussi au conseil d'administration des Galeries Lafayette, de Lafarge et de Saint-Gobain. Depuis 1988, il est président du conseil de direction de l'IEP (Institut d'études politiques) de Paris. Jetons de présence pour le CA de Total : 70 000 euros.

* Les montants des rémunérations concernent l'exercice 2009.

séances annuelles du conseil d'administration de Total, ses seize membres mobilisent un ensemble impressionnant de connaissances et de pouvoirs. Des ressources qui vont bien au-delà du Groupe Total, puisqu'elles s'alimentent par la participation à d'autres conseils d'administration.

L'Association des utilisateurs de La Défense (AUDE) constitue un club très fermé qui réunit les vingt-deux plus grands propriétaires et locataires du lieu : « Ses adhérents possèdent la moitié des surfaces de bureaux de La Défense et emploient un tiers des salariés du site [5]. » Total est évidemment membre de ce club de lobbying de même que la Société générale, Axa, Areva, Unibail, EDF ou la Caisse des dépôts.

Une adresse parisienne en banlieue

Au-delà de la tour Total, l'esplanade Charles-de-Gaulle se poursuit, bordée de hautes tours aux apparences et aux formes variées. La Défense a plus de 50 ans et les générations de tours se suivent sans se ressembler, le parallélépipédisme austère des plus anciennes contraste avec l'inventivité des formes d'aujourd'hui, qui assurent beaucoup plus de variété dans le paysage. La Défense est, dans un espace restreint, un musée vivant de l'histoire des conceptions architecturales des tours.

Les textes qui décrivent cette évolution emploient les termes « génération », voire « famille », pour mettre un peu d'ordre dans cette forêt aux essences si diverses. La référence à la vie familiale induit l'idée d'une continuité et d'une parenté dans l'ensemble

5. Hélène Constanty et Pierre-Yves Lautrou, *9-2, le clan du président*, Paris, Fayard, 2008, p. 153.

des immeubles que l'on peut voir. Le périmètre de La Défense étant limité, des tours, parmi les plus anciennes, ont déjà été détruites pour être remplacées par d'autres, toujours plus hautes. Ce qui est bon pour les ressources financières de l'EPAD, lesquelles proviennent de la vente des droits à construire. Par-delà l'évolution de leurs silhouettes, reflets des modes architecturales, ces tours demeurent le symbole de la puissance des grands et du triomphe de l'argent roi.

La Défense est donc un lieu de pouvoir, tel qu'aucun détail ne doit être laissé au hasard. Aussi l'adresse postale des sociétés est-elle, curieusement, « Paris-La Défense ». Les investisseurs étrangers se voient ainsi signifier que le quartier d'affaires n'est qu'apparemment en banlieue. Jean Millier, président de l'EPAD de 1969 à 1977, « a eu cette idée assez géniale, raconte Jean-Paul Lacaze [6], de l'adresse "Paris-La Défense", qui a horrifié les maires. Il a négocié l'adresse directement avec le ministère des Postes. Vis-à-vis des étrangers, c'est excellent. Mais le maire de Courbevoie est allé jusqu'à un recours devant le Conseil d'État pour faire supprimer cette fameuse adresse symbolique. Il voulait que ce soit "Courbevoie-La Défense" ! »

Nanterre, Courbevoie ou Puteaux ne pouvaient prêter leurs noms à une telle opération urbaine, censée s'inscrire dans le courant de la mondialisation, dans les révolutions technologiques en cours, dans un futurisme annonçant le règne d'une finance déconnectée des basses œuvres de la production usinière. La refonte complète du cadastre, la disparition radicale du tissu urbain préexistant ont ouvert le passage au sacro-saint changement, à la suprématie finale de l'argent s'autoengendrant comme par miracle, dans les salles de marché, loin du travail, de sa sueur, de sa fatigue, de sa médiocrité besogneuse.

L'EPAD dans sa tour

La tour Opus 12, où siège l'établissement public d'aménagement de La Défense, qui a la haute main sur les 160 hectares du quartier d'affaires, est toute récente. Le 4 décembre 2009, le conseil d'administration de l'EPAD s'y est réuni pour élire son nouveau

6. Cet entretien a été publié en 1992 dans notre ouvrage *Quartiers bourgeois, quartiers d'affaires*, Paris, Payot, « Documents », 1992. Ingénieur des Ponts-et-Chaussées, Jean-Paul Lacaze a été directeur de l'EPAD.

président. C'est une présidente qui est choisie, Mme Ceccaldi-Reynaud, maire de Puteaux, Jean Sarkozy ayant dû, comme on l'a vu, renoncer à se porter candidat à ce poste.

Contrôler l'EPAD était d'autant plus important que décision avait été prise par l'Élysée de fusionner l'EPAD avec l'EPASA (Établissement public d'aménagement Seine-Arche), l'équivalent de l'EPAD sur Nanterre. On peut parler d'un véritable hold-up foncier engagé au détriment des communes de Courbevoie et de Puteaux pour une petite part, mais surtout sur le territoire de Nanterre qui, si aucune entrave n'avait été mise au rêve de puissance du nouvel empereur, aurait vu 50 % de son territoire passer sous le contrôle indirect du président de la République. L'EPASA est géré, depuis 2000, par la municipalité de Nanterre, ce qui est une provocation pour un enfant de Neuilly. Nicolas Sarkozy, ayant construit sa trajectoire politique à partir des Hauts-de-Seine, a réagi en hobereau sur son fief : pour agrandir son domaine, il était tentant pour lui de placer sa descendance à la tête des principautés voisines.

LE PRÉSIDENT DE LA RÉPUBLIQUE DANS LES RÉSEAUX ALTOSÉQUANAIS [7]

Neuilly-La Défense : l'axe de la dynastie Sarkozy

Par sa famille et par les réseaux qu'il y a constitués, les Hauts-de-Seine sont pour Nicolas Sarkozy le creuset de sa carrière. La politique et la famille sont avec lui, toujours, intimement mêlées. Les témoins de ses mariages sont aussi les parrains de ses enfants. Brice Hortefeux, né à Neuilly en 1958, fut le témoin de son premier mariage et le parrain de son fils Jean. Son autre fils se prénomme Pierre : les apôtres qui ont donné leurs noms aux églises de Neuilly, Saint-Jean et Saint-Pierre, sont donc honorés. C'est aussi une façon d'enraciner la famille dans un territoire. Devenir maire de Neuilly, en 1983, à 28 ans est en soi remarquable : les candidats potentiels, tel Charles Pasqua, ne manquaient pas pour lui ravir ce poste. Des candidats bien plus expérimentés que lui. Cette commune, l'une des plus riches de France, où réside

7. Altoséquanais : relatif au département des Hauts-de-Seine.

une rare concentration d'hommes politiques, de banquiers, de cinéastes, d'industriels, d'acteurs et d'actrices, de hauts fonctionnaires, de rentiers, de princes et de barons d'Empire, constitue un terrain idéal pour se construire une destinée hors du commun.

Dès 1985, le nouvel élu crée le club Neuilly communication qui va lui permettre de se confectionner un carnet d'adresses remarquable. Élu conseiller général, il devient président du conseil général des Hauts-de-Seine en 2004 et le restera jusqu'en 2007. Durant la même période, il est aussi président de l'EPAD. Nicolas Sarkozy a construit sa carrière en s'intégrant dans le clan qui contrôlait avant lui le département. On y trouve des personnalités comme Charles Pasqua, les Balkany et les Ceccaldi-Reynaud. S'il peut exister des rivalités et des tensions à l'intérieur de ce microcosme, la solidarité et l'efficacité collective sont essentielles dans un département dont la sociologie a été bouleversée en peu de temps.

En 1945, les communes du département de la Seine, qui formeront les Hauts-de-Seine à partir de la réforme du découpage administratif en 1964, ont une population modeste, sauf dans quelques-unes d'entre elles, comme Neuilly, dont le caractère résidentiel est déjà affirmé. Un important bidonville se développera à Nanterre pendant la guerre d'Algérie.

La dynastie Sarkozy suit l'axe historique et s'inscrit dans les beaux quartiers. Dès son arrivée en France en 1948, après avoir quitté la Hongrie, le père de Nicolas Sarkozy rencontre la fille d'un médecin, dont le cabinet est situé près du parc Monceau, avec laquelle il se marie. Les Sarkozy sont des pauvres parmi les riches. « Chez les grands bourgeois, nous étions assis, mais en bout de table », confie un jour Guillaume, le frère aîné de Nicolas [8].

Le fils cadet de ce dernier, Jean, suit l'exemple de son père et, à 22 ans, il est élu conseiller général du canton sud de la ville et, peu après, président du groupe UMP du conseil général des Hauts-de-Seine. La mairie et le conseil général sont les bases arrière pour les conquêtes politiques de la famille. Mais, avec la candidature de son fils Jean à la présidence de l'EPAD, Nicolas

8. Pascale Nivelle et Élise Karlin, *Les Sarkozy, une famille française*, Paris, Calmann-Lévy, 2006.

Sarkozy a tenté de brûler les étapes dans son ambition de créer une lignée et n'a pas respecté la bienséance qui veut que l'héritier ait déjà fait ses preuves.

Allers et retours entre l'Élysée et les Hauts-de-Seine

« Jamais depuis l'élection de Nicolas Sarkozy, écrit Béatrice Jérôme, les relations n'ont été aussi imbriquées entre le sommet de l'État et ce petit territoire biscornu de 176 km^2, situé à l'ouest de la capitale. Les liens sont d'autant plus étroits que les hommes du président sont nombreux à l'avoir suivi des Hauts-de-Seine au faubourg Saint-Honoré. Claude Guéant, notamment, aujourd'hui secrétaire général de l'Élysée. Nicolas Sarkozy a fait sa connaissance lorsqu'il était secrétaire général de la préfecture des Hauts-de-Seine, à la fin des années 1980[9]. » La liste exhaustive serait longue. On peut citer aussi l'autre homme indispensable, Henri Guaino, conseiller spécial à l'Élysée, plume du président de la République. Il fut un conseiller de Charles Pasqua qui présida le conseil général (de 1973 à 1976 puis de 1988 à 2004).

Les Hauts-de-Seine ne comptent que trente-six communes, mais 1 560 000 habitants, soit 43 000 en moyenne par commune. L'importance économique de ce département est considérable, ne serait-ce qu'avec la présence de La Défense, mais aussi de nombreuses industries et du port de Gennevilliers. Sur 50 millions de mètres carrés de bureaux en Île-de-France, 16 millions se concentrent à Paris et 11 millions dans les Hauts-de-Seine.

Ce département est curieusement une terre d'élection de politiciens d'origine corse, souvent issus du gaullisme historique. Achille Peretti a été maire de Neuilly-sur-Seine de 1947 à sa mort en 1983 et conseiller général des Hauts-de-Seine. La mère de Nicolas Sarkozy, Andrée Mallah, fut sa secrétaire, et Nicolas l'un de ses protégés. Charles Pasqua, malgré le mauvais tour que lui a joué Nicolas Sarkozy en 1983 en lui subtilisant la mairie qui devait lui revenir, soutient toujours la famille. Il a ainsi aidé Jean Sarkozy dans son OPA avortée sur l'EPAD. La mère de ce dernier, première épouse du président de la République, Marie-Dominique Culioli, est la fille d'un pharmacien de Vico, en Corse. Le personnel politique d'origine corse dans les Hauts-de-Seine compte

9. *Le Monde*, 5 décembre 2009.

encore les Ceccaldi-Reynaud, qui ont fourni deux maires successifs à Puteaux, André Santini, le maire d'Issy-les-Moulineaux, et Paul Grazziani, qui fut maire de Boulogne-Billancourt et président du conseil général. Cette énumération n'est pas exhaustive, mais elle met en évidence les deux enracinements du chef de l'État, d'ailleurs étroitement liés entre eux, dans les Hauts-de-Seine et en Corse

DES LOGEMENTS SOCIAUX À LA SALLE DES MARCHÉS

Des HLM en trop

En face de la tour Opus 12, un ensemble de logements HLM se déploie autour du square des Corolles. Il est la propriété de la ville de Courbevoie. Le contraste est saisissant entre ces immeubles sociaux de quelques étages et les mastodontes qui les dominent. Les façades grisâtres ont mal vieilli et font triste mine sous la présence miroitante des façades de verre et de métal poli. Les habitants sont inquiets : l'entretien laisse à désirer, de nouvelles tours, dont les sommets disparaissent parfois dans la brume, leur confisquent la lumière du jour. L'appétit foncier des promoteurs apparaît illimité. Mais les locataires se savent protégés par leur statut.

Les tours de Cœur Défense dominent superbement cet habitat social qui ne les flatte guère. Propriété de la banque d'affaires américaine Lehman Brothers, qui a fait faillite en 2008, elles sont passées sous le contrôle de la branche immobilière, sauvegardée.

La Grande Arche

Au-delà se dresse majestueusement le symbole voulu par François Mitterrand. Inaugurée dans le cadre du bicentenaire de la Révolution, en 1989, la Grande Arche représente l'apothéose technologique de La Défense. Elle fait partie des monuments de Paris que l'on se doit de visiter, au même titre que la tour Eiffel ou le Centre Georges-Pompidou. Elle achève, provisoirement, par un chef-d'œuvre architectural, une aventure de plus de cinquante ans qui se poursuit au-delà avec un autre établissement public, l'EPASA, créé en 2000 par Jean-Claude Gayssot, alors ministre de l'Équipement dans le gouvernement Jospin, nous y reviendrons.

À droite de l'Arche, lorsqu'on la regarde venant de Neuilly, le chemin à suivre pour atteindre la seule faculté départementale de France est fléché. Comme disent les guides de tourisme, elle vaut le détour.

Une faculté départementale

Le pôle universitaire Léonard-de-Vinci (PULV) a été créé en 1995 par Charles Pasqua, alors qu'il était président du conseil général des Hauts-de-Seine. Les locaux sont la propriété du département, qui continue à financer en partie le fonctionnement de l'établissement. Le pôle est géré par une association que préside Charles Pasqua, la convention signée avec le département courant jusqu'en 2011. Ce qui lui coûte cher. « Aujourd'hui encore, écrivent Hélène Constanty et Pierre-Yves Lautrou, le conseil général dépense plus d'argent pour le pôle Léonard-de-Vinci que pour l'ensemble des collèges des Hauts-de-Seine, qui font pourtant partie de sa mission, tandis que les universités relèvent de la compétence de l'État, pas de celle des départements [10]. » En 2007, notent les auteurs, un collégien a coûté en moyenne 216 euros au budget départemental et un étudiant du PULV... 9 722 euros. Le budget du conseil général prévoyait, pour 2010, 7 millions d'euros de subvention, auxquels il faut ajouter les 13 millions annuels pour la mise à disposition gratuite des locaux, soit 20 millions.

Cette université évite aux enfants des bonnes familles de l'Ouest parisien de se mêler à la population estudiantine diverse de Paris-X-Nanterre d'où est parti le mouvement de Mai 68. Les 6 000 étudiants acquittent des droits de scolarité élevés : 6 200 euros pour l'année scolaire 2009-2010, plus 349 euros de frais divers. Ces droits sont ramenés à 2 480 euros pour les étudiants qui résident dans les Hauts-de-Seine et ils peuvent même descendre jusqu'à 620 euros pour les boursiers et pour les étudiants issus d'un lycée situé en ZEP.

Mais la barrière n'est pas que financière : l'admission se fait sur ce qui ressemble fort à un concours. Les candidatures sont présentées dans un dossier qui regroupe les informations scolaires. Les candidats peuvent, s'ils passent ce premier seuil de

10. Hélène CONSTANTY et Pierre-Yves LAUTROU, *9-2, le clan du président*, *op. cit.*, p. 59.

sélection, être convoqués à des épreuves complémentaires : test d'anglais, entretien collectif et entretien individuel. Un jury statue. Il est précisé dans la notice « S'inscrire en 1re année » : « Au-delà des connaissances académiques validées par vos diplômes, nous souhaitons, à travers le *process* d'admission, d'une part découvrir votre personnalité et vos attentes et, d'autre part, mesurer l'adéquation de votre profil à notre approche pédagogique. » La « Fac Pasqua » forme des managers dans le domaine du marketing et de la finance [11].

Il est possible d'entrer dans le hall d'accueil de cette faculté pas ordinaire, mais on ne peut aller plus loin. Des tourniquets barrent le passage. Pas question de frauder et de sauter furtivement au-dessus de cet obstacle : des agents de sécurité veillent. Un badge électronique résout le problème, mais il n'est attribué qu'aux ayants droit : étudiants, professeurs, personnel, visiteurs attendus et enregistrés.

Les étudiants sont tout aussi élégants que ceux de Dauphine, l'autre université emblématique des beaux quartiers, située à l'extrémité de l'avenue Foch, qui est devenue l'un des viviers du pôle Léonard-de-Vinci. Le 29 avril 2009, Nicolas Sarkozy, dans son discours sur le projet de Grand Paris, s'est d'ailleurs prononcé en faveur du déménagement dans les cinq ans de l'université Paris-Dauphine à La Défense.

Le contraste avec l'université de Nanterre, toute proche mais de l'autre côté de la société, est saisissant. Les locaux sont au diapason. La cantine du « PULV » a des airs de salle à manger du Crillon. Tables de quatre à six places, aux nappes blanches sur lesquelles le couvert est dressé et attend les convives. Elles sont assez distantes les unes des autres pour que la conversation puisse se dérouler agréablement, sans être gênée par celle des voisins. La convivialité est une technique sociale qu'il n'est jamais trop tôt d'apprendre à maîtriser, et les concepteurs de ce pôle universitaire semblent y avoir pensé.

Le sport est également à l'honneur, avec une équipe de football féminin, du karting, de la voile. Au choix, vingt-deux disciplines qui constituent une matière notée et obligatoire. Comme dans

11. Tous les détails sur cette visite et sur le pôle universitaire Léonard-de-Vinci dans www.devinci.fr.

les autres écoles de la grande bourgeoisie, le soin apporté au corps fait partie d'une éducation totale qui va bien au-delà de l'instruction. Le capital physique est une forme de richesse essentielle dans les rapports sociaux. Les privilèges de la fortune doivent apparaître comme légitimes et cela se joue aussi dans l'apparence physique, à travers des corps minces, redressés, dignes de leur bonne étoile. Le sport construit également le goût de la compétition, et du pouvoir. Pour les cérémonies de remise de diplômes, les étudiants revêtent une longue robe noire bordée d'hermine blanche, dans la plus pure tradition anglo-saxonne.

Au cœur des ténèbres[12]

En revenant sur ses pas et en passant de l'autre côté de l'Arche, on trouve, à peu près en symétrie avec le PULV, les tours de la Société générale. À leur pied, de nombreux traders, genre « bobos », viennent fumer et se relaxer après avoir fait valser quelques millions. Avec leurs 167 mètres de haut, ces tours incarnent la volonté de domination de la finance. Entre la monumentalité triomphante des deux tours s'enchâsse le cœur de la spéculation où se construisent et parfois s'écroulent en quelques instants les fortunes mises en jeu. D'ici se sont évaporés quelques milliards, prélude de la première crise du siècle commençant. On achète et on vend en quelques clics de souris, sans se soucier des conséquences. Les sommes mises en circulation dans ces monstrueux casinos sont devenues virtuelles et n'ont plus aucune commune mesure avec les échanges réels de biens et de services.

Début 2008, la Société générale disposait d'un solide magot puisqu'elle n'a pas su déceler l'évaporation des sommes colossales misées par un joueur habile, prêt à faire gonfler et gonfler encore une bulle qui ne révèle son néant qu'en éclatant. Mais, comme toute bulle, tôt ou tard, explose, celle de Jérôme Kerviel s'en est allée au pays des ombres[13]. Qu'à cela ne tienne, la Société générale, plus gaillarde que jamais, fait construire à quelques pas de là une nouvelle salle des marchés, encore plus grande, encore plus sophistiquée, encore plus loin du monde du travail. Scolastiques des temps modernes, les spéculateurs, dans

12. D'après le titre d'une nouvelle de Joseph Conrad, disponible aux éditions Mille et une nuits, 1999.

13. Jérôme KERVIEL, *L'Engrenage. Mémoires d'un trader*, Paris, Flammarion, 2010.

leurs tours de verre et de métal, jouent et rejouent, loin des champs, des ateliers, des mines, des écoles et des laboratoires, où le travail créatif construit, fabrique et invente. La richesse ou son illusion, avec les fumeux produits dérivés, alimente la folie des grandeurs que célèbrent symboliquement des tours toujours plus hautes. Métaphysiciens numériques, les traders agencent des pixels sur leurs écrans dans l'espoir que leurs petits jeux auront un sens. Les profits fabuleux pour quelques-uns, la gêne et la misère pour beaucoup : les brillants mathématiciens ne peuvent s'investir dans leur activité à haut risque qu'en ayant perdu tous les repères de la condition humaine.

À gauche des tours, un escalier mène au panneau du permis de construire de la nouvelle salle des marchés, dont la livraison est prévue pour avril 2011. Elle pourra accueillir le labeur de nombreux traders. Quelques-uns d'entre eux n'auront eu que le parvis de La Défense à traverser, en venant directement de la Fac Pasqua.

À quelques encablures de là, un autre monde : celui des cités de logements sociaux de Nanterre. Les tours d'HLM, dessinées et colorées par Émile Aillaud, gérées par l'office départemental et par l'office municipal de Nanterre, ont accueilli les habitants expulsés de La Défense. « Nanterre a servi de réceptacle, constate Patrick Jarry, pour des gens dont personne ne voulait ailleurs. » Les tours de logements sociaux face aux tours de la finance : la France d'en bas face à celle d'en haut. Mais quel sera l'avenir de ces logements sociaux, quand on connaît les menaces qui pèsent sur ceux qui sont inclus dans le périmètre de La Défense ? Et les prix que chaque parcelle de ce sol peut atteindre ? « Si on n'est pas riche, dit une toute jeune élève de l'école Maxime-Gorki, qui habite l'une de ces tours décorées de petits cumulus de beau temps, et s'ils détruisent les tours, on va se retrouver à la rue, ils s'en fichent de nous. Eux, ils ont de jolies tours et nous, elles sont moches. » Toujours au micro de France Inter, tenu par Pascale Pasquariello, une trader de la Société générale est bien du même avis : « Ces tours, c'est pourri », dit-elle.

Le nouveau périmètre de l'OIN, lié au projet de décret qui prévoit la fusion de l'EPAD et de l'EPASA, dessine un curieux appendice qui s'enfonce dans Nanterre comme une tête de pont sur un champ de bataille. Le maire de cette ville est au courant :

« Un groupe d'investissement américain, dit-il, Carlyle, veut construire sur ce petit terrain de 9 700 m^2 une tour de plusieurs milliers de mètres carrés de bureaux. Nanterre n'en veut pas, car elle surmonterait l'école Maxime-Gorki et l'étoufferait littéralement. Nous tenons à la qualité de vie des élèves et de leurs enseignants. » Le projet paraît toutefois sérieusement menaçant et le conseil d'administration de l'EPAD du 29 avril 2010 s'est fait l'écho d'une démarche « pour arriver à la promesse de vente de la tour avec Carlyle qui devrait être signée dans quelques semaines ». Le demi-frère de Nicolas Sarkozy, Olivier Sarkozy, est, aux États-Unis, responsable de l'un des fonds d'investissement de Carlyle, dont le père de George W. Bush est actionnaire. Cela expliquerait-il ce petit appendice ? On peut se permettre l'hypothèse puisque, en 2006, Nicolas Sarkozy a demandé au conseil général des Hauts-de-Seine, dont il était le président, de faire installer dans tout le département la fibre optique de nouvelle génération par Numericable. C'est-à-dire par une société leader dans ce domaine, contrôlée par Carlyle. Avec, en prime, une subvention de 59 millions d'euros, dans le cadre d'une délégation de service public votée le 31 décembre 2007 et d'un cofinancement public-privé. Le tribunal administratif a été saisi par les conseillers communistes qui dénoncent l'opacité de ce dossier et le manque d'informations dont se plaignent les élus du conseil général.

L'impérialisme du quartier d'affaires de La Défense menace donc Nanterre, vieux bastion ouvrier, communiste depuis 1935.

LA POURSUITE DE L'AXE HISTORIQUE AU-DELÀ DE L'ARCHE DE LA DÉFENSE

Sous l'Arche de La Défense, des panneaux de verre coupent les vents agressifs. Il faut se faufiler entre eux pour découvrir les chantiers du prolongement du quartier d'affaires sur Nanterre. Une jetée piétonne permet de surplomber ce quartier en devenir et de voir se dessiner la suite des projets d'aménagement tout en observant un paysage urbain chaotique qui demande quelques clefs de lecture pour être compris.

À droite, on distingue le cimetière de Neuilly que l'EPAD a tenté de cacher en y plantant des arbres, faute de pouvoir expulser les défunts. Pour des raisons légales, il est en effet plus difficile de le faire pour les morts que pour les vivants. Ce cimetière existe depuis le début du XXe siècle, à une époque où Neuilly préférait garder ses terrains libres pour continuer à héberger des familles fortunées attirées par la qualité de son image résidentielle. De sorte que la municipalité choisit de délocaliser ses morts qu'elle logea à cheval sur les communes de Puteaux et de Nanterre. Treize mille sépultures sont ainsi rassemblées, dont celle du peintre Vassili Kandinsky, qui a vécu à Neuilly et y est mort en 1944.

À gauche de la jetée, un autre cimetière dépend de la commune de Puteaux, mais il est entièrement implanté sur des terrains appartenant à la ville de Nanterre. La proximité de ces cimetières désormais inamovibles, avec leurs milliers de tombes, et de la salle des marchés de la Société générale offre un face-à-face tragi-comique, opposant la finitude humaine et la recherche effrénée de l'enrichissement à tout prix.

Dans le prolongement de l'axe historique, avec le cadre potentiellement agréable des boucles de la Seine et la présence de forêts, dont celles de Meudon et de Rueil-Malmaison, la lutte s'annonce rude entre la ville rouge et les appétits des promoteurs et des sociétés à la recherche de localisations flatteuses pour leurs sièges sociaux.

Le département des Hauts-de-Seine, créé en 1964, a organisé les premières élections au conseil général en 1967. Le résultat était alors celui que l'on pouvait attendre d'une composition sociale diversifiée : il y eut vingt élus de gauche et vingt élus de droite. Aujourd'hui, le rapport a évolué en faveur des élus de droite, qui sont trente pour quinze à gauche. Ces chiffres reflètent un embourgeoisement relatif de la population. En 1968, les ouvriers, les employés et les personnels de service représentaient 62 % de la population active habitant dans les Hauts-de-Seine. En 2006, ces catégories sociales modestes n'étaient plus que 35 %. Durant la même période, le taux de cadres, professions intellectuelles supérieures, professions intermédiaires, artisans, commerçants, chefs d'entreprise est passé de 38 % à 65 % [14]. Des villes comme Levallois-Perret, Issy-les-Moulineaux et Boulogne-

14. Recensements Insee, 1968 et 2006, www.statistiques-locales.insee.fr.

Billancourt sont emblématiques de cette désindustrialisation et de cet embourgeoisement de l'Ouest parisien.

Qu'en est-il à Nanterre où se termine ce parcours au long de l'axe historique ? En reprenant les mêmes regroupements, les catégories populaires représentaient 77 % de la population active en 1968, ce taux passant à 51 % en 2006. Les catégories moyennes et supérieures voient inversement leur poids augmenter, de 23 % à 49 %. La municipalité est communiste depuis 1935, mais la mobilisation politique, mesurée par les élections, montre qu'elle est plus dispersée, dans l'orientation des voix, qu'en terre bourgeoise.

Aux élections régionales de 2010, Nanterre a comptabilisé 60 % d'abstentionnistes au premier tour. Le Parti socialiste est en tête avec 29,4 % des votants, suivi par l'UMP (16,3 %), le Front de gauche (15 %), le Front national (8,5 %), le NPA (5,2 %) et le Modem (5 %). Il y avait cinq autres listes qui ont rassemblé chacune moins de 5 %. La gauche regroupée au second tour atteint 73 % des suffrages exprimés. Les résultats électoraux dans la ville bourgeoise de Neuilly sont tout autres. La participation au premier tour est de 50 %, mais la mobilisation autour du parti de Nicolas Sarkozy est évidente : 67 % des suffrages vont à l'UMP. La liste Europe Écologie arrive en deuxième position : 8,4 %, soit presque 60 % de moins que le parti arrivé en tête. Au second tour, avec une meilleure participation, l'UMP rassemble 83 % des voix. On ne trouve que rarement une telle unité politique.

Nanterre tient bon ses engagements politiques malgré son statut de chef-lieu du département, siège de la préfecture et du tribunal de grande instance auquel sont déférées toutes les affaires concernant les Hauts-de-Seine. Le juge Philippe Courroye, solide ami de Nicolas Sarkozy, en est le procureur depuis mars 2007. La vigilance et la mobilisation sont sur tous les fronts et ne laissent rien au hasard.

La Défense investit Nanterre

« Le gouvernement a décidé, à la demande du président de la République, de poursuivre l'axe historique au-delà de la Grande Arche, décision majeure d'urbanisme, à l'échelle de l'agglomération parisienne », annonce, le 1er août 1990, Michel Delebarre, membre du Parti socialiste et ministre de l'Équipement, lors du second mandat de François Mitterrand. Dès 1990, le principe de la reconduction d'un dispositif public conçu pour mener à bien une opération de grande envergure est adopté.

Lorsque la gauche revient au pouvoir en 1997, avec Lionel Jospin à Matignon et Jean-Claude Gayssot à l'Équipement, sous la présidence de Jacques Chirac, elle lance en 2000 le projet Seine-Arche, avec la création du deuxième établissement public. Ce sera l'EPASA (Établissement public d'aménagement Seine-Arche), la ville de Nanterre quittant l'EPAD pour faire partie du nouvel organisme. Son maire – Jacqueline Fraysse, puis Patrick Jarry – en devenant le président. Le but est à la fois de rééquilibrer La Défense dans le quota des logements par rapport aux surfaces de bureaux, mais aussi de contrebalancer l'hégémonie politique du clan Pasqua-Sarkozy sur l'aménagement d'un quartier dont on a vu qu'il était classé d'intérêt national.

La guerre est alors déclarée pour la prise de contrôle sur l'avenir de ces 320 hectares situés sur la commune de Nanterre. D'un côté, les mètres carrés de bureaux pour les patrons du CAC 40, de l'autre, des objectifs de mixité sociale avec 300 000 m^2 de logements contre 220 000 pour les bureaux. Dont 40 % de logements sociaux, de quoi mettre en colère l'ancien maire de Neuilly qui, pendant près de vingt ans, est à peine arrivé à « réaliser » 2 % de logements sociaux, dont une part par simple changement de statut.

L'autoroute A14 devait être construite à ciel ouvert, continuant l'axe historique sur Nanterre dans le bruit et la pollution. Finalement, grâce à la détermination de la municipalité, sous l'impulsion de son maire d'alors, Jacqueline Fraysse, ce projet a été radicalement transformé. L'autoroute sera souterraine et permettra la réalisation des terrasses de Seine-Arche que l'on peut découvrir en prenant l'escalier à gauche au bout de la jetée piétonne de la Grande Arche. À l'emplacement des bidonvilles de triste mémoire, les logements sociaux et les bureaux *high-tech* semblent cohabiter dans une mixité réussie. La municipalité essaie de rendre la présence des HLM incontournable et irréversible. Un immeuble de logements sur l'axe historique a été inauguré le 14 juin 2010. Sur les 159 appartements, 84 sont en accession à la propriété, 36 en logement locatif intermédiaire et 39 en logement locatif social. Une série d'autres immeubles prendra place le long des terrasses. Longtemps bannie, la mixité sociale fait ainsi une apparition sur les rives de l'axe historique.

Nicolas Sarkozy, président des Hauts-de-Seine

En octobre 2008, Nicolas Sarkozy, devenu président de la République, installe Philippe Chaix, ex-conseiller UMP de Paris et ex-secrétaire général de la préfecture des Hauts-de-Seine, comme directeur de l'EPAD et de l'EPASA. C'est un proche de Claude Guéant et un homme de confiance du chef de l'État. Un coup double qui annonce une reprise en main musclée. À partir du 1er janvier 2009, l'EPAD partage son organigramme avec l'EPASA, préfiguration de la fusion à venir. Un site Internet commun a été lancé : ladefense-seine-arche.fr. « Dès que Nicolas Sarkozy a été élu en 2004 président du conseil général, on a vite pressenti qu'il allait s'occuper personnellement de La Défense, raconte Patrick Jarry. Il a été le premier président du conseil général à cumuler cette fonction avec celle de président de l'EPAD. On a compris qu'il ne respecterait pas le compromis de l'EPASA passé entre Jacques Chirac et Lionel Jospin, qui laissait à Nanterre son établissement public. La présidence de l'EPAD par Jean Sarkozy était certainement une étape décisive sur la voie de la présidence du conseil général en 2011. Mais je pense que c'est comme au Monopoly, Jean Sarkozy a dû repartir à la case départ ! »

Avant l'élection présidentielle, l'activité de Nicolas Sarkozy sur le dossier de La Défense est intense. Fort des trois casquettes de président de l'EPAD, de président du conseil général des Hauts-de-Seine et de ministre de l'Intérieur chargé de l'aménagement du territoire et des collectivités locales, il n'a aucun mal à justifier, en juillet 2006, la construction de 450 000 m^2 de bureaux supplémentaires, soit un chiffre d'affaires évalué à 4 ou 5 milliards d'euros, avec un bénéfice d'environ 1 milliard en droits à construire. Cette opération dite « Plan Défense 2013 » doit comprendre au moins 150 000 m^2 qui correspondent à des immeubles à démolir et à reconstruire. Début 2007, par le biais du sénateur Roger Karoutchi, une loi est votée qui exonère de taxes ces démolitions et ces reconstructions, toujours plus hautes et avec toujours plus de mètres carrés de bureaux. « La Défense, écrivent Hélène Constanty et Pierre-Yves Lautrou, dispose depuis sa création d'un statut d'exception. Les règles d'urbanisme qui s'imposent au commun des mortels, partout en France, n'ont pas cours ici. C'est un peu un territoire "offshore". Le territoire du président [15]. »

Autre initiative du ministre de l'Intérieur et président du conseil général et de l'EPAD : alors que cet établissement public devait disparaître le 31 décembre 2007, au profit des communes de Puteaux et Courbevoie, qui auraient repris la main sur le périmètre de La Défense, une loi est votée en janvier 2007. Elle instaure la survie de l'EPAD sous le patronage du département des Hauts-de-Seine, mais avec des représentants des communes au conseil d'administration. Il n'est pas impossible que l'annulation de la dissolution de l'EPAD ait eu aussi pour objectif de conserver la maîtrise par l'établissement public de ses archives maintenues ainsi hors d'atteinte de curiosités malveillantes.

Nicolas Sarkozy est également à l'origine de la création d'un nouvel établissement public, l'EPGD (Établissement public de gestion de La Défense). Créé par la loi du 27 février 2007, il n'a commencé à fonctionner que le 1er janvier 2009. Les comptes de l'EPAD laissaient à désirer. Le président de la 7e chambre de la Cour des comptes, Christian Descheemaecker, affirme en 2007, devant la commission des finances du Sénat, que « les comptes ne sont pas sincères et fidèles ». Le sénateur centriste Jean Arthuis ajoute même : « Nous sommes face à des comptes en infraction. » « Il y a eu, précise le maire de Nanterre dans un entretien accordé en janvier 2010, au moment du transfert de la gestion de La Défense de l'EPAD à l'EGPD, certains hauts fonctionnaires qui ont jugé inadmissibles les conditions de ce transfert de compétences, et deux d'entre eux ont même refusé de voter en conseil d'administration. »

Depuis le 1er janvier 2009, la gestion de La Défense est donc assurée par l'EPGD, rebaptisé « Defacto » en janvier 2010. Le nouvel établissement prend en charge l'entretien des tours, des espaces publics et des espaces verts, ainsi que l'enlèvement des déchets. L'EPAD peut se concentrer de manière exclusive sur sa vocation d'aménageur.

15. Hélène Constanty et Pierre-Yves Lautrou, *9-2, le clan du président*, *op. cit.*, p. 148. Lire également Gérard de Senneville, *La Défense, le pouvoir et l'argent. L'univers impitoyable des promoteurs publics et privés !*, Paris, Albin Michel, 1992. Gérard de Senneville a été directeur général de l'EPAD de décembre 1987 à octobre 1990.

En août 2009, le projet de décret de fusion entre l'EPAD et l'EPASA est envoyé aux différentes autorités concernées, dont Patrick Jarry. Sous le nouveau sigle EPADSA, le périmètre de l'OIN atteindrait alors 770 hectares, dont 556 hectares sur Nanterre. « Ce qui ferait que la seule ville de Nanterre compterait pour 72 % dans ce périmètre et que 46 % de son territoire serait dans cet OIN », s'est indigné Patrick Jarry lors de la séance du conseil général du 23 octobre 2009.

La contestation gronde

Les habitants de Nanterre, sous l'impulsion de la municipalité, se sont mobilisés contre ce décret de fusion des deux établissements publics, publié en juin 2010. Ils savent que les futurs emplois ne seront pas pour la plupart d'entre eux. En 2010, le taux de chômage dans cette ville est supérieur à la moyenne régionale et 20 % de la population vit en dessous du seuil de pauvreté. Les compétences professionnelles sont rarement adaptées aux emplois de bureau offerts dans les tours de La Défense.

La réaction hostile des habitants de Nanterre s'explique aussi par le fait que ce projet de décret autoritaire et népotique préfigure la mise en place d'un Grand Paris antidémocratique. La guérilla prend parfois des tournures symboliques qui en disent long sur les rouages du fonctionnement du pouvoir. Le 5 janvier 2010, alors que le projet de carton d'invitation pour la cérémonie des vœux de l'EPASA circule pour validation, le maire de Nanterre s'aperçoit que les armes de sa ville ont disparu. Décidément, il n'y a rien de négligé dans cet affrontement d'une ville ouvrière contre les puissances d'argent. Philippe Chaix, le directeur général de l'EPASA, a donc cherché à ne conserver que le logo représentant l'État, marquant ainsi la volonté de centralisme et l'autoritarisme de l'hôte de l'Élysée.

Les villes de Puteaux et de Courbevoie ont voté contre le projet de décret de fusion et d'extension de l'OIN, comme Nanterre et La Garenne-Colombes, alors qu'il s'agit de deux communes de droite et que, selon Patrick Jarry, « les pressions de l'Élysée ont dû être considérables. D'ailleurs, je pense, ajoute-t-il, que le vote négatif de ces deux conseils municipaux doit expliquer en grande partie le renoncement de Jean Sarkozy. Car il n'y a pas de majorité politique pour étendre La Défense et ajouter des tours aux tours.

L'axe du pouvoir

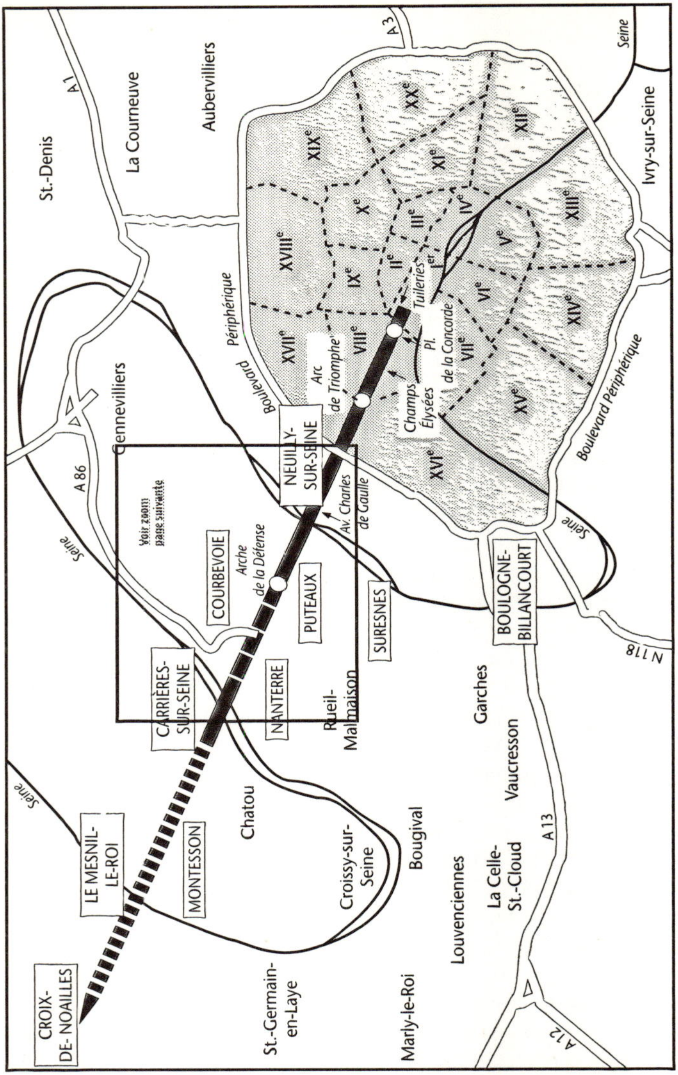

La Défense à la conquête de l'Ouest

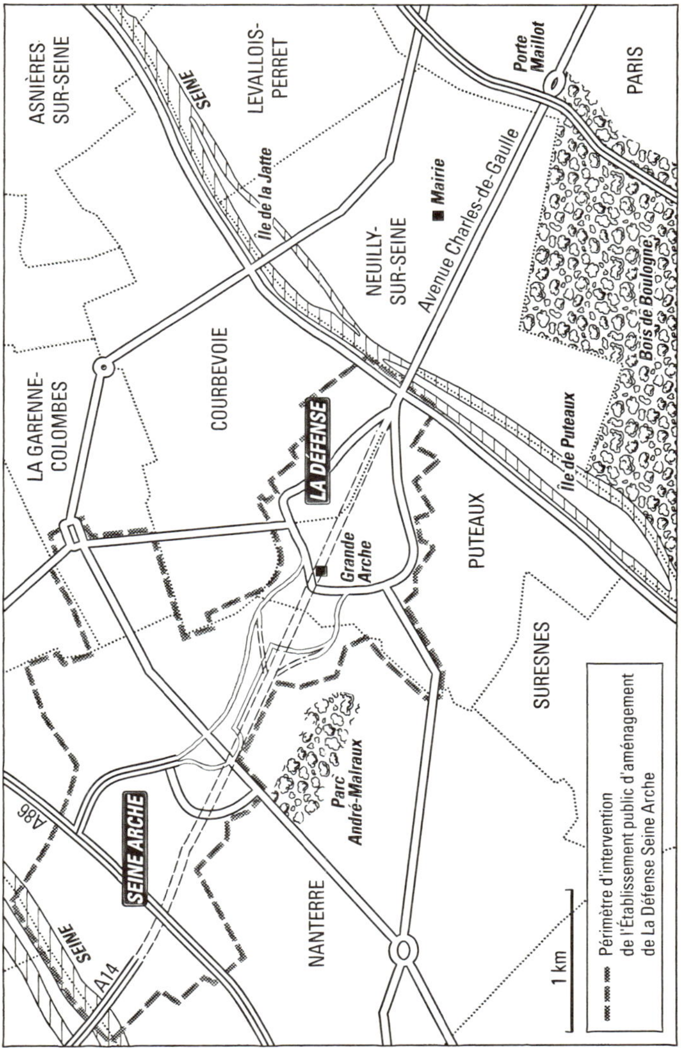

Le maire de Courbevoie a dû se faire remonter les bretelles, car il était très blanc après le vote du conseil municipal. »

Une victoire en demi-teinte

Le projet de décret portant création de l'établissement public d'aménagement de La Défense Seine-Arche (EPADSA) et dissolution de l'EPAD et de l'EPASA a été validé par le Conseil d'État le 12 mai 2010. Nanterre perd donc une partie de l'autonomie qu'elle avait acquise en 2000 sur le périmètre des 320 hectares de l'opération Seine-Arche situés sur son territoire. En revanche, les 256 hectares supplémentaires envisagés dans les limites de cette ville, pour agrandir encore le périmètre de La Défense, ont été en grande partie abandonnés. Les 50 hectares résiduels perdus par Nanterre concernent la caserne Rathelot, occupée par la Garde républicaine, une zone d'activité du Petit Nanterre et un bâtiment, ancienne propriété de la société Fructipierre. Il a été acheté par la société d'investissement Carlyle et une tour doit y être construite, tout près du groupe scolaire Maxime-Gorki. Il est des décisions tenaces.

Le recul de Nicolas Sarkozy sur l'essentiel de ce dossier a plusieurs raisons, dont la lutte des habitants de Nanterre qui a fait front commun avec celle des élus de gauche, mais aussi de droite, contre ce qui était vécu comme un pillage territorial auquel les villes de Nanterre, Courbevoie, Puteaux et La Garenne-Colombes étaient soumises. Ce combat a rapproché six communes, celles de Rueil-Malmaison et de Suresnes rejoignant les victimes de l'impérialisme de La Défense. Elles ont décidé de s'organiser en un syndicat mixte d'études et de projets pour s'opposer le plus efficacement possible aux dérives d'un urbanisme asservi aux puissances d'argent. L'autoritarisme présidentiel aura eu pour effet d'accélérer et de conforter la mobilisation résolue d'élus politiques de droite comme de gauche.

8. LES MOTS POUR NE PAS LE DIRE

« L'héritage de Mai 68 a introduit le cynisme dans la société et la politique, déclarait d'un ton assuré le candidat Sarkozy le 29 avril 2007 au cours de son dernier meeting de campagne électorale. Voyez comment le culte de l'argent roi, du profit à court terme, de la spéculation, comment les dérives du capitalisme financier ont été portés par les valeurs de Mai 68. Voyez comment la contestation de tous les repères éthiques a contribué à affaiblir la morale du capitalisme, comment elle a préparé le terrain au capitalisme sans scrupule des parachutes en or, des retraites chapeaux, des patrons voyous. »

Étonnant. Nicolas Sarkozy est imprévisible. Il donne à voir la détermination et la rouerie du pouvoir. Dans un double langage permanent, ce candidat à l'Élysée a réussi la gageure de rester l'ami des plus riches tout en se faisant passer pour le défenseur de « la France qui se lève tôt ». Flatter le bon peuple en remplissant les poches des nantis. De la poudre aux yeux pour les uns : « Les paradis fiscaux, c'est fi-ni ! », et des milliards d'euros pour les plus riches. Le sens des mots, dans cette guerre psychologique qui ne dit pas son nom, est volé et détourné.

« Changement » ? « Réforme » ? « Rupture » ? La réalité est tout autre : on allonge la durée du travail, on démantèle les services publics, on brise l'indépendance de la justice, on livre les entreprises publiques au privé, on rabote les droits sociaux, on privatise les fonds de retraite, on gave les gavés. Le changement est régression. La classe dominante veut démanteler, grâce à son porte-parole aujourd'hui à l'Élysée, les acquis des luttes sociales et réduire à sa merci le peuple de l'économie réelle en vilipendant, l'œil rigolard, un capitalisme financier qui n'a guère l'air de s'en s'émouvoir.

Le double langage, la suprématie de l'image sur la parole, l'opacité de la pompe à « phynances » et la vigueur réconfortante de la parole versatile : Ubu est roi [1].

Comment les Français peuvent-ils se retrouver dans une politique qui se contredit entre les propos tenus et les résultats obtenus ? Les discours de Nicolas Sarkozy déroutent car ils font un usage systématique de l'oxymore, une figure de style qui allie des termes contradictoires dans un rapprochement paradoxal. La « flexisécurité », le « développement durable » sont un moyen de « rapprocher, d'associer, d'hybrider et/ou de faire fusionner deux réalités ; [...] les oxymores ainsi utilisés peuvent favoriser la déstructuration des esprits, devenir des facteurs de pathologie et des outils de mensonge [2] ». L'UMP, le parti du président, signifie « Union du mouvement populaire » alors que c'est à Neuilly que l'électorat lui est le plus favorable, avec 83,3 % des voix au second tour des régionales de 2010. Les jeunes de l'UMP s'appellent les « jeunes Pop », pour mieux brouiller le message d'un parti au service des dominants. « Si le pouvoir de Sarkozy fait rupture, écrit Bertrand Méheust, c'est bien par un usage cynique, encore sans précédent dans la démocratie française, des techniques de communication, et dans la production d'oxymores à grande échelle, usage rendu lui-même nécessaire par la montée de tensions sociales sur fond de crise écologique [3]. »

HLM : LES RÉALISATIONS DU MAIRE DE NEUILLY ET LES DISCOURS DU PRÉSIDENT DE LA RÉPUBLIQUE

En tant que nouveau président de la République, Nicolas Sarkozy prononce, en Meurthe-et-Moselle, le 11 décembre 2007, un discours présentant son plan « logement ». À cette occasion, il affirme, d'un ton ferme, sa volonté de faire réintroduire la « transparence » dans les procédures d'attribution des logements sociaux. Il s'engage vigoureusement à « mettre fin aux abus ». Son plaidoyer en faveur du rôle d'intégration des ensembles de logements sociaux est vibrant. Une conclusion s'impose à lui : « Le parc social doit accueillir en priorité ceux dont les revenus ne

1. Alfred JARRY, *Ubu*, Paris, Gallimard, « Folio classique », 1978.

2. Bertrand MÉHEUST, *La Politique de l'oxymore. Comment ceux qui nous gouvernent nous masquent la réalité du monde*, Paris, La Découverte, « Les Empêcheurs de penser en rond », 2009, p. 117 et 121.

3. *Ibid.*, p. 135.

leur permettent pas d'être logés dans des conditions décentes par le libre jeu du marché. »

Neuilly : beaucoup d'ISF, peu d'HLM

Pendant vingt ans, de 1983 à 2002, Nicolas Sarkozy fut le premier magistrat d'une commune opulente. Neuilly comptait 59 848 habitants au recensement de 1999 et, en 2002, 391 logements relevant du secteur HLM. Soit 1,4 % du parc des 28 797 résidences principales comptabilisées en 1999, un taux bien en dessous du minimum fixé par la loi SRU (solidarité et renouvellement urbain) du 13 décembre 2000. Celle-ci, dans son article 55, oblige les communes d'au moins 1 500 habitants, en Île-de-France, à avoir un parc social qui représente au moins 20 % des logements de la commune.

Cette loi a été élaborée par Jean-Claude Gayssot, au temps où il était le ministre communiste de l'Équipement, du Logement et des Transports dans le gouvernement Jospin. Nicolas Sarkozy, maire de Neuilly, n'a accordé aucun intérêt au logement social. Après lui, ses successeurs n'ont pas réussi à combler le retard accumulé. Les 3 % de logements sociaux ont été atteints bien difficilement vers 2008. Le déficit par rapport à l'exigence légale est important et Neuilly tient le haut du pavé parmi les communes les plus récalcitrantes envers la mixité sociale.

Sur ce terrain comme sur tant d'autres, les propos du président de la République sont en décalage avec ses actes : que ce soit à la mairie de Neuilly ou comme président de l'UMP. Peu de temps avant son accession à l'Élysée, il n'a rien fait pour dissuader les députés de son parti de tenter de vider la loi SRU de son contenu.

Sus à la loi SRU

Député UMP des Hauts-de-Seine, Patrick Ollier présente, en 2006, au cours de la discussion sur le projet de loi intitulé « Engagement national pour le logement », un amendement pour que les logements aidés en accession à la propriété soient comptabilisés parmi les logements sociaux. La manœuvre est un peu grosse, cet habitat concernant une population beaucoup moins démunie que celle des HLM locatives. L'amendement est rejeté.

L'année suivante, un député UMP de Seine-et-Marne, Yves Jégo, reprend le flambeau et dépose, le 20 février 2007, un autre amendement, dans le cadre du projet de loi instituant un « droit au logement opposable ». Il aurait abouti, lui aussi, à ce que les programmes d'accession sociale à la propriété fassent partie des 20 % de logements sociaux. La loi est adoptée sans cet amendement qui ne fut même pas mis en discussion, en raison du tollé qu'il a suscité. Bernard Devert, président d'Habitat et Humanisme, une fondation créée sous l'égide de l'Institut de France, s'est déclaré choqué par cette nouvelle initiative. « Quand plus de 3 millions de personnes recherchent un logement décent, qui peut penser que l'accession à la propriété leur est possible ? »

En octobre 2008, Christine Boutin, ministre du Logement de Nicolas Sarkozy, n'est pas plus heureuse devant les sénateurs. Avec une belle obstination, à laquelle le président ne peut être étranger, elle essaie à nouveau de faire entrer les logements en accession à la propriété dans le quota des 20 % de logements sociaux. Cette fois par un tour de passe-passe encore plus grossier pour avoir une chance de réussir : les logements concernés n'étaient plus désignés comme relevant de l'« accession sociale à la propriété », mais de l'« accession populaire à la propriété ». Ce qui parut doublement pervers aux sénateurs, l'amendement étant glissé dans une loi dont l'objectif affiché était de contribuer à régler le problème du logement pour les plus démunis.

Un tel acharnement législatif peut étonner. Mais, en intégrant les lots en accession dans le parc social, les communes bourgeoises respecteraient à bon compte la loi SRU. En logeant de « bons pauvres » dans des appartements en copropriété, des villes comme Neuilly, Chatou ou Marnes-la-Coquette pourraient satisfaire à l'obligation des 20 % en continuant à refuser d'héberger les populations les plus démunies, celles qui rencontrent le plus de difficultés économiques et sociales. Si la loi avait été amendée, les villes les plus riches auraient échappé aux sanctions pécuniaires prévues par les textes et au statut désobligeant de hors-la-loi.

Transparence des principes et opacité des pratiques

L'attribution des logements sociaux mise en œuvre pour les rares logements de Neuilly tient du « fog » londonien. Lorsque Nicolas

Sarkozy en était encore le maire, la Semine, société d'économie mixte détenue à 80 % par la ville, y jouait le rôle d'un office HLM. Son mode de fonctionnement était particulièrement obscur. Au point que lorsque nous avons entrepris, en septembre 2007, en collaboration avec Pascale Krémer, une enquête sur la sociologie des habitants des rares logements sociaux de Neuilly, l'opacité a été tout de suite un obstacle redoutable [4]. Il était tout simplement impossible d'obtenir la liste des logements dits sociaux et leur localisation.

Les rares élus de l'opposition sont maintenus dans une ignorance peu conforme à la vie d'une commune républicaine. « C'est mon cheval de bataille depuis vingt-quatre ans, et je ne sais toujours rien », enrage, désabusée, Lucienne Buton, conseillère municipale socialiste depuis 1983. « Ici, ce n'est pas la transparence ! » Beaucoup d'efforts et de patience ont été mobilisés, en vain, pour percer le *black-out*. « À la mairie, ils savent que nos demandes sont légitimes, alors ils nous disent sans cesse : "On vous donnera des listes, des chiffres en fin d'année." Mais on ne voit jamais rien venir ! », s'agace Thierry Hubert, urbaniste et élu Vert depuis 2001.

Les résultats de notre enquête sont édifiants. Les Neuilléens peuvent être sereins : dans leur ville, ce n'est pas du parc HLM que pourra venir le danger de la mixité sociale car il abrite des familles plutôt aisées, qu'on ne s'attend pas trouver dans le logement dit social : dirigeants de sociétés, médecins, avocats, magistrats ou experts comptables. Pour choquante qu'elle soit, la sociologie huppée des HLM de Neuilly peut parfaitement être en phase avec la loi. Bien des locataires aisés habitent en effet dans des appartements dont l'attribution n'était soumise à aucune condition de revenu au moment de l'entrée dans les lieux. C'est le cas des ILN, immeubles à loyer normal, qui s'élèvent au 28, boulevard du Général-Leclerc et au 17-23, rue Ybry. Leur statut leur permet d'être comptabilisés au titre de la loi SRU en tant que logements locatifs aidés. Ainsi, le trésorier le l'UMP des Hauts-de-Seine assurait au *Monde 2* avoir obtenu son logement en 1988, alors qu'il

4. Pascale KRÉMER, « Enquête sur les HLM de Neuilly. Au château le dimanche, en HLM la semaine », *Le Monde 2*, 26 janvier 2008.

n'exerçait pas encore de responsabilité politique, dans des conditions « tout à fait normales ».

Des jeunes gens bien nés, dont la famille est connue du maire, peuvent très bien demander à leur majorité un logement social et l'obtenir en toute légalité. Ils n'ont en général encore que peu ou pas de revenus personnels. C'est le cas d'Alexandre Balkany, dont nous découvrons le passage dans les logements sociaux des 18 et 20, rue Garnier. Il a déménagé après sept années passées dans cet immeuble coquet. Comme on l'a vu, sa mère, Isabelle Balkany, est l'actuelle vice-présidente UMP du conseil général des Hauts-de-Seine. Patrick Balkany, son père, après avoir été lui aussi vice-président du conseil général des Hauts-de-Seine (1982-1988) et président de l'office HLM du département (1985-1988), est député-maire UMP de Levallois-Perret. Le couple fait partie des amis de longue date du président Sarkozy.

« Mon fils a eu ce logement en 2000, à 20 ans, a expliqué Isabelle Balkany à la journaliste du *Monde 2*. Il voulait son indépendance mais ne pouvait pas s'assumer financièrement. Or ce sont bien les revenus personnels du demandeur qui comptent. Nous, nous l'aidions autant que nous pouvions mais, à l'époque, nous étions dans une situation professionnelle et financière moins facile. Son père n'était plus ni député ni rien... » Mais Nicolas Sarkozy était alors maire de Neuilly. Mme Balkany souligne la cherté du loyer payé : 950 euros, charges comprises, pour un 35 m^2. Pourquoi, alors, ne pas avoir cherché dans le secteur privé à Levallois-Perret ou dans une ville voisine ? « Alexandre voulait être à Neuilly. Et Neuilly, c'est cher », rétorque-t-elle.

Sans doute Nicolas Sarkozy n'est-il pas le seul homme politique à présenter deux faces. L'une, républicaine et démocratique, affichant de grands principes incontestables. L'autre, soucieuse de conforter les réseaux indispensables, au risque d'aboutir à des entorses aux principes proclamés.

De vrais faux HLM

La dernière surprise de l'enquête a été de découvrir un véritable ensemble de logements sociaux, abritant d'authentiques familles modestes, en plein centre-ville, en cœur d'îlot, derrière le théâtre municipal. Au 169 de l'avenue Charles-de-Gaulle, un passage sombre, peu engageant, aux peintures écaillées, conduit à un ensemble de bâtiments entourés d'autres immeubles, et donc invisibles de la rue. Il y a là quelque cent cinquante logements ayant toute l'apparence des HLM des années 1950, visiblement peu entretenus. Des familles d'agents de la voierie de la ville y résident. La liste des logements sociaux établie dans le cadre de la loi SRU ignore superbement cet ensemble. Gérés par la Semine, ces logements appartiennent de fait à la ville, mais ne relèvent pas de la législation régissant le secteur HLM. « Je ne veux pas les conventionner, explique le maire d'alors, Louis-Charles Bary, le successeur de Nicolas Sarkozy, pour garder notre liberté, et éviter les complications administratives. » Cette cité de logements sociaux, qui n'en sont pas tout en étant ceux dont la population est la plus populaire, est remarquablement située sur l'axe historique. Les immeubles sont dans un état très médiocre et tout laisse à penser que les municipalités successives attendent le moment opportun pour engager un processus de rénovation de l'îlot. Les propos des locataires le laissent entendre.

IMMATURITÉ DE LA FINANCE, SOLENNITÉ DOCTORALE DES DISCOURS

Bouclier, niches et paradis fiscaux, parachutes dorés et retraites chapeaux : guerrière et enfantine, cette énumération évoque les champs de bataille, les jeux d'enfants, Adam et Ève avant leur expulsion. L'hermétisme des anglicismes et plus encore des sigles cabalistiques, LBO, CDS, CDO, font des marchés financiers des sectes ésotériques. Ces langages codés contribuent à exclure la majorité des Français de la planète finance, qui est pourtant aussi la leur[5]. Ces marchés dits libres, où l'on vend du vent au vent, invisibles et mystérieux, manipulent les milliards comme Dieu l'univers.

Le capitalisme financier apparaît comme une économie capricieuse, sans la maturité du renoncement nécessaire, ni même celle de l'ajournement provisoire. C'est une vision à courte vue. Ainsi, le néolibéralisme est un singulier retour d'âge par rapport à un capitalisme qui tenait compte des rapports de forces. Comme chez un enfant dont le surmoi en formation laisse encore

5. L'excellent ouvrage de Frédéric LORDON, *Jusqu'à quand ? Pour en finir avec les crises financières*, Paris, Éditions Raisons d'agir, 2008, permet de voir plus clair dans cet univers opaque de la finance.

passer les désirs fougueux et transgressifs, le système néolibéral apparaît comme puéril. Il recrute par la fascination du pouvoir, et singulièrement de celui que donne l'argent.

L'absence d'accès à la culpabilité, dimension de l'immaturité et de la perversion narcissique, liée à cet inachèvement de la construction de l'individu, explique l'apparent cynisme des dominants et tout particulièrement de ceux qui émergent de manière brutale à l'occasion de ces réussites accélérées par la financiarisation de l'économie. La violence dans les rapports sociaux s'aggrave.

Début 2010, le fabricant de pneumatiques Continental a fermé son usine de Clairoix dans l'Oise, licenciant 1 120 salariés. La direction leur a proposé, comme sauvegarde de l'emploi, des postes en Tunisie à 137 euros par mois, provoquant l'indignation des travailleurs concernés. Cette proposition s'inscrit, il est vrai, dans une disposition légale qui oblige l'employeur à proposer les postes disponibles au sein de son groupe, sans condition de localisation ni de salaire. Le salarié est ainsi mis devant la réalité incontournable du niveau des salaires dans des pays « émergents », où le droit du travail est embryonnaire. L'inéluctabilité des fermetures d'entreprises industrielles s'impose peu à peu. Cette confrontation à la réalité des pays pauvres est à même de miner la combativité de travailleurs réduits à se rendre à l'évidence : ils coûtent trop cher.

Alors que ce sont les actionnaires qui exigent beaucoup des groupes financiers et des groupes industriels. Arlette Charlot, chargée de mission dans un cabinet savoyard d'expertise comptable, écrivait dans *La Vie nouvelle* du 27 mai 2010 : « Les prélèvements effectués, sous forme de dividendes, de frais de management, de frais de siège et autres, atteignent aujourd'hui des montants faramineux eu égard au capital reçu par l'entreprise : à titre d'exemple, sans bien entendu dévoiler des noms d'entreprises, pour un capital reçu de 0,3 million d'euros (300 000 euros), une entreprise a dû verser 7 millions d'euros (dividendes, frais de management, frais de siège...) au groupe actionnaire en 2009 et 2010. Dans une autre, pour 8 millions d'euros de capital reçu, ce sont chaque année entre 8 et 20 millions d'euros de dividendes distribués, sans parler de celle qui, ayant reçu 37 000 euros, doit verser chaque année sous différentes formes 800 000 euros à son groupe. Et une autre, toujours savoyarde, où l'actionnaire étranger a pris 20 millions d'euros de manière totalement illégale, entraînant cinquante-sept licenciements, sans que pour le moment aucune sanction ne soit prise contre l'actionnaire escroc et ses éventuels complices. »

Ces abus ne sont que rarement présents dans la presse et les journaux télévisés. En revanche, le prétendu « archaïsme » des travailleurs qui cherchent à préserver quelques acquis sociaux est souvent invoqué dans les débats.

Les réductions salariales et les mobilités géographiques contraintes sont imposées au nom de la modernité et du changement. Un individu moderne, digne de vivre en ce nouveau millénaire de « liberté » et de « progrès », est nécessairement un individu mobile, sachant s'arracher aux routines et aux nostalgies dépassées. Le refus des travailleurs d'accepter un emploi de remplacement loin du domicile suscite l'irritation et l'ironie des entrepreneurs. Si la classe dominante est adaptée à la mondialisation, à l'autre pôle de la société les salariés vivent cette mondialisation, qui n'est pas la leur, comme un accroissement de leur déracinement et de leur difficulté à maintenir leur identité.

Pendant les jours les plus durs et les plus inquiétants de la crise, le président Nicolas Sarkozy a mené une fausse croisade contre les bonus, les parachutes dorés, les *stock-options* des grands patrons, des banquiers et autres traders. Le discours est ferme, voire flamboyant. Celui prononcé à Davos, le mercredi 27 janvier 2010, en ouverture du 40e Forum économique mondial, est un *mea culpa*, certes, mais aussi un programme de rénovation planétaire. « C'est notre vision du monde qui, à un moment donné, a été défaillante. C'est notre vision du monde qu'il nous faut donc corriger. » Le programme est global et d'une ampleur digne des plus grands idéologues. « La grande question du XXIe siècle : comment remettre l'économie au service de l'homme ? »

Car l'économie a failli, sa financiarisation ayant conduit à la perte du sens moral. « Le capitalisme purement financier est une dérive qui bafoue les valeurs du capitalisme. » Un exemple parmi d'autres : « Le métier de banquier n'est pas de spéculer, c'est d'analyser le risque du crédit [...] et c'est de financer le développement de l'économie. Si le capitalisme financier a connu une telle dérive, c'est parce que des banques ne faisaient plus leur métier.

Pourquoi prendre le risque de prêter à des entrepreneurs quand il est si facile de gagner autant d'argent en jouant sur le niveau de la Bourse, sur les marchés ? »

Devant ces dérives, certains ont vu la fin du capitalisme. « Mais, affirme Nicolas Sarkozy, nous sauverons le capitalisme et l'économie de marché, en le refondant et, oserai-je le mot, en le moralisant. » Car, au fond, il n'y a pas d'autre solution. « L'anticapitalisme est une impasse pire encore. Il n'y a aucune solution dans l'anticapitalisme. Il n'y a aucun système autre que l'économie de marché. » D'ailleurs, le sauvetage est en bonne voie : « Le G20 préfigure la gouvernance planétaire du XXIe siècle. Sans le G20, le chacun-pour-soi l'aurait emporté, sans le G20, il n'aurait pas été possible de réglementer les bonus, de venir à bout des paradis fiscaux, de changer les règles comptables. » Tout cela étant déjà fait, il ne reste plus qu'à « faire émerger un nouveau modèle de croissance, à inventer l'État, l'entreprise et la ville du XXIe siècle[6] ». Le discours de Davos, grandiloquent en certains passages, populiste en d'autres, serait convaincant si l'affirmation de la mise au pas du capitalisme financier n'était pas contredite par les faits.

ENFIN UNE BONNE NOUVELLE : « LES PARADIS FISCAUX, C'EST TER-MI-NÉ !!! »

À la veille du G20 de Pittsburgh, en octobre 2009, Nicolas Sarkozy faisait un bilan, ferme et définitif, des nombreuses mesures prises contre les outrances de la finance : grâce à son audace et à sa détermination, il en avait fini avec les paradis fiscaux. Un chapitre décisif de l'évasion fiscale était clos. Les anges gardiens du dieu Argent en rigolent encore.

La liste noire des paradis fiscaux

Le *Journal officiel* publie au début de 2010 une liste noire des pays « fiscalement non coopératifs ». Elle correspond à la représentation du sens commun pour lequel tout paradis fiscal est une île tropicale, aux plages de sable blanc bordées de palmiers se reflétant dans une mer turquoise. Sont citées Anguilla, la Barbade,

6. Élysée, Présidence de la République, « Discours de M. le Président de la République, 40e Forum économique mondial, Davos », mercredi 27 janvier 2010, www.elysee.fr/president.

Monserrat, Sainte-Lucie, Saint-Vincent dans les Antilles, et les îles Cook, Nauru, Niue, Samoa en Océanie. Les placements qui seraient localisés dans l'un de ces dix-huit micro-États seraient taxés par Bercy au taux de 50 %. À condition, bien entendu, que l'administration française en soit informée...

Ces paradis ont un point commun : ce sont de minuscules entités qui ne drainent qu'une infime partie de l'argent avide de prospérer à bon compte. Ils n'accueillent que 0,6 % des quelque 500 milliards d'euros confortablement installés dans les paradis et seulement trois filiales des sociétés du CAC 40 ayant pignon sur rue en ces endroits bénis des cieux, sur les 1 500 recensées par *Alternatives économiques* [7].

Curieusement, les paradis les plus accessibles géographiquement, et ceux qui concentrent le plus gros des actifs français, Monaco, Andorre, la Suisse, la Belgique, le Luxembourg, les Pays-Bas, l'Irlande ou Jersey, ne sont pas cités, ni d'ailleurs la Grande-Bretagne ou l'État américain du Delaware. Pourtant, ce dernier a une adresse à Paris, 52, avenue Victor-Hugo, dans l'élégant XVIe arrondissement, à travers sa représentation française, « France Offshore, conseil en délocalisation offshore et nationale ». Y ouvrir un compte représente certains avantages : « 0 % d'impôts, aucune comptabilité obligatoire, anonymat garanti par le mode de constitution. »

Comment la République française peut-elle tolérer sur son sol des organismes qui proposent ouvertement d'enfreindre la loi fiscale ? La guerre des classes est-elle perdue à ce point par les travailleurs ? En tout cas, les riches se conduisent ouvertement en vainqueurs et peuvent se permettre de frauder sans vergogne.

Allez sur le site www.france-offshore.fr. Vous aurez le choix entre le Delaware, le Royaume-Uni, Panama ou, dans les Caraïbes, les îles Vierges britanniques. Celles-ci, sous la tutelle du Royaume-Uni, sont constituées de trente-six îles et îlots, 153 km^2 et 22 700 habitants. Elles « offrent des avantages fiscaux intéressants ». Allez regarder le site britishvirginislands.com, vous y découvrirez les rubriques suivantes : Attorney's & Lawyers, Banking & Finances, Business Accommodations, Offshore Compa-

7. « La fin des paradis fiscaux ? », *Alternatives économiques*, n° 279, avril 2009.

nies, Real Estate-Investments. Tout un programme, clair même pour les non-anglophones.

L'accompagnement photographique vaut aussi le voyage : on y découvre de dos un vacancier peu ordinaire, genre trader égaré, les pieds nus dans l'eau turquoise, pantalon retroussé, les chaussures noires *made in England* pendant au bout de son bras droit, le gauche étant replié pour permettre à sa main libre de porter à l'oreille l'inévitable téléphone portable. On le sent nouvellement arrivé, transpirant autant que permis à un sujet de Sa Gracieuse Majesté, n'ayant pas encore eu le temps de troquer son complet style City pour une tenue plus tropicale. Mais il y a urgence à transmettre la bonne nouvelle des quelques milliers de milliers de livres sterling qui viennent d'être prélevés. Malgré l'air du large, cela reste nauséabond.

Il est d'autres destinations disponibles pour vos petites économies : Hong Kong, Gibraltar, la Lettonie, Chypre. Ce n'est là qu'un bref aperçu du monstre : début juillet 2010, Google, dans son altruisme inénarrable, trouvait en 0,14 seconde 1 100 000 pages en français pour le mot « défiscalisation ».

« Sarkozy, souligne Jean-Pierre Brard, spécule sur notre amnésie. Il annonce de brillants projets aux résultats mirifiques. Mais il ne se passe rien, ou pas grand-chose. Il reste sur son effet d'annonce dont les gens se souviennent plus ou moins, il en restera quelque chose. Quant à aller vérifier la réalité des résultats... » Le citoyen français retiendra du président de la République son attitude victorieuse contre les paradis fiscaux décrétés rayés de la carte. Qu'il n'en ait rien été au bout de plusieurs mois ne fait pas les titres des journaux et le quidam ordinaire, qui n'a pas d'argent sous les tropiques, ni sous la neige des principautés, n'aura ni l'idée ni les moyens de vérifier si le but présidentiel proclamé a été atteint. Seul l'effet d'annonce compte. Comme pour les camelots, tout est dans le boniment. Encore faut-il en avoir le talent et les qualités d'acteur sans lesquels le message ne saurait passer. Mais, de ce côté-là, l'artiste est doué.

Des placements offshore *incontournables*

C'est une constante : au-delà des vicissitudes du marché et de l'économie, le contribuable fortuné en veut toujours plus. L'allergie au fisc est endémique. La France offre déjà de nombreux avantages fiscaux. Malgré cela, une conseillère en gestion de patrimoine nous a assuré que, à partir d'un certain niveau de fortune, les placements *offshore* sont incontournables si la banque veut conserver ses clients et satisfaire leurs envies de profits à l'infini.

BNP Paribas semble avoir tout à fait assimilé cette exigence. Ses offres sont abondantes et variées. On peut lire dans l'une de ses publications le paragraphe suivant :

> **RBS International Securities Services Limited**
>
> En juin 2007, BNP Paribas a acquis la totalité des actions de la société RBS International Securities Services Limited. Cette société offre des services de conservation globale de titres, d'administration de fonds et de banque dépositaire aux gestionnaires de fonds et de fortunes privées sur les marchés *offshore* de Jersey, Guernesey et de l'île de Man. Elle gère plus de 44 milliards d'euros d'actifs en conservation et 9 milliards d'euros d'actifs sous administration [8].

De nombreuses filiales de BNP Paribas sont basées dans des paradis fiscaux : BNP Paribas Arbitrage Limited à Hong Kong, BNP Paribas Capital à Singapour, BNP Paribas Securities à Taïwan, l'APAC Finance Limited en Nouvelle-Zélande, l'Epimetheus Investments Limited aux îles Caïmans, la BNL International Investment SA au Luxembourg. Ce n'est là qu'un tout petit échantillon de l'offre hors frontière de BNP Paribas dans les paradis fiscaux. Selon le mensuel *Alternatives économiques*, la BNP y possède cent quatre-vingt-neuf filiales [9]. La BNP n'est pas seule sur ce filon puisque les actifs français gérés par des banques françaises dans les paradis fiscaux atteignaient, selon les estimations, près de 500 milliards d'euros en 2008. Ce qui créerait un manque à gagner dans les recettes de l'État de l'ordre de 20 milliards d'euros. Le Crédit agricole, la Société générale et la Banqu populaire cumulent 262 filiales *offshore*.

Niches, bouclier et exonérations : la France elle-même tend d'autant plus à devenir un paradis fiscal qu'elle a poussé ses ramifications bancaires jusqu'au cœur de la défiscalisation à tout prix. À l'automne 2008, Nicolas Sarkozy avait pourtant pris la

8. BNP Paribas, *Document de référence et rapport financier annuel*, 2008, p. 231 ; disponible sur http://invest.bnpparibas.com.

9. *Alternatives économiques*, avril 2009.

peine d'avertir que les banques ayant des intérêts dans ces paradis seraient exclues du plan de sauvetage consécutif à la crise financière.

Cela a dû échapper à Baudoin Prot, directeur général de BNP Paribas, banque qui fut bénéficiaire de ce plan, où elle émargea pour 5 milliards d'euros, puisqu'il a déclaré devant la commission des finances de l'Assemblée nationale : « Cette question [des paradis fiscaux] n'a jamais été abordée par les pouvoirs publics dans le cadre des contreparties exigées, que ce soit pour le renforcement des fonds propres ou le financement par l'État. Ensuite, en ce qui concerne BNP Paribas, les choses sont parfaitement claires : nous n'avons aucune activité dans les pays inscrits sur la liste noire du GAFI et, dans ceux où nous sommes présents, nous appliquons les règles éthiques françaises [10]. »

C'est donc dans une démarche personnelle, se voulant exemplaire, que Baudouin Prot a annoncé, le 28 septembre 2009, dans une interview sur Europe 1, la « fermeture d'une demi-douzaine de sociétés » localisées dans les pays figurant sur la liste grise de l'OCDE. Mais il s'agit d'« un nombre dérisoire au regard des 189 filiales dans des paradis fiscaux dénombrées par le magazine *Alternatives économiques* », soulignent Pascal Canfin et Éva Joly, dans une tribune publiée par *Libération*, le 19 octobre 2009. Ils confirment que « BNP Paribas restera encore l'entreprise française la plus présente dans les paradis fiscaux », avec « notamment vingt et une filiales aux îles Caïmans ».

Ces deux députés européens (Europe Écologie) font remarquer que BNP Paribas « propose à ses clients les plus fortunés, en plus de la "gestion classique" de leur patrimoine, des services "*d'optimisation juridique et fiscale*" à Monaco, en Suisse ou au Luxembourg [...]. BNP Paribas (Suisse) SA propose ainsi de créer, de gérer ou d'administrer "*des structures établies dans des juridictions telles que les Bahamas, Jersey, le Luxembourg, Panama, Singapour, le Liechtenstein et la Suisse*" ».

Les entreprises du CAC 40, dont fait partie BNP Paribas, ont toutes des filiales dans les paradis fiscaux. Nicolas Sarkozy ne peut l'ignorer puisque les dirigeants de ces entreprises sont ses

10. Commission des finances, de l'économie générale et du Plan, mardi 3 février 2009, séance de 16 h 30, compte rendu n° 61, www.assemblee-nationale.fr.

amis. LVMH, le groupe de Bernard Arnault, en a cent quarante. Le Groupe PPR de François Pinault et sa famille en compte quatre-vingt-dix-sept, et celui d'Arnaud Lagardère, cinquante-cinq, toujours selon les enquêtes d'*Alternatives économiques*. Ces excroissances des grands groupes dans les paradis fiscaux permettent d'échapper au devoir de redistribution fiscale.

Le prix de transfert

Ces filiales peuvent contourner la fiscalité nationale par de multiples montages dont l'un des plus courants est le prix de transfert. Un groupe ayant son siège en France vend à prix coûtant un lot de marchandises à une filiale A basée aux îles Caïmans. Rien n'empêche la filiale A de revendre ce lot au prix du marché. Le bénéfice pourra être considérable pour la filiale et ne sera pas imposé dans le paradis fiscal. Ces bénéfices pourront être engrangés par le groupe sans subir de prélèvements. Le phénomène n'est pas marginal : il représente 60 % du commerce mondial. Au-delà du prix de transfert, d'autres modes d'exportation de marges se sont développés, tels que la facturation par la filiale de frais divers, frais de management, frais de siège ou frais d'assistance, qui peuvent dépasser les 10 % du chiffre d'affaires et qui sont admis sous la forme de charges par l'administration fiscale.

Résultat : les multinationales du CAC 40 ne sont imposées au final qu'à 8 % alors que le taux moyen pour les entreprises françaises atteint 18 % et 30 % pour celles de moins de neuf salariés, selon les chiffres publiés en décembre 2009 par le Conseil des prélèvements obligatoires [11].

Les solutions sont pourtant simples. Il suffirait de « contraindre les multinationales à publier, pays par pays, le montant de leurs chiffres d'affaires, de leurs profits et de leurs impôts »,

11. Il s'agit des impôts effectivement payés par les sociétés, rapportés à l'excédent net d'exploitation qui comprend les bénéfices, les plus-values et les revenus mobiliers (placements). Voir Conseil des prélèvements obligatoires, *Les Prélèvements obligatoires des entreprises dans une économie globalisée*, octobre 2009. Voir aussi l'ouvrage de Xavier Harel, *La Grande Évasion. Le vrai scandale des paradis fiscaux*, Paris, Les Liens qui libèrent, 2010, et le site de l'administration fiscale : www2.impots.gouv.fr/documentation/prix_transfert. Le Conseil des prélèvements obligatoires, placé auprès de la Cour des comptes, a été créé en 2005 (www.ccomptes.fr/fr/CPO).

comme le propose Christian Chavagneux dans *Le Monde* du 28 janvier 2010 [12].

La promulgation de décrets plaçant sous embargo les paradis fiscaux en rendrait difficiles les échanges et les flux financiers avec la France. Votée en 2000, sous le gouvernement Jospin, la loi « nouvelles réglementations économiques » permet de prendre de telles mesures et les sanctions relèvent du pénal. Mais la volonté politique a manqué, et manque encore plus aujourd'hui pour qu'elles soient appliquées.

Nicolas Sarkozy, au-delà des déclarations fracassantes annonçant la refondation du capitalisme sur des bases saines et morales, veille à ce que ses amis fortunés ne connaissent pas l'infortune. Le chantre de la baisse des impôts ne saurait passer à l'acte sans se couper de ses plus efficaces soutiens, dont certains sont des réfugiés fiscaux en Suisse.

Nicolas Sarkozy aurait pu dénoncer les éléments de la convention qui lie la principauté de Monaco à la République française. Depuis 1963, le Premier ministre monégasque et son responsable des finances sont choisis et nommés par la France. Le président de la République est, en tant que tel, coprince de la principauté d'Andorre. À ce titre, Nicolas Sarkozy se trouve, au moins symboliquement, à la tête d'un paradis fiscal.

La grande mascarade

La mascarade contre les paradis fiscaux au moment du pic de la crise s'est généralisée à l'échelle de la planète. Dans un entretien au *Monde* après le G20 d'avril 2009, le secrétaire général de l'OCDE, Angel Gurría, déclare, concernant les paradis fiscaux : « Les avancées sont réellement historiques [...]. Sans ce sommet de Londres, nous n'aurions jamais obtenu l'engagement de la quasi-totalité des paradis fiscaux à coopérer avec l'administration fiscale et la justice. » Ceux qui étaient sur la liste noire sont passés sur la liste grise dès lors qu'ils s'engagent à coopérer. Conclusion : « Demain, la transparence sera la règle. »

En Europe, le cynisme du système ultralibéral de l'Union d'aujourd'hui aboutit à ce que le président de la Commission

12. Voir aussi Christian Chavagneux et Ronen Palan, *Les Paradis fiscaux*, Paris, La Découverte, « Repères », 2007, nouvelle édition

européenne, Manuel Barroso, confie, le 1er janvier 2005, à Jean-Claude Juncker la présidence de l'Eurogroupe, qui réunit les ministres des Finances des pays membres de la zone euro. J.-C. Juncker était alors Premier ministre et ministre du Trésor d'un paradis fiscal, le Luxembourg, fonctions dans lesquelles il a été reconduit le 23 juillet 2009, alors qu'il est encore président de l'Eurogroupe en juin 2010.

Londres, place financière de premier plan, est un paradis fiscal, extérieur à la zone euro, mais très fréquenté par les entreprises françaises puisque, selon *Alternatives économiques*, la Grande-Bretagne a attiré 30 % de leurs filiales implantées dans un paradis fiscal [13].

Le ministre du Budget, Éric Woerth à l'époque, annonce en 2009, à grands renforts médiatiques, que l'administration possède une liste de 3 000 fraudeurs. Son origine est gênante, puisque cette liste a été dérobée par un employé de la banque HSBC, en Suisse, au terme d'un feuilleton rocambolesque qui s'est terminé par la remise de ces noms aux autorités françaises.

La « cellule de dégrisement » mise en place par le ministère des Finances pour accueillir les fraudeurs repentis n'a eu qu'un succès très relatif. Au 31 décembre 2009, elle n'avait permis de récupérer que 700 millions d'euros sur le butin. Les fraudeurs ne font pas de zèle.

C'est grâce à Nicolas Sarkozy, alors ministre des Finances, que, depuis 2005, tout contribuable fraudeur et pris de remords, dans la crainte d'être découvert, peut demander à bénéficier d'une régularisation de sa situation. Il reconnaît avoir trompé le fisc, il acquitte sa dette agrémentée des pénalités et le litige est réglé. Aucune sanction pénale n'est prévue. Un cadeau aux riches et un encouragement de plus à la délinquance financière.

Gérard de Bartillat, ancien président de HSBC France, estime la procédure mise en œuvre par Éric Woerth « coûteuse et peu productive » (*Le Monde*, 12 mars 2010). Il prône l'amnistie fiscale, en avançant « que le "gisement" est supérieur à 100 milliards d'euros » et que « parler du double n'est pas irréaliste ». Il regrette que la classe politique française soit unanime, pour des raisons morales, contre cette idée d'amnistie fiscale.

13. *Alternatives économiques*, avril 2009.

Le système de contrôle fiscal est sous surveillance. Un inspecteur des impôts n'a pas le droit de signaler un délit directement au procureur de la République. Il doit passer par le filtre de la commission des infractions fiscales, qui établira s'il y a lieu de suspecter une fraude avérée. Ce n'est qu'ensuite que la justice pourra éventuellement être saisie.

Imaginons un instant que l'un des grands et généreux mécènes de l'UMP ait commis une quelconque indélicatesse fiscale. Qui aurait-il eu en face de lui, avant mars 2010, pour déterminer s'il y a bien eu intention frauduleuse ? Le trésorier reconnaissant de l'UMP, par ailleurs alors ministre du Budget, Éric Woerth. Un cumul encore jamais vu sous la Ve République.

Imaginons encore que Liliane Bettencourt, dont la fortune a longtemps occupé le premier rang des classements de *Challenges*, ait quelques démêlés avec le fisc, ou ait placé des fonds dans un paradis fiscal. Cela aurait pu se régler directement entre l'une des gestionnaires de son patrimoine, Florence Woerth et... son mari. Le risque de conflit d'intérêts n'était pas, là encore, négligeable, d'autant plus que Liliane Bettencourt est par ailleurs un précieux soutien financier de l'UMP.

Cette hypothèse fondée sur des faits réels de cumul de fonctions à risques a commencé à trouver quelques éléments de validité avec la publication, le 16 juin 2010, par le site Mediapart (www.mediapart.fr), des transcriptions d'écoutes téléphoniques réalisées clandestinement par un maître d'hôtel de Mme Bettencourt. Les enregistrements indiquent l'existence dans le patrimoine de Liliane Bettencourt, de comptes en Suisse et d'une île aux Seychelles, ignorés du fisc. Mme Woerth a démissionné dès le 21 juin du poste quelle occupait depuis la fin de 2007, ce qui n'a pas calmé pour autant la polémique puisqu'on a appris que Patrice de Maistre, conseiller de Mme Bettencourt pour la gestion de sa fortune, avait été décoré de la Légion d'honneur le 23 janvier 2008 par... Éric Woerth.

Un article de *Marianne*, le 26 juin, enfonce un clou supplémentaire : le parquet de Nanterre, alerté de la possibilité de fraudes fiscales dans la gestion du patrimoine de Mme Bettencourt, aurait laissé le dossier dormir pendant plus d'un an. Ce à quoi le procureur Philippe Courroye répond en certifiant que « l'intégralité des éléments de la procédure et des scellés était à la disposition de l'administration des impôts» depuis janvier 2009. Éléments qui ne seraient centrés que sur le cas François-Marie Banier.

Éric Woerth affirme qu'il a effectivement autorisé un contrôle fiscal de François-Marie Banier, motivé par une plainte déposée par la fille de Mme Bettencourt. Ce photographe aurait reçu en cadeau plusieurs centaines de millions d'euros de l'héritière des produits L'Oréal. La plainte de Françoise Bettencourt Meyers semble avoir déclenché un fameux remue-ménage avec la mise au jour d'informations qui auraient dû rester confidentielles.

Liliane Bettencourt a admis posséder des comptes en Suisse. Dans un communiqué, elle s'engage à procéder à la « régularisation de l'ensemble des avoirs familiaux qui seraient encore à l'étranger, en collaboration avec l'administration fiscale». Parmi lesquels les fameux comptes suisses dont l'un atteindrait 85 millions d'euros à lui seul.

Nul ne savait encore en cette fin de juin 2010 comment se terminerait cette tragi-comédie qui n'a pris cette dimension qu'en raison d'une brouille entre une mère et sa fille. Mais, en raison de la notoriété et de la richesse de la mère, cet accident de parcours familial a dévoilé les rivalités, les soutiens, les petites et grandes concurrences qui font l'ordinaire de l'oligarchie mais de façon cachée. Vivant dans l'impunité aujourd'hui plus que jamais, ses membres peuvent franchir la ligne et transgresser les valeurs qu'ils imposent aux autres groupes sociaux en toute quiétude. Mais ce sentiment de sécurité dans la marginalité dorée peut aussi conduire à la mise au jour des petits arrangements entre amis. La bulle sémantique contre les paradis fiscaux se dégonfle à la première écoute téléphonique venue.

Les paradis fiscaux, alibis pour réhabiliter le marché ?

Les paradis fiscaux ont constitué – avec le secret bancaire, les émoluments des grands patrons et les bonus des traders – des cibles faciles pour construire un discours accusateur qui les érige en responsables de la crise financière récente. Nicolas Sarkozy se contente de faire porter son analyse critique du système capitaliste sur ce qui n'en est que les conséquences.

La crise a de surcroît exacerbé les rivalités entre paradis fiscaux et des tensions sont apparues, qui ont plus à voir avec cette concurrence interne qu'avec la volonté de résorber la spéculation.

Ainsi, lors du G20 qui s'est réuni à Londres en avril 2009, les îles anglo-normandes, Jersey et Guernesey, paradis fiscaux largement utilisés par les Européens, et tout particulièrement par la City, la place financière de Londres, n'ont pas été mentionnées sur la liste noire, ni même sur la liste grise établie par l'OCDE à l'issue de ce sommet. *Le Canard enchaîné* du 8 avril 2009 décrit des « négociations de marchands de tapis : la Chine a obtenu des États-Unis que soient exclues de la "liste grise" ses deux dépendances, Macao et Hong Kong. En échange de quoi les Chinois ont accepté que les Bahamas et Panama, pays liés aux Américains, passent de la liste noire à la liste grise ».

Les Bahamas, ces îles à quelques encablures de Miami, où débarqua Christophe Colomb après sa première traversée de l'Atlantique, sont la première place financière *offshore* au monde. La Société générale et BNP Paribas y sont implantées. Toutefois, en avril 2010, BNP Paribas a transféré ses activités de gestion privée des Bahamas, des îles Caïmans et de Panama à la banque Scotia, dont le siège est au Canada. « La transaction permet [...] de garantir aux clients le maintien d'un service de qualité », précise BNP Paribas, qui souligne qu'elle sera ainsi en mesure de « cesser toute activité de gestion privée dans ces trois juridictions, conformément à l'annonce faite en septembre 2009 [14] ».

Belle générosité qui pousse la première banque française à renoncer à de juteuses opérations dans trois paradis fiscaux particulièrement stigmatisés. Mais cette noble résolution est immédiatement suivie par l'annonce du renforcement de l'implantation de BNP Paribas au Royaume-Uni. Après des regroupements avec d'autres établissements financiers naît une nouvelle entité qui prend le nom de BNP Paribas Investment Partners, BNPP IP. « Ce nouveau dispositif va permettre de proposer, à une clientèle britannique et internationale, une large gamme de services d'investissement, de gestion de patrimoine, ainsi que des solutions de financement et de structuration [15]. » L'honneur lavé de tout

14. BNP Paribas, *Actualisation du document de référence 2009* déposée auprès de l'AMF le 11 mai 2010, www. bnpparibas.com.

15. BNP Paribas, *Actualisation du document de référence 2009*.

soupçon en quittant les petits paradis, BNP Paribas va pouvoir prospérer et faire prospérer plus que jamais l'argent des chers clients à l'ombre de Big Ben.

Aucun accord fiscal n'a été signé entre la France et les Bahamas. Ce paradis fiscal, après la signature en mars 2010 d'accords d'échange d'informations fiscales avec sept pays nordiques, a été retiré de la liste grise de l'OCDE. On peut rester sceptique devant le sens de ces listes et les conditions à remplir pour en être rayé. Seule l'analyse des rapports de forces complexes entre les pays pourrait permettre d'en comprendre les raisons et les effets. Car les discours accusateurs contre les paradis fiscaux non seulement les désignent comme boucs émissaires pour éviter de remettre en question le capitalisme, mais ils empêchent aussi de voir que ces paradis fiscaux sont au cœur même du système. Le Liechtenstein, la Suisse, l'Angleterre, la Belgique, le Luxembourg et les États-Unis, avec l'État du Delaware, cultivent à des degrés divers le secret bancaire et offrent des taux d'imposition très attractifs.

Le secret bancaire suisse s'est, quant à lui, constitué peu à peu depuis le début du XXe siècle. Depuis 1934, il est même institutionnalisé et ne pas le respecter constitue un délit pénal. « Le secret bancaire suisse est dans la loi, précise, au cours d'un entretien, Sébastien Guex, professeur d'histoire. Le banquier qui transmet des informations à un tiers se met dans l'illégalité. Le secret bancaire est devenu en Suisse un bien public, une ressource de l'État, un élément important dans les négociations avec d'autres États [16]. »

Le secteur bancaire suisse est le quatrième de la planète. Les deux principales banques, UBS et le Crédit suisse, représentent dix fois le PIB de la Suisse. « La concurrence, poursuit Sébastien Guex, est réelle entre les pays du point de vue de leur système bancaire. En affaiblissant le secret bancaire suisse, on affaiblit un concurrent. » La France peut aussi avoir intérêt à exercer des pressions sur la Suisse pour améliorer ses recettes publiques. En

16. Voir, parmi les nombreuses publications de Sébastien Guex, « 1932 : l'affaire des fraudes fiscales et le gouvernement Herriot », *L'Économie politique*, n° 37, 2007, p. 89-103 ; « La politique des caisses vides. État, finances publiques et mondialisation », *Actes de la recherche en sciences sociales*, n° 146-147, 2003, p. 51-61 ; « Le secret bancaire suisse : une perspective historique », *Revue économique et sociale*, vol. 60, n° 1, 2002, p. 9-19.

même temps, cela permet de médiatiser le chantage des riches au départ si la France ne leur fait pas plus de cadeaux qu'en Suisse. « C'est fonctionnel, conclut l'historien de Lausanne, il vaut mieux s'en prendre à la Suisse qu'à Nicolas Sarkozy. »

La crise présente quand même cet intérêt de faire émerger certaines parties masquées du capitalisme. Dont cet univers hors la loi des paradis fiscaux où l'argent sale peut se blanchir au soleil. « J'aimerais que l'on m'explique, écrit le juge Renaud Van Ruymbeke dans *Le Monde* du 23 novembre 2008, pourquoi on peut aller faire la guerre en Irak, mais que l'on est incapable de fixer un minimum de règles applicables à de petits États sans poids politique ou militaire. » En effet, comme le précisent Raymond Baker et Éva Joly, « aucun nouveau mécanisme de blanchiment d'argent ou aucune structure secrète nouvelle n'ont été inventés par les barons de la drogue, les chefs d'associations de malfaiteurs ou les organisateurs du terrorisme. Ils se sont contentés d'emprunter les canaux créés auparavant par le monde occidental pour organiser la fuite des capitaux et l'évasion fiscale transnationale [17] ».

Le juge Renaud Van Ruymbeke se dit surpris que des responsables politiques réalisent subitement qu'il existe des places *offshore*. « Nous l'avions dénoncé avec d'autres juges en 1996, en lançant l'appel de Genève contre ces zones de non-droit, car les paradis fiscaux sont aussi des "paradis" judiciaires. Les juges travaillent sur l'argent criminel, mais il ne transite pas que de l'argent criminel par ces centres *offshore* [18]. »

Face à la gravité de la crise à l'ampleur planétaire, les paradis fiscaux se sont moqués des mesures prises contre eux, de cette mascarade de croisade qui ne les a guère fait trembler. Ils se sont permis de signer des accords de coopération fiscale entre eux, sans doute avec une bonne humeur de potaches faisant une blague. Ces accords pouvaient être pris en compte pour les faire sortir des listes noire ou grise, de quoi voir la vie en rose. Monaco a signé avec Andorre et le Liechtenstein, et celui-ci avec les Bahamas et Saint-Marin. On s'amuse bien dans les paradis fiscaux.

17. Raymond Baker et Éva Joly, « La question des flux financiers illicites », *Commentaire*, n° 124, hiver 2008, p. 1020.

18. *Le Monde*, 23 novembre 2008.

Le feuilleton devrait connaître de nouveaux épisodes lors de la réunion du Forum fiscal mondial des 28 et 29 septembre 2010, qui doit se tenir à Singapour, sous l'égide de l'OCDE. La qualité des accords de coopération entre États y serait examinée de près. François d'Aubert, ancien ministre français de la Recherche, présidera le groupe « L'examen par les pairs ». Selon son président, « un pays ne pourra pas être considéré comme coopératif s'il signe une majorité d'accords avec des paradis fiscaux ou des pays avec lesquels il n'entretient pas de réelles relations financières ». Une nouvelle liste noire des paradis fiscaux, validée par l'OCDE, devrait être publiée. À suivre...

LE FEUILLETON BANCAIRE

Banques renflouées, peuple floué

Nicolas Sarkozy et le gouvernement ont adopté, au cœur de la crise financière de l'automne 2008, un vaste plan de soutien aux banques françaises. Le plafond en a été fixé à 360 milliards d'euros. Une somme colossale, mais qui n'a jamais été totalement mobilisée. Les engagements réels sont estimés à 120 milliards, ce qui représente tout de même six fois le fameux « trou » de la Sécurité sociale.

Cette aide financière a été apportée sous deux formes : l'achat d'actions et l'octroi de prêts. Mais, pour cela, l'État a été dans l'obligation d'emprunter sur le marché financier : les remboursements représentent un coût annuel de 9,5 milliards, qui ne sont pas compris dans les 120 milliards.

En contrepartie de cette aide, les banques se sont engagées à relancer les prêts aux particuliers, aux entreprises et aux collectivités territoriales. Promesse a été faite également d'encadrer les rémunérations des dirigeants et des traders pour les maintenir à des niveaux plus raisonnables.

En ce qui concerne les prêts, raison d'être du système bancaire, les établissements s'étaient engagés à accroître les encours de crédits accordés de 3 % à 4 % par an. Or, en moyenne, ces encours n'ont augmenté que de 2,7 %, en dessous donc de l'objectif fixé. Charles-Henri Filippi confirme que gouvernements et banques centrales « ont, à grand coût, gorgé de nouvelles ressources financières un système bancaire qui les a absorbées comme une éponge pour tenter de restaurer ses propres comptes, plus qu'il ne les a transmises aux entreprises et aux ménages pour contrecarrer la crise de l'économie réelle [19] ».

Quant aux rémunérations des dirigeants, Nicolas Sarkozy a exigé qu'ils ne perçoivent pas en 2008 leurs bonus dans le cas où leur banque aurait bénéficié de l'aide publique. Tous ont apparemment satisfait à cette condition. BNP Paribas ayant profité de 5 milliards d'euros, le président de son conseil d'administration, Michel Pébereau a renoncé aux 280 000 euros de rémunération variable qui étaient prévus. Il a toutefois pu survivre puisqu'il a touché, en 2008, les 700 000 euros de sa rémunération annuelle de base, mais aussi... 836 450 euros correspondant à la valorisation de *stock-options* [20].

Dès 2009, les bonnes habitudes reprennent le dessus. Michel Pébereau encaisse non seulement un bonus de 280 000 euros, mais également un deuxième bonus, du même montant, au titre de l'exercice 2008. Celui-ci sera même versé en « cash », le bonus pour 2009 étant différé et devant faire l'objet de versements en 2011, 2012 et 2013. Les montants ainsi échelonnés seront indexés sur la valeur de l'action [21]. La même logique vaut pour les directeurs généraux : Baudouin Prot et Georges Chodron de Courcel toucheront en 2009 leurs bonus de 2008 et de 2009, soit respectivement deux fois 712 500 euros et deux fois 450 000 euros.

Si l'on ajoute aux salaires, aux bonus et aux jetons de présence la valorisation des *stock-options*, on constate que les dirigeants de BNP Paribas ont finalement bénéficié de rémunérations plus élevées en 2008 qu'en 2009. La crise financière n'a pas été dure et longue pour tout le monde. Dès l'exercice 2009, BNP Paribas a annoncé des bénéfices qui ont atteint 6 milliards d'euros. Dont 1 milliard a été provisionné pour récompenser ses traders méritants.

La Société générale a occupé la scène médiatique en mars 2009, lorsque ses quatre principaux dirigeants se sont vu attribuer 320 000 *stock-options* à chacun. L'action étant au plus bas, la valo-

19. Charles-Henri FILIPPI, *L'Argent sans maître*, *op. cit.*, p. 75.

20. Les *stock-options* sont des « droits de souscription d'actions à un prix fixe généralement bien inférieur à la valeur de cotation en Bourse, réservés aux salariés dirigeants de la société, de façon à les inciter à tout faire pour que le cours en Bourse de l'action de la société se valorise », Denis CLERC, *Déchiffrer l'économie*, Paris, Syros, « Alternatives économiques », 1997, p. 120.

21. BNP PARIBAS, *Actualisation du document de référence 2009*, p. 65.

risation avait toutes les chances d'être, par la suite, exceptionnelle. Ce fut un tollé général, d'autant plus vif et unanime que cette banque avait été bénéficiaire de l'aide de l'État pour 1,7 milliard d'euros. En outre, elle s'était signalée dans les mois précédents par de graves dysfonctionnements, au point que le trader Jérôme Kerviel a pu, en janvier 2008, lui faire perdre 4,9 milliards d'euros par des placements risqués.

« On ne peut solliciter de l'argent public et faire un plan généreux de distribution d'actions et de bonus », a immédiatement déclaré Nicolas Sarkozy. « Il serait grand temps, a surenchéri la ministre Christine Lagarde, que Société générale rime avec intérêt général. » Sous ces pressions, les dirigeants de la Société générale ont fait machine et arrière et ont renoncé purement et simplement à leurs centaines de milliers de *stock-options*.

Comment expliquer de telles dérives en pleine crise économique ? Les modalités de l'aide publique n'ont pas réfréné les appétits, car elle ne s'est pas donné tous les moyens pour contrôler l'usage des deniers du contribuable. Ainsi, l'État a acheté des actions dites « de préférence » assorties d'une clause de renoncement à son droit de vote au sein des conseils d'administration. L'État est donc un actionnaire sans pouvoir.

Aider les banques, oui, mais sans se mêler de leurs affaires. Les mises en scène de Nicolas Sarkozy sont ici prises à contrepied : un siège au conseil d'administration est le meilleur poste d'observation pour surveiller les prêts aux particuliers et aux entreprises, les taux de rémunération, les dividendes et les bonus.

L'absence de contrôle sur l'utilisation de ces milliards d'euros a permis une relance des pratiques spéculatives qui avaient justement mené à la crise. La valorisation boursière des actions est repartie à la hausse. Malheureusement, les conventions signées entre les banques et l'État prévoyaient le rachat par les banques des actions souscrites par l'État à un taux qui ne pourrait excéder 103 %. Or, la Bourse se refaisant une santé, les actions ont vu leur valeur croître de bien plus que les 3 % accordés. De sorte que l'État n'a pas réalisé les plus-values qu'aurait pu lui rapporter un taux de rachat non bridé par ce type de convention. La Cour des comptes souligne dans son rapport que le manque à gagner serait de 5,79 milliards d'euros. « L'État n'a pas profité de l'augmentation des cours de Bourse des banques, alors que ce rétablissement est largement imputable à ses concours [22]. » Alors que le coût de l'endettement de l'État pour assurer le financement des achats d'actions des banques continue de courir.

Le rachat des actions et les remboursements des prêts par les banques avaient atteint 14 milliards d'euros au début de 2010. L'État était donc encore créancier pour 106 milliards.

Gouvernement et banques de connivence

Nicolas Sarkozy est donc parti en guerre dans une série de diatribes contre le capitalisme immoral. Utilisation habile de la crise financière qui fournit un créneau de tir inespéré. Les établissements les plus vulnérables se sont écroulés, au profit des plus solides. Les liquidités de ces dernières ont été renflouées grâce aux aides de l'État. Elles ont pu ainsi prendre le contrôle des concurrentes plus fragiles, amorçant un mouvement de concentration important dans le système bancaire.

BNP Paribas a encore grossi en absorbant, en mai 2009, les activités belges et luxembourgeoises de Fortis. Elle est ainsi devenue la première banque européenne et la cinquième à l'échelle de la planète. Le mastodonte a d'ailleurs été élu « Banque mondiale de l'année 2008 » par le mensuel britannique *The Banker*. C'était la première fois qu'une banque française se voyait décerner cette distinction. Le stock des actifs de BNP Paribas était, en 2008, de 2 075 milliards d'euros, alors que la dette publique de la France se montait à 1 428 milliards d'euros. Le poids économique, et donc politique, d'un tel groupe est considérable.

La crise, en ayant eu pour résultat de concentrer un peu plus le monde de la finance internationale, a encore aggravé le risque d'une prochaine crise. Cette croissance de la taille des groupes bancaires ne paraît pas être de nature à freiner leur goût pour la spéculation. Leur dimension fait d'eux des éléments essentiels des dispositifs économiques que les États ne peuvent délaisser en cas de difficulté majeure. L'exemple de Lehman Brothers, abandonnée en septembre 2008 par l'État américain, est édifiant : sa faillite a sa part dans la gravité de la crise financière. Aussi, la

22. COUR DES COMPTES, *Les Concours publics aux établissements de crédit. Bilan et enseignements à tirer*, Paris, mai 2010, p. 100. Disponible sur www.ccomptes.fr.

concentration à laquelle on vient d'assister devrait provoquer l'intervention de l'État en cas de nouvelles difficultés.

En attendant, les profits sont engrangés. La perspective de pouvoir faire appel aux finances publiques pour socialiser les pertes permet des taux de rentabilité exceptionnels, liés à des prises de risque déraisonnables. D'ailleurs, l'agence de notation financière Fitch a annoncé le 21 juin 2010 qu'elle abaissait la note de long terme de BNP Paribas de AA à AA –, du fait de la part trop élevée des activités de marché, de la détérioration de la qualité des actifs en 2009 et d'un ratio de capital par rapport aux actifs risqués en dessous de la moyenne de ses homologues.

Jamais Nicolas Sarkozy n'a proposé de séparer, dans le conglomérat de BNP Paribas, la banque d'investissement de la banque de dépôt. Deux secteurs de l'activité bancaire aux fonctions bien différentes. L'investissement concentre les opérations les plus risquées et les plus spéculatives, tandis que la banque ordinaire concerne des activités plus sereines à partir de dépôts à plus court terme et qui restent disponibles. L'État français, en scindant ces activités, aurait pu diviser le groupe, chaque élément ayant alors une fonction spécifique et donc plus contrôlable.

Mais Michel Pébereau est un proche de Nicolas Sarkozy, dont il est depuis longtemps un conseiller. Il a piloté, en 1993, la privatisation de la BNP, décidée par Édouard Balladur, Premier ministre, Nicolas Sarkozy étant alors ministre du Budget. C'est encore Michel Pébereau, selon Laurent Mauduit, dans un article consacré à BNP Paribas paru dans l'hebdomadaire *Marianne* (20 août 2009), qui « rédige discrètement une bonne partie des propositions économiques du candidat Sarkozy. Les plus libérales d'entre elles ». Nicolas Sarkozy élu, Michel Pébereau se rend chaque semaine à l'Élysée. Le nouveau président veut engager une ambitieuse réforme libérale de l'État baptisée « Révision générale des politiques publiques », et dotée d'un sigle, la RGPP. Le patron de BNP Paribas fait partie des sept sages qui en composent le comité de pilotage.

Plus tard, quand la crise financière apparaît, Michel Pébereau est associé à l'élaboration du plan de sauvetage de la banque franco-belge Dexia. « Comme s'il était normal qu'un des plus grands patrons du privé soit associé à des décisions publiques, dont l'enjeu va porter sur des milliards d'euros de crédits, eux aussi publics », commente Laurent Mauduit dans le même article de *Marianne*.

Aussi les attentes de Christine Lagarde font-elles sourire dans les bureaux directoriaux des sommets des tours de La Défense. « J'attends des banques de la mesure et de la modération », a-t-elle déclaré au *Figaro* du 12 janvier 2010. Elle vient de transmettre au Conseil d'État le texte instaurant une taxe exceptionnelle sur les bonus des banques. Ce dispositif doit s'appliquer à 25 000 salariés et sur les 360 millions qu'il rapportera à l'État, 270 devront être affectés au fonds de garantie des dépôts, qui est en principe alimenté... par les organismes de crédit. La taxe prélevée sur les banques leur est donc indirectement rétrocédée.

L'intervention de Nicolas Sarkozy et de son gouvernement, pendant la crise financière, a été, pour l'essentiel, en faveur du monde de la finance. Les entreprises qui ont profité de la crise pour licencier du personnel, fermer des établissements et se délocaliser dans les pays à faible coût de main-d'œuvre n'ont guère fait la une des journaux télévisés. Les conséquences de la crise dans le monde du travail et de l'économie réelle ont beaucoup moins préoccupé le gouvernement.

Le président de la République a adopté une position très critique vis-à-vis de la spéculation financière, mais sans que ses propos aient une réelle portée sur le monde de la finance. La mise en scène du chef de l'État partant en guerre contre les bonus et les *stock-options* n'a fait qu'égratigner des rémunérations démentielles au regard des échelles de mesure de l'économie réelle. Ses discours musclés ont peut-être même accru l'opacité en donnant en pâture au peuple de nouveaux boucs émissaires, les banquiers et leurs traders, pour permettre au système capitaliste de se recomposer pour mieux rebondir.

La planète finance, un monde à part

« Alors qu'elles ne représentent que 1 % de la population, les personnes à très hauts revenus perçoivent 5,5 % des revenus d'activité, 32 % des revenus du patrimoine et 48 % des revenus exceptionnels déclarés (plus-values, levées d'options) », selon l'étude de l'Insee sur les revenus et les patrimoines des ménages publiée en 2010 [23]. Les inégalités dans l'accès aux profits de la finance sont donc démesurées. Une petite oligarchie concentre l'essentiel de cette source de revenus.

Ces résultats concernent la période 2004-2007, antérieure à l'arrivée de Nicolas Sarkozy à la présidence de la République. Les cadeaux faits depuis aux plus riches devraient apparaître dans la prochaine étude avec un accroissement de ces inégalités.

Les rapports au monde de la finance sont d'autant plus difficiles que les ressources sont modestes. Il faut se rappeler que, jusque dans les années 1960, les ouvriers et les petits employés avaient peu de contacts avec le système bancaire. S'ils en avaient un, c'était par l'intermédiaire de La Poste. La Banque postale, créée en 2006, accueille 30 % des allocataires de minima sociaux, mais seulement 9 % de la clientèle totale des banques. L'exclusion bancaire concerne de 5 à 6 millions de personnes, très loin de la finance. « Les exclus bancaires ne sont [...] pas seulement les personnes qui n'ont pas de compte en banque, mais aussi toutes celles qui ont un accès restreint aux produits bancaires [...] (par exemple les personnes interdites de chéquier) et qui connaissent des difficultés d'usage des produits bancaires [24]. » Les personnes en situation de surendettement sont également assimilées aux exclus bancaires.

Dans ses rapports avec la clientèle, le personnel des agences bancaires passe de l'indifférence à la prévenance selon l'importance du compte en banque possédé par son interlocuteur. Ce que perçoivent très bien les grands gagnants du Loto que leur gain a fait changer de statut : peu d'égards envers eux du temps de leur modestie. Tapis rouge et invitations flatteuses à l'heure de leur splendeur nouvelle [25]. Les classes populaires et moyennes n'ont aujourd'hui accès qu'aux services basiques des banques de dépôt. Elles n'intéressent pas les services de gestion et d'investissement, faute de fonds suffisamment consistants.

23. Julie SOLARD, « Les très hauts revenus : des différences de plus en plus marquées entre 2004 et 2007 », *in* INSEE, *Les Revenus et les patrimoines des ménages*, Paris, Insee, « Insee références », 2010, p. 47.

24. Damien DE BLIC et Jeanne LAZARUS, *Sociologie de l'argent*, Paris, La Découverte, « Repères », 2007, p. 52-53.

25. Voir notre ouvrage *Les Millionnaires de la chance. Rêve et réalité*, Paris, Payot, 2010, p. 223-235.

Les classes dominantes familiarisées avec l'univers de la finance sont particulièrement bien préparées à la mondialisation qui, pour elles, n'est pas une nouveauté radicale. Les grandes familles de la noblesse et de la vieille bourgeoisie ont toujours eu des modes de vie marqués par le cosmopolitisme. Elles sont adaptées à l'internationalisation des affaires depuis plusieurs siècles. En prenant l'exemple d'une de ces familles françaises, appartenant à sa clientèle, un gestionnaire de grandes fortunes nous a énuméré la liste des pays dans lesquels cette famille possède des intérêts économiques importants : France, Suisse, Luxembourg, Belgique, Espagne, États-Unis, Argentine, Brésil, Mexique, Guatemala et Paraguay.

Cette internationalisation se caractérise aussi par l'apparition de nouvelles grandes fortunes à travers le monde. Depuis 1996, la banque américaine Merril Lynch et la société de services informatiques Capgemini publient chaque année une étude sur la richesse dans le monde et recensent les grandes fortunes. Les pays sont ainsi mis dans une sorte de concurrence, comme avec le nombre des médailles d'or, de bronze ou d'argent remportées pendant les jeux Olympiques. Le magazine *Forbes* établit lui aussi un palmarès international des fortunes que la presse reprend avec beaucoup d'intérêt. Les riches du monde entier peuvent ainsi comparer leurs richesses : c'est peut-être aussi par goût de la compétition qu'ils cherchent indéfiniment à accroître leur fortune.

Pour être à l'aise dans les relations sociales mobilisées à l'ère de la mondialisation, parler plusieurs langues est indispensable. Or les inégalités linguistiques sont lourdes et anciennes. Dans la grande bourgeoisie, l'apprentissage précoce des langues est facilité par la présence de nurses anglaises, allemandes ou espagnoles. Ainsi, Ernest-Antoine Seillière de La Borde, baron et ancien président du Medef, aujourd'hui président de l'organisation patronale européenne, l'UNICE, a appris l'anglais grâce à sa gouvernante irlandaise dans une familiarisation qui a peu à voir avec l'apprentissage scolaire. Son séjour dans un collège anglais a fini de parfaire un bilinguisme acquis dans le quotidien. Il parle couramment l'anglais et l'espagnol, ce dont peu de syndicalistes siégeant dans les institutions européennes peuvent se prévaloir. Cette dimension culturelle des inégalités a des répercussions dans le rapport de forces entre patronat et salariés au sein même des institutions européennes [26].

Si les plus fortunés se réservent l'accès à la planète finance, ils soutiennent leur président dans les mesures de rigueur qu'il préconise pour résorber la dette publique. Si cette dette est due aux spéculations irresponsables des plus riches, ce sont les classes moyennes et les plus modestes qui vont subir le plus durement les mesures de rigueur, à travers les dégradations des services publics, la détérioration de la couverture du risque santé et la baisse des aides sociales, le durcissement des conditions d'accès à une retraite à taux plein.

Les cadeaux ont un prix : la dette publique

Dès le mois de septembre 2007, François Fillon a tiré la sonnette d'alarme : les caisses étaient vides et la France au bord de la faillite. Où les pouvoirs publics ont-ils trouvé l'argent pour aider les banques et les entreprises en 2008 ? La réponse se lit facilement dans l'évolution du déficit public et de la dette.

Le déficit public a été multiplié par trois entre septembre 2008 et décembre 2009, passant de 52 à 145 milliards d'euros. En mai 2010, il représentait 8,3 % du PIB, alors que le pacte de stabilité recommandé par l'Europe est de 3 %. La moyenne dans la zone euro est de 6,9 %.

La dette publique, c'est-à-dire le montant des emprunts qui doivent principalement couvrir les déficits annuels cumulés, ne représentait, en 2001, que 56,9 % du PIB, se situant en dessous des 60 % imposés comme limite par le traité de Maastricht. À partir de 2002, le second mandat de Jacques Chirac, avec Jean-Pierre Raffarin Premier ministre, a vu les comptes publics passer dans le rouge et partir à la dérive. Nicolas Sarkozy est ministre de l'Économie durant cette période, en 2004-2005.

En 2007, quand il investit l'Élysée, le déficit est de 41,7 milliards d'euros, soit 2,7 % du PIB. La dette est déjà de 1 218 milliards, qui représentent 64,2 % du PIB. Mais rien ne va s'arranger, la dette atteignant 1 639 milliards en 2010, soit 84,2 % du produit intérieur brut [27]. Les emprunts ont doublé entre 2007 et 2010, pas-

26. Voir Anne-Catherine Wagner, *Les Classes sociales dans la mondialisation*, Paris, La Découverte, « Repères », 2007.

27. Source : Insee : comptes nationaux, finances publiques (www.insee.fr).

sant de 97,5 milliards à 188 milliards d'euros. Les remboursements annuels sont lourds, autour de 43 milliards. Mais, dès que le gros de la crise est passé, les banques vont profiter des mirifiques bénéfices liés précisément à l'endettement et aux déficits publics auxquels elles ont contribué. Renfloués par l'État, les établissements bancaires ont pu lui prêter une partie de l'argent qu'ils venaient d'en recevoir en souscrivant au grand emprunt lancé par Nicolas Sarkozy en 2009.

Les marchés, c'est-à-dire les spéculateurs, se mettent à l'œuvre et engrangent les profits tirés des produits dérivés jouant avec les dettes des pays européens. Notamment, pour l'instant, celles de la Grèce (133,2 % du PIB), du Portugal (86,6 %), de l'Espagne (66,9 %), de l'Italie (118,6 %) et de l'Irlande (78,8 %). L'assurance des emprunts contractés par ces États pour tenter de rétablir leurs comptes se transforme en produits financiers, d'autant plus profitables que la situation est plus grave : ainsi, les CDS (*credit default swap*), titres d'assurance qui couvrent un risque de crédit, rapportent dans le cas de la Grèce d'autant plus que les primes à verser sont élevées puisque le risque est plus grand que pour d'autres États. Cela explique que la Grèce ne trouve des prêts qu'à des taux exorbitants, ce qui entraîne des coupes drastiques dans le budget de l'État.

On a affaire à un nouveau champ de bataille ouvert par les spéculateurs contre les États, avec la création de ce marché financier de couverture des dettes publiques. Il s'agit là d'un nouvel indicateur de la domination de la finance sur la politique.

Or la France, compte tenu du niveau atteint par sa dette, n'est pas à l'abri de ces dérives, provoquées par la vue à court terme du président et de ses conseillers. Les cadeaux multiples accordés aux plus nantis ont coûté très cher et le remboursement des emprunts risque de mettre les finances françaises en difficulté. Nicolas Sarkozy était déjà très dépensier lorsqu'il était ministre délégué au Budget entre mars 1993 et mai 1995. Entre ces deux dates, le poids de la dette par rapport au PIB est passé de 41 % à 51 %, soit une hausse de 5 % par an, un rythme d'augmentation très élevé [28]. Les agences de notation, qui évaluent le niveau

28. Voir Paul Champsaur et Jean-Philippe Cotis, *Rapport sur la situation des finances publiques*, avril 2010, disponible sur www.insee.fr. Voir aussi « Évolution de la dette sur les 25 dernières années », http://chennevieres.gauche.free.fr/pdf/evolution_dette.pdf.

de sécurité des entreprises, des banques et des États pour les investisseurs, continuent, en 2010, à accorder la note AAA, c'est-à-dire la meilleure, à la France. Celle-ci présente, à côté d'un budget en déséquilibre, un taux d'épargne jugé élevé et une bonne consommation des ménages. La croissance annoncée par la France en 2010 serait meilleure que la moyenne de la zone euro.

En raison de la dématérialisation de l'argent, les pays développés, l'Europe, les États-Unis et le Japon notamment, ont vécu au-dessus de leurs moyens, c'est-à-dire à crédit, avec toutes les manœuvres spéculatives qui accompagnent les endettements. Ceux-ci, en accroissant les risques inhérents à la vie économique, suscitent des conduites de précaution de la part des prêteurs. Ces produits dérivés liés à la gestion des risques associés offrent une fausse sécurité, car les financiers qui en sont à l'origine disposent rarement des fonds nécessaires pour faire face aux défauts de paiement, ce qui redouble les effets d'une faillite de l'emprunteur. Une crise mondiale liée aux dettes publiques des pays développés n'est pas à exclure, compte tenu de leurs rapports avec les pays émergents qui sont parmi les premiers souscripteurs à leurs émissions obligataires – comme la Chine, devenue le principal créancier des États-Unis.

Quand l'État organise son insolvabilité

Les déficits publics et la dette doivent donc être réduits. Mais qui va payer ? Où prélever de telles sommes ? En France, il fallait, au printemps 2010, 95 milliards d'euros pour ramener le déficit à 3 % du PIB en 2013. Sauf à sévir vigoureusement contre l'évasion fiscale, à limiter les niches à celles qui ont un rôle social, à remettre en cause tous les cadeaux aux plus nantis, les générations futures auront encore une partie de la charge des remboursements à assumer.

La proposition de Nicolas Sarkozy, du 20 mai 2010, qu'« obligation » soit faite, à partir de 2012, « à chaque gouvernement issu des urnes de s'engager pour cinq ans sur une trajectoire de déficit » ainsi que « sur la date à laquelle l'équilibre des finances publiques est atteint », et que cette obligation soit inscrite dans la constitution, laisse pantois. Outre une nouvelle manifestation d'une obsession législative qui ne se calme pas, ce nouveau texte fait doublon avec les lois de programmation pluriannuelle des finances publiques. Ce coup d'épée dans l'eau est étonnant, le président de la République lui-même n'ayant pas respecté ces textes législatifs.

Les petits épargnants d'aujourd'hui, plusieurs dizaines de millions, et leurs maigres livrets A sont, eux, mis à contribution sans trop le savoir, tout en s'en doutant. Jusqu'en décembre 2008, les livrets A étaient réservés aux Caisses d'épargne, mais, depuis, les banques peuvent, elles aussi, en ouvrir. Avec un taux de rémunération exceptionnellement bas, de 1,75 %, ces fonds constituent une aubaine puisqu'ils sont moins rémunérés que les emprunts d'État, dont le taux était de 4 % au milieu de 2010. Les établissements financiers peuvent donc, en mobilisant cette épargne populaire, faire de savoureux bénéfices. Tant que ces épargnants accepteront une aussi faible rémunération, il sera possible de rembourser à bas coût une partie du déficit public.

Et de continuer à faire des cadeaux aux plus remuants, par exemple en ramenant la TVA dans la restauration de 19,6 % à 5,5 %, ce qui fut effectif à partir du 1er juillet 2009, pour un coût évalué à 2,35 milliards d'euros par an. Sans grande contrepartie puisque les organisations professionnelles de la restauration se sont simplement engagées à répercuter cette baisse sur les prix, l'investissement, l'emploi et les salaires, sans y être contraintes. La suppression de la taxe professionnelle, au 1er janvier 2010, représente un autre considérable cadeau aux entreprises avec une dépense fiscale annuelle de 8 milliards d'euros. Mais, pour le reste de la population, ce ne sera que rigueur et restriction. Il semble qu'il n'y ait plus qu'une logique qui vaille, celle de l'organisation de l'insolvabilité de l'État, de telle sorte que la loi du marché puisse devenir hégémonique.

Charles-Henri Filippi souligne « la double dérive historique qui culmine dans la crise : celle de l'économie de marché mutant vers une *société de marché* qui voudrait s'autoréguler, fût-ce de manière chaotique, et qui nierait radicalement l'autonomie ou l'essence même du politique sauf quand la tempête gronde ; celle, plus inquiétante encore, d'un envahissement par l'argent du champ politique comme instrument de puissance, nationale, oligarchique, ou personnelle, à l'écart des règles patiemment construites du marché libre et indifférent à toute idée de consentement[29]. »

L'argent tend à devenir un instrument d'accès au pouvoir politique. En même temps que Nicolas Sarkozy, Silvio Berlusconi et Sebastian Piñera, milliardaire élu président de la République chilienne en janvier 2010, symbolisent cet accès direct des familles fortunées, ou de leurs représentants, au cœur de démocraties ainsi menacées.

L'argent, devenu fin en soi, mesure la valeur des individus. « Si à 50 ans on n'a pas une Rolex, on a quand même raté sa vie ! », disait sans rire, sur France 2, Jacques Séguéla, en faisant allusion au goût de Nicolas Sarkozy pour les belles montres. Il regretta quelques jours après cette phrase, cette « immense connerie », comme il dit cette fois au *Grand Journal*, sur Canal +. Mais il reste que cette « connerie », comme un lapsus, révèle l'importance accordée à la réussite sociale, au train de vie, à la richesse acquise.

C'est cela aussi le sarkozysme, l'argent subvertissant la politique, à un degré jamais encore atteint sous la République. L'autonomie du politique, relative, permettait tout de même un débat, l'échange d'idées, l'affirmation de projets, d'objectifs pour assurer un monde si possible meilleur aux futures générations. Le président de la République avoue son goût pour la richesse et sa fascination pour les personnalités du monde des affaires. Compte tenu de la misère qui coexiste avec cet univers du luxe sans retenue, ce passage sombre n'est probablement qu'une erreur de l'histoire, mais le XXe siècle a été suffisamment parsemé de tragédies pour que la vigilance politique ne cède pas, au XXIe siècle, aux sirènes de l'argent roi.

29. Charles-Henri Filippi, *L'Argent sans maître*, *op. cit.*, p. 11-12.

CONCLUSION. QUE FAIRE ?

Le temps que nous avons passe a essayer de maîtriser le déferlement sarkozyste conduit à dresser un tableau inquiétant de la société française, bien loin de la devise de la République, « Liberté, Égalité, Fraternité », pourtant toujours inscrite aux frontons des mairies. Au cœur de cette décadence, une inégalité systématique.

La force de l'oligarchie est énorme, elle contrôle l'économie, la finance et les médias. Ses représentants sont au cœur du pouvoir politique. Nos recherches donnent à voir la puissance de l'adversaire, en cela elles peuvent décourager. Mais elles sont aussi des instruments de connaissance utiles à l'organisation de la lutte pour un meilleur partage des richesses.

Certes, la classe dominante est mobilisée et organisée, mais elle est peu nombreuse. Si elle contrôle la planète financière, elle ne saurait se passer des classes populaires et moyennes qui font tourner la machine économique. Si les ouvriers cessent de couler l'acier et d'assembler les voitures, si les professeurs de mathématiques n'assurent plus leurs cours, si les techniciens et les ingénieurs ne conçoivent plus de nouveaux progrès technologiques, si les chercheurs ne pourchassent plus les virus, si les conducteurs de train et de métro ne conduisent plus leurs convois, la France ne fonctionnera plus. La planète financière s'écroulera bien vite, exsangue, titres et autres obligations n'étant plus que des bouts de papier sans valeur.

L'objectif de cette conclusion est de lancer des propositions pour contrecarrer le fonctionnement de l'oligarchie au pouvoir. Il s'agit de dépasser la personne de Nicolas Sarkozy, dont l'éviction pourrait ne signifier qu'un simple changement de personnel politique. Une autre oligarchie, aux frontières remodelées, pourrait même, avec un leader « de gauche » comme Dominique Strauss-Kahn, permettre au néolibéralisme de se refaire une santé.

Notre approche se veut ancrée dans les rapports sociaux concrets dont les inégalités multiformes sont en contradiction avec le discours politiquement correct qui dénie toute validité à la notion de classe sociale.

RESTITUER L'INTELLIGIBILITÉ DES RAPPORTS DE CLASSES

Le néolibéralisme nie les rapports de classes au bénéfice d'une approche individualiste qui renvoie les inégalités aux qualités supposées des personnes et à leurs mérites, et n'entend pas les traiter autrement que sur un mode individuel. Les laissés-pour-compte de la mondialisation n'inspirent plus que de la compassion. Des cellules d'aide psychologique sont mises en place dès qu'un plan de licenciement menace d'être douloureux. Les mots eux-mêmes ont changé. On parle de « restructuration », terme délicieusement « science économique », de plan dit « social » pour désigner ce qui est en réalité un plan « boursier », avec des suppressions d'emplois qui permettent aux actionnaires de conserver leur taux de rentabilité à deux chiffres. Les dégâts collatéraux du néolibéralisme sont traités, quand ils le sont, dans une logique plus caritative que politique.

Les classes laborieuses ont disparu du vocabulaire des dominants. Parmi les travailleurs, certains sont devenus des « nouveaux pauvres », voire des « travailleurs pauvres », d'autres des « exclus » ou des « marginaux », qui n'ont pas su s'adapter à la société « moderne » du capitalisme financier. Tous les hivers, le public des chaînes télévisées peut contempler les SDF luttant contre le froid. La charité publique leur permet d'accéder à « un bon repas chaud » et « un lit pour dormir ». Beaucoup d'entre eux sont là à la suite de licenciements, de périodes de chômage qui les ont fait glisser vers la misère et perdre le contact avec leurs proches. Alors que le droit au travail est inscrit dans le préambule de la Constitution de 1946, qui figure toujours en tête de celle de 1958, après la Déclaration des droits de l'homme : « Chacun a le devoir de travailler et le droit d'obtenir un emploi », peut-on y lire.

Un devoir qui n'empêche pas l'existence de rentiers est un droit qui n'est pas accessible à tous. Le marché du travail actuel, dans le silence de l'autorité publique, est donc hors la loi.

La nomenclature des métiers a également changé. Les ouvriers deviennent des « techniciens de surface » ou des « opérateurs ». La classe ouvrière perd ses repères, ses traditions collectives et sa mémoire : la Commune, Le Front populaire sont des symboles dévalués. Ces transformations ne sont pas anodines : elles contribuent à entretenir l'idée d'un continuum social où il suffirait de prendre l'ascenseur pour atteindre les paliers supérieurs.

La droite, et particulièrement celle de Nicolas Sarkozy, a su brouiller les pistes et le sens des mots. Au point de compromettre Guy Môquet ou Jean Jaurès en les mêlant à ses discours. Le président de la République a fait tout un travail sur les mots et les noms pour les vider de leur sens et confondre forces de progrès et libéralisme réactionnaire. Il importe de batailler sur le sens et sur le ton sentencieux de ceux qui ne doutent pas, étant assurés de leurs droits.

La force du capitalisme néolibéral est d'arriver à présenter la loi du marché comme « naturelle », allant de soi et donc incontournable. Elle s'impose aujourd'hui à l'échelle du monde, mettant en concurrence les travailleurs des pays développés et ceux des pays émergents. Cette « nature » est peu maternelle, car ce marché qui nous serait donc tombé du ciel s'accompagne d'un traitement inhumain des hommes et fait plus songer à la jungle qu'à la « douceur angevine » chantée par Joachim du Bellay.

Les aides ciblées ont remplacé les politiques sociales, l'action de l'État étant beaucoup plus curative que préventive. On soigne au lieu de prévoir, on pallie la défaillance de l'État par une sorte de charité publique. Le compassionnel s'est substitué au politique. Tout est mis en œuvre dans le contexte actuel pour culpabiliser le travailleur qui lutte pour ses droits. Le droit et les lois ne sont pas des données naturelles, mais le produit de rapports de forces. La connaissance des dominants, de leurs réseaux oligarchiques et de leurs privilèges doit aider les domi nés à ne plus se laisser rétorquer qu'ils sont trop gourmands pour leurs salaires, pour leurs dépenses de santé, pour leurs retraites. « Notre vie plutôt que leurs profits » est un slogan juste. Le capital humain ne doit pas être au service du capital financier, mais bien l'inverse.

La domination symbolique et la « maladie de la valeur »

L'oligarchie néolibérale exerce le pouvoir économique, mais aussi le pouvoir symbolique : riches, les oligarques appartiennent à des lignées familiales, ont souvent un nom connu et disposent de l'assurance et de la maîtrise que donnent une éducation efficace et un solide bagage universitaire. Les oligarques dominent aussi dans les représentations et les mentalités. Les dominés participent alors eux-mêmes à leur domination. Il leur arrive de ne plus aller voter, rassemblant dans le même sac les candidats de tous les partis, soupçonnés de travailler d'abord à leur carrière. Il arrive même que le désarroi des salariés soit si grand qu'il conduise au suicide. Se donner la mort sur son lieu de travail est une façon de désigner clairement le système économique comme responsable de son acte de désespoir. Un système qui, en produisant des profits gigantesques pour quelques-uns, peut en arriver à broyer les plus fragiles.

Un professeur de médecine, Max Dorra, dans un article publié dans *Le Monde* du 3 mars 2010, développe la notion de « maladie de la valeur » : « Lorsqu'il arrive à croire qu'il ne suscitera plus le désir, que, "au-delà d'une certaine limite, son ticket n'est plus valable", que la source de sa force d'exister lui est désormais inaccessible, un être peut en venir à se supprimer. On serait autorisé à parler de destruction d'âme déguisée en suicide. On est loin ici des considérations hypocrites sur le "stress au travail" et les remèdes dérisoires qu'on prétend y apporter. La maladie de la valeur tue parce qu'elle prive de sens des êtres. Isolant des individus, elle leur dissimule la réalité : un autre monde est possible. »

L'idéologie de la performance et de la rentabilité maximale à court terme rend rapidement obsolètes des forces de travail vieillissantes ou non formées aux technologies sans cesse en évolution. « Les pathologies hypermodernes sont, dès lors, selon la psychologue Nicole Aubert, des pathologies de l'hyperfonctionnement de soi conduisant à la rupture de soi lorsque l'individu, ne trouvant plus d'espace pour se mettre à distance, n'a plus d'autre recours qu'une déconnexion brutale pour briser un cercle infernal. L'apparition récente des suicides sur le lieu de travail est un des signes de la violence des temps hypermodernes [1]. »

La situation de « drôle de guerre » dans laquelle se trouve la France sarkozyste, dans cette torpeur inquiète qui peut précéder les désastres annoncés, devrait laisser la place à la mobilisation. Les conquêtes collectives sont menacées, c'est collectivement qu'elles doivent être défendues.

La vigilance idéologique : des droits et des devoirs

Tout Français, toute personne vivant sur le sol national, a certes des devoirs, mais aussi des droits qui sont inscrits dans les textes constitutionnels et plus généralement dans les lois et les règlements. Deux articles fondamentaux mériteraient d'être affichés dans chaque domicile, gravés dans chaque entreprise, dans les établissements scolaires et universitaires, les gares et autres lieux publics.

Le premier est l'article de la Déclaration des droits de l'homme et du citoyen du 26 août 1789, qui figure en préambule du texte de la Constitution de la Ve République. Il spécifie que « les hommes naissent et demeurent libres et égaux en droits. Les distinctions sociales ne peuvent être fondées que sur l'utilité commune ». Le second est extrait de la Constitution de 1958. Bafoué aujourd'hui, il concerne la fiscalité : « Pour l'entretien de la force publique, et pour les dépenses d'administration, une contribution commune est indispensable : elle doit être également répartie entre tous les citoyens, en raison de leurs facultés. »

Le rappel quotidien des droits de chacun est d'autant plus utile que la complexification du droit en a encore plus éloigné ceux qui déjà n'y avaient guère accès. Le médiateur de la République a constaté ce désarroi des catégories populaires devant une législation de moins en moins accessible. « Je suis inquiet, a déclaré Jean-Paul Delevoye, dans un entretien au *Monde* du 20 février 2010, car je perçois, à travers les dossiers qui me sont adressés, une société qui se fragmente, où le chacun-pour-soi remplace l'envie de vivre ensemble, où l'on devient plus consom-

1. Cette citation reprend le texte du résumé de l'article de Nicole Aubert, « Violence du temps et pathologies hypermodernes », *Cliniques méditerranéennes, du malaise dans la culture à la violence dans la civilisation*, n° 78, 2008, p. 23-38. Voir aussi, sous la direction de Nicole Aubert, un recueil de contributions : *L'Individu hypermoderne*, Toulouse, Éditions Érès, 2004.

mateur de République que citoyen. Cette société est en grande tension nerveuse, comme si elle était fatiguée psychiquement. » C'est au médiateur qu'écrivent les Français lorsqu'ils sont en litige avec l'administration. « La moitié des 76 000 dossiers qui remontent à l'institution, poursuit J.-P. Delevoye, sont des demandes d'information de droits. Un fossé s'est creusé entre le citoyen et l'État. Les personnes qui frappent à notre porte se sentent dépassées par des lois devenues trop complexes et changeantes. Elles se sentent mal défendues par l'État. »

Chaque citoyen devrait au contraire se réapproprier les droits qui sont les siens : droit au travail, droit au logement, droit à l'enseignement. Et ne pas hésiter à faire valoir ses droits devant les tribunaux, comme les parents d'élèves de la FCPE qui revendiquent le « droit aux cours » face au non-remplacement des enseignants absents [2]. L'enseignement obligatoire mais gratuit, pour tous, a été un progrès considérable que les suppressions de postes d'enseignants remettent en cause.

Les expériences des bienfaits de la solidarité contribuent à mettre à mal l'individualisme qui fait le jeu de la loi du marché avec qui cet individualisme est en profonde harmonie. La lutte de classes passe par la mise en œuvre de droits, comme celui de faire grève, qui ont toujours été arrachés par des mobilisations collectives. Il ne s'agit pas, comme la bourgeoisie l'a imposé dans son vocabulaire, de droits de l'homme, mais de droits collectifs, comme le droit de vote ou le droit au repos dominical. Contre le front commun des peuples, les bourgeoisies mettent aujourd'hui en avant un individualisme juridique en osmose avec l'individualisme du libéralisme. Si les classes dominantes avancent sous le masque de l'individualisme, c'est pour mieux cacher leur solidarité essentielle au-delà des différences et des concurrences internes.

Faire connaissance avec l'oligarchie

Un changement de société, allant vers plus de justice sociale, moins d'inégalités économiques, un accès plus large au savoir et à la culture, suppose de maîtriser la connaissance des réseaux

2. Voir le site www.ouyapacours.com.

qui contrôlent et asservissent la grande majorité du peuple français.

Chaque citoyen doit s'intéresser aux différentes composantes de l'oligarchie, en commençant par celles dont le pouvoir s'exerce sur son lieu de résidence et sur son travail. S'informer sur les appartenances politiques des élus, être attentif aux relations qu'ils entretiennent avec les entrepreneurs de travaux publics, les promoteurs et les industriels. Dresser un tableau des interconnexions entre ces personnages importants, omniprésents dans la presse locale, qui, ensemble, ont un pouvoir dont on ne peut prendre conscience qu'en additionnant leurs liens et leurs interrelations. Construire les réseaux et les faire connaître.

Un travail de longue haleine peut-être, mais qui, dans son élaboration même, amène à réfléchir sur sa propre position dans le monde social et permet de prendre un peu de distance par rapport à sa vie personnelle, ainsi replacée dans la complexité des relations qui incluent, mais aussi excluent.

Cette vigilance vaut pour l'univers professionnel. Quelle que soit sa place dans la hiérarchie, tout salarié doit connaître, grâce aux syndicats de l'entreprise ou par ses recherches personnelles, qui la dirige, à quel groupe elle appartient, quels en sont les principaux actionnaires et qui siège dans son conseil d'administration. Ne pas ignorer les rémunérations des uns et des autres, les bénéfices de l'entreprise, ses ramifications en France et dans le monde doit aider à faire valoir ses droits, et rendre plus prudente la direction se sachant observée.

Toute bibliothèque municipale ou d'entreprise devrait mettre à la disposition de ses lecteurs les ouvrages de référence qui donnent d'utiles renseignements sur les réseaux des dirigeants. Le *Who's Who*, par exemple. Excellent ouvrage qui permet de recouper les informations sur les individus. De l'origine sociale aux différents postes occupés en passant par les écoles fréquentées et les diplômes obtenus, le *Who's Who* est une encyclopédie biographique de toutes les élites françaises. Les adresses professionnelles et privées sont également indiquées.

Alors que la présence dans cet ouvrage est de l'initiative de la rédaction, la personnalité sollicitée pouvant toujours refuser d'y être mentionnée, le *Bottin mondain* est, quant à lui, un annuaire familial, où les familles nucléaires présentes ont demandé à figurer, avec le parrainage de deux personnes, la rédaction se réservant un droit de refus. Les familles sont regroupées par patronyme, ce qui donne immédiatement une idée du réseau familial. L'ouvrage comprend de nombreuses pages pratiques et des publicités qui donnent un bon aperçu du mode de vie des familles privilégiées. Et le palmarès annuel des cinq cents premières fortunes professionnelles de France établi par *Challenges*, déjà évoqué, est une mine de renseignements clairement présentés.

Les sites Internet sont enfin une source inépuisable d'informations : sites d'entreprise, d'institutions ou d'associations, ils livrent des données dont l'accès n'est pas aisé par la voie traditionnelle de la bibliothèque, de la revue ou du livre. Il en va ainsi des rapports d'activité des sociétés et des documents qu'elles sont tenues de publier. Pour les principales d'entre elles, ces informations, publiques, sont diffusées sur leur site institutionnel, sous la rubrique « Document de référence », sous le thème « Publications financières ». Ces données sont également accessibles sur le site de l'Autorité des marchés financiers (AMF), qui présente l'intérêt de les regrouper[3]. Ces sources révèlent la composition des conseils d'administration, ainsi que des renseignements sur les administrateurs, dont leur appartenance à d'autres conseils. Les revenus des P-DG, des hauts cadres, les *stock-options*, les dividendes, les jetons de présence : cela fait partie des données publiques. De même que la composition du capital, plus difficile à analyser car des sociétés écrans peuvent rendre les informations opaques.

La vigilance, la curiosité et le travail de recherche dans ces masses de documents sont déjà une partie du combat. Si les dominants peuvent bénéficier de revenus qui n'ont plus rien à voir avec l'échelle des salaires, c'est, pour une part, parce qu'ils ne sont pas suffisamment connus. Ni leurs personnes ni les interrelations complexes qui les lient. Ne pas chercher à en apprendre

3. Voir www.amf-france.org. Nicolas Sarkozy a placé Jean-Pierre Jouyet à la présidence de l'AMF en décembre 2008. Secrétaire d'État aux affaires européennes, J.-P. Jouyet avait été le chef de cabinet de Jacques Delors lorsque celui-ci était président de la Commission européenne. Figure de l'ouverture à gauche, J.-P. Jouyet s'est engagé à œuvrer pour une régulation internationale efficace des marchés financiers. Voir aussi www.vernimmen.net. Pour les aspects législatifs, on trouvera les textes et leurs discussions sur les sites de l'Assemblée nationale, www.assemblee-nationale.fr, et du Sénat, www.senat.fr, ou encore sur celui du *Journal officiel*, www.legifrance.gouv.fr.

plus sur les dominants est une complicité involontaire avec la domination que l'on subit. Il est vrai que ces documents sur les entreprises, et les ouvrages consacrés au monde de la finance et à l'économie apparaissent souvent compliqués, inaccessibles et bourrés d'anglicismes ésotériques. Un jargon bien fait pour intimider et éloigner les curieux. Cette mise à distance de la France du travail protège des êtres humains bien vivants derrière le paravent pudique des organigrammes abstraits et désincarnés. Internet recèle toutefois une telle masse de données que l'on trouve presque toujours la réponse cherchée.

La méconnaissance de la richesse et des riches est d'autant plus profonde qu'ils vivent entre eux, dans des quartiers à part, véritables ghettos dorés[4]. À Paris, cet entre-soi des élites s'observe à l'ouest, en particulier dans le XVIe arrondissement, dont Neuilly est la prolongation en banlieue. Explorer les beaux quartiers est une propédeutique sociale efficace et pertinente. Qu'un agent d'entretien dans un groupe HLM d'Aubervilliers aille faire un tour sur l'avenue Montaigne et qu'un président de société de Bourse prenne le temps de flâner à la Goutte d'Or, voilà qui pourrait ouvrir les yeux aux uns et aux autres. Prendre la mesure des inégalités dans un espace aussi restreint que celui de Paris et de sa banlieue proche est une expérience utile et facile. En quelques enjambées, on peut passer d'un monde social à un autre. Le lecteur peut se reporter aux quinze promenades sociologiques que nous avons conçues à travers Paris[5].

Et, pour agrémenter ses vacances au bord de la mer, pourquoi ne pas découvrir les lotissements chics du sud de la France et les stations balnéaires, si révélatrices des inégalités ? Les retraités de la CGT du Var organisent de temps à autre un pique-nique revendicatif devant les yachts à quai dans le port de Saint-Tropez, pour réclamer l'augmentation de leurs pensions, sous le nez des milliardaires sablant le champagne sur la plage arrière de leur bateau.

Cette connaissance plus précise des puissants peut se diversifier presque à l'infini et permettre de comprendre la force accumulée dans ce milieu par le simple rapprochement d'agents

4. Voir nos ouvrages *Dans les beaux quartiers*, Paris, Seuil, « L'épreuve des faits », 1989 (réédition 2001, et *Les Ghettos du gotha*, *op. cit.*, 2010.

5. Voir notre ouvrage *Paris. Quinze promenades sociologiques*, Paris, Payot, 2009.

sociaux qui occupent des positions de pouvoir. Avoir la curiosité d'établir les liens, les connivences et les complicités est à soi seul un travail révélateur, mais aussi de rupture à l'égard d'un système, celui du marché et de la concurrence, volontiers présenté par les intéressés comme étant irremplaçable tant il va de soi.

Un tel effort pourrait aboutir à une volonté de sanctions contre ces organisations de fait qui, au sommet de la nation, en règlent la marche pour leur seul profit. Le travail sur les mots devrait trouver une pertinence avec l'application du terme « bandes » à celles qui, depuis les beaux quartiers, sévissent en détruisant l'outil de travail, en fermant les usines pour cause de délocalisation, en ruinant des vies humaines au nom de la rentabilité du capital. L'intégrité des travailleurs est atteinte par la précarisation de leur emploi et les remises en question de leurs droits sociaux, dont celui de la retraite attendue et méritée.

METTRE FIN À L'OLIGARCHIE POLITIQUE

Le fonctionnement des institutions de la Ve République a conduit progressivement à un régime présidentiel fort, qui s'appuie sur la formation d'une oligarchie politique composée des élus et des dirigeants des partis. Ces acteurs constituent un groupe non représentatif de l'ensemble de la population française, et pourtant appelé par son rôle à occuper des postes de responsabilité dans les institutions nationales et locales.

Abolir le cumul des mandats

Ce décalage entre le personnel politique et la population qu'il est censé représenter a pour raison essentielle le cumul des mandats électifs. 85 % des députés et 85 % des sénateurs ont, en 2007, au moins un autre mandat, et souvent plusieurs. André Santini, à l'âge de 69 ans, est député Nouveau Centre, maire d'Issy-les-Moulineaux (ville de la banlieue sud de Paris avec 63 000 habitants) et conseiller régional d'Île-de-France. Mais, avec ce nouveau mandat, obtenu aux élections régionales de 2010, il déroge à la loi actuelle sur le cumul. Un recours a été présenté devant le Conseil constitutionnel et, en attendant que celui-ci se prononce, André Santini conserve ses trois sièges. Il occupe par ailleurs des responsabilités importantes en tant que président du Syndicat des eaux d'Île-de-France (SEDIF) et du comité de bassin de l'agence de l'eau Seine/Normandie, qui regroupe sept régions et vingt-cinq départements. Il a été élu le 21 juillet 2010 président du conseil de surveillance de la Société du Grand Paris. Pour que cela soit possible, Nicolas Sarkozy a dû signer un décret qui prévoit que le président de ce conseil doit avoir moins de 70 ans au jour de son élection. La rumeur altoséquanaise interprète cette « nomination-cadeau » comme ménageant une porte ouverte à la candidature de Jean Sarkozy au siège de député d'André Santini. À moins que ce ne soit en faveur de son suppléant Frédéric Lefebvre.

André Santini reste dans la tradition sarkozyenne de cumul des mandats : ministre de l'Intérieur, de l'Aménagement et des Collectivités territoriales, Nicolas Sarkozy était en même temps président du conseil général des Hauts-de-Seine et président de l'EPAD...

Le cumul des mandats permet à des hommes et à quelques femmes de faire des carrières de vrais professionnels en politique. Ce qui est une originalité française : le taux de parlementaires cumulant plusieurs mandats est de 16 % en Italie, 15 % en Espagne, 13 % au Royaume-Uni et 10 % en Allemagne.

La professionnalisation et la distance prise avec le terrain tendent à rapprocher les élus des différents groupes. Ils restent politiquement séparés, mais deviennent des collègues de travail. Les adversaires des campagnes électorales se saluent amicalement dans les couloirs des institutions et dans les studios de radio ou de télévision. Une coexistence pacifique qui leur simplifie la vie, certes, mais qui conduit à une sorte de synthèse de fait des positions et des projets. Nombre d'élus finissent par perdre le contact avec la France populaire, en n'ayant plus en tête que les enjeux du champ politique, ceux des honneurs, des postes, de la carrière et des brillantes relations.

Cette professionnalisation du champ politique, sa pénétration par le monde des affaires et son adhésion majoritaire à l'idéologie du marché sont autant de raisons pour que les majorités puissent alterner sans que le système soit remis en cause. Le doux consensus est là qui assure à chacun des lendemains qui chantent.

Au cours d'un dîner mondain, un banquier de haut vol, auquel nous demandions quel était son ministre de l'Économie et des Finances préféré, a répondu sans l'ombre d'une hésitation : « Pierre Bérégovoy, parce que c'est lui qui est à l'origine de la déréglementation des marchés. » Une vivacité dans la réponse qui révèle sa sincérité. Les intérêts de l'argent ayant été respectés, peu importent les origines populaires de Pierre Bérégovoy et son appartenance au Parti socialiste.

L'indépendance du président de la République et des membres du gouvernement vis-à-vis du pouvoir économique devrait être garantie par la loi. Les parlementaires et les sénateurs doivent exercer leur mandat sans possibilité d'une activité économique. Les avocats devraient par exemple être dans l'obligation de se faire « omettre » dès le moindre mandat politique. Une mesure qui diminuerait automatiquement le nombre d'avocats d'affaires parmi les assemblées élues.

Changer la loi

La révision constitutionnelle du 23 juillet 2008, souhaitée par Nicolas Sarkozy, a ignoré cette question du cumul des mandats, alors qu'elle avait été évoquée par le Comité de réflexion et de proposition sur la modernisation et le rééquilibrage des institutions de la Ve République, présidé par Édouard Balladur. Dans son rapport, intitulé « Une Ve République plus démocratique », le comité proposait que l'article 23 de la Constitution stipule dorénavant : « Les fonctions de membre du Gouvernement sont incompatibles avec l'exercice de tout mandat *électif.* » Proposition non adoptée et même non discutée.

Or la rédaction antérieure, toujours en vigueur, est moins contraignante, puisque l'article 23 stipule que « tout mandat *parlementaire* » est incompatible avec un poste ministériel. Un membre du gouvernement ne peut cumuler avec cette charge celle d'un mandat de député ou de sénateur, mais il peut très bien être maire de Paris ou président du conseil régional Provence-Alpes-Côte d'Azur. Christine Lagarde est à la fois ministre de l'Économie et conseillère municipale du XIIe arrondissement de Paris. Pierre Lellouche, secrétaire d'État aux Affaires européennes, est également un élu du VIIIe arrondissement. Mais ils figurent en première et troisième place de la liste des moins assidus au conseil de Paris. 259 des 577 députés sont aussi maires, et 121 des 331 sénateurs. Le comité Balladur concluait, dans sa proposition n° 56 : « Le cumul entre un mandat national et des fonctions exécutives locales [...] doit être proscrit et notre pays doit, en toute hypothèse, s'engager sur la voie du mandat parlementaire unique [6]. »

Après la consultation militante du 1er octobre 2009, le Parti socialiste a adopté au cours de sa convention nationale, tenue dix jours plus tard, le principe du non-cumul des mandats. À la question posée aux militants : « Êtes-vous favorables, comme étape vers le mandat parlementaire unique, à l'impossibilité de cumuler, sans attendre le vote d'une loi, dès les prochains renouvellements, un mandat de parlementaire avec une présidence d'exécutif local ou la participation à un exécutif ? », la réponse a été positive à 71 %. À la question : « Êtes-vous favorables à limiter à trois les mandats successifs des présidents d'exécutifs locaux (maires, présidents de conseil général, de conseil régional, et d'intercommunalité) ? », il y eut presque 75 % de réponses positives [7].

Les députés ont d'autant moins de raisons de remplir plusieurs mandats qu'ils ne sont pas, d'abord, les représentants de leur circonscription, mais les représentants du peuple, qui élit ses représentants au suffrage direct. En revanche, les sénateurs sont élus au suffrage indirect, par les élus locaux. Les collectivités territoriales sont donc représentées par le Sénat, comme le précise le texte de la Constitution.

Cette réforme n'est sans doute pas facile à conduire, car nombre de députés sont attachés à la diversité de leurs charges. Elles sont aussi productrices de revenus. Chaque conseiller de Paris reçoit une indemnité de 3 200 euros par mois. La loi permet actuellement à un ministre de toucher jusqu'à une fois et demie son revenu de ministre en ajoutant à ses émoluments (14 129 euros brut) un salaire d'élu local. Ce qui permet d'atteindre 21 193 euros. En outre, les ministres peuvent cumuler leurs salaires avec leur retraite de parlementaire. La majorité municipale, autour de Bertrand Delanoë, étudie la possibilité de moduler les indemnités des élus en fonction de leur participation. Le député PS de l'Aisne, René Dosière, a déposé, le 16 octobre 2008, un amendement avec trois autres députés PS, qui modifierait l'article 4 de l'ordonnance

6. Voir le site www.comite-constitutionnel.fr, pour le texte intégral du rapport du Comité de réflexion et de proposition sur la modernisation et le rééquilibrage des institutions de la Ve République, et un compte rendu de ses travaux et des discussions.

7. Voir http://actus.parti-socialiste.fr.

n° 58-1210 du 13 décembre 1958 de façon à interdire le cumul d'indemnités d'élu avec celles de député.

Après de longues discussions, le texte final du Conseil national du Parti socialiste du 8 juin 2010 prévoit d'inscrire dans le projet du futur candidat à l'élection présidentielle du PS de soumettre au Parlement, dès l'été 2012, une loi sur le non-cumul et le statut des élus. Cela permettrait une ouverture de la classe politique, dont l'éventail social est aujourd'hui incroyablement inégalitaire.

Origines sociales des élus

	Population active	*Conseillers municipaux*	*Maires*	*Députés*
Agriculteurs	2	3	3	2
Artisans, commerçants et chefs d'entreprise	6	7	8	8
Cadres, ingénieurs, professions intellectuelles supérieures	13	31	66	81
Professions intermédiaires	20	23	16	8
Employés	30	32	6	1
Ouvriers	28	4	1	0
Total	100 %	100 %	100 %	100 %

Population active : communes de 3 500 habitants et plus.
Conseillers et maires : communes de 3 500 habitants et plus.
Députés : toutes circonscriptions.
Sources :
- conseillers et maires : Michel Koebel, *Le Pouvoir local ou la démocratie improbable*, Paris, Éditions du Croquant, 2006, d'après les données du ministère de l'Intérieur, données concernant les élus, 2001.
- députés : calculs réalisés par Dominique Andolfatto, d'après les données de l'Assemblée nationale (2007). Voir *Revue politique et parlementaire*, n° 1044, juillet-août-septembre 2007.

Documents publiés par l'Observatoire des inégalités, www.inegalites.fr/spip.php?.

La sous-représentation des catégories modestes est d'autant plus forte que le niveau géographique est plus élevé : il y a 4 %

d'ouvriers parmi les conseillers municipaux, mais plus aucun parmi les députés. La proportion d'employés tombe de 32 % à 1 %. En revanche, le taux de « cadres et professions intellectuelles supérieures » monte de 31 % à 81 %.

La représentation du peuple n'a pas grand-chose à voir avec sa réalité sociologique. Nous vivons dans une République où un ouvrier ou un employé n'a pratiquement aucune chance d'être élu à l'Assemblée nationale. Les employés et les ouvriers représentent plus de la moitié de la population active, mais seulement 1 % des députés proviennent de leurs rangs. À l'inverse, les cadres, les professions intellectuelles supérieures et les professions libérales ne représentent que 15 % de la population active mais 81 % des députés [8]. Ce déséquilibre entre la composition sociale du Parlement et celle de la population active met en évidence que la direction du pays est aux seules mains des minorités les plus favorisées.

Réduire le cumul des mandats atténuerait le spectacle d'un hémicycle désert que les téléspectateurs contemplent trop souvent d'un œil désabusé ou irrité. Comme le fait remarquer Jean-Pierre Brard, cette faible assiduité des élus tient à la saturation de leurs agendas où les différents mandats électoraux se font concurrence. Celui de député suffit, avec le travail en commission, la présence dans la circonscription et de multiples autres occupations, à occuper un temps qui n'est pas élastique. Mais l'absentéisme apparent des parlementaires n'est guère une incitation à participer aux scrutins électoraux.

Rendre le vote obligatoire : une solution à l'abstention ?

Compte tenu de ce qu'il faut bien appeler un détournement de la parole du peuple, confiée par délégation à des élus qui se transforment en professionnels de la politique, il ne faut pas s'étonner que les records d'abstention soient détenus par les couches sociales les plus défavorisées. Dans les cités en voie de ghettoïsation de Clichy-sous-Bois, 70 % à 80 % des inscrits ne sont pas allés voter aux élections régionales de 2010. Quant aux non-inscrits. La population de ces cités, ne jouissant plus des droits

8. Observatoire des inegalités, « De quel milieu social viennent les députés ? », *www.inegalites.fr*, et Insee, Recensement de 2006.

fondamentaux de tout citoyen français, n'accomplit plus son devoir électoral.

Le pourcentage des abstentions a été de 69 % chez les ouvriers et de 64 % chez les employés aux mêmes élections régionales de 2010. Les électeurs les plus jeunes et les plus modestes sont les principaux exclus du jeu politique. Ce sont 75 % des jeunes de 18 à 25 ans qui n'auraient pas voté à ce même scrutin régional [9]. Alors que le droit de vote à 18 ans a été une avancée en 1974, sous la présidence de Giscard d'Estaing. L'abstention n'est pas forcément un refus de vote volontaire et protestataire. « C'est plus profond, écrit Jean-Yves Domargen dans un entretien au *Monde* le 19 mars 2010, le jeu politique leur est largement étranger. Cela peut soulever un problème de légitimité pour les élus. Le corps électoral actif devient de moins en moins représentatif du corps citoyen. Car l'abstention est porteuse d'une logique censitaire, qui conduit à faire désigner les gouvernants par la partie de l'électorat la plus protégée et la plus âgée [10]. »

Dans de nombreux pays européens, la gestion automatique et permanente des listes électorales est liée à l'existence de fichiers municipaux de population et à l'obligation de déclaration domiciliaire. Rendre l'inscription sur les listes électorales automatique, en France, voilà une réforme qui pourrait permettre, dans la foulée, de rendre le vote obligatoire et donc de sanctionner l'abstention. Toutefois, en Belgique, où le vote est obligatoire, les amendes prévues pour les contrevenants sont rarement infligées. Et, en France, cela soulèverait un débat interminable entre les partisans de l'obligation et ceux qui resteraient attachés à leur « liberté » de pouvoir signifier leur opposition de principe par leur abstention qu'ils manifesteraient pourtant aussi bien et même mieux par un vote blanc. Celui-ci devrait alors être comptabilisé dans les résultats électoraux parmi les suffrages exprimés, comme les votes en faveur des candidats.

La démocratie perd en crédibilité dans cette dénaturation du processus électoral. En France, si l'inscription sur les listes électorales est obligatoire, « la seule sanction consécutive au fait de

9. Selon Anne Muxel, *Les Enfants du désenchantement*, Paris, Seuil, 2010.

10. Voir Céline Braconnier et Jean-Yves Domargen, *La Démocratie de l'abstention. Aux origines de la démobilisation électorale en milieux populaires*, Paris, Gallimard, « Folio actuel », 2007.

ne pas être inscrit est celle de ne pas pouvoir voter », reconnaît le ministère de l'Intérieur [11]. Une sanction qui doit être subie bien volontiers, puisqu'elle est en adéquation avec la distance prise à l'égard de la vie politique.

Respecter les résultats électoraux

Le référendum de mai 2005 sur l'adoption de la Constitution européenne est exemplaire de l'autonomisation de la classe politique par rapport à ses électeurs. Le « non » l'a emporté avec 55,67 % des suffrages exprimés. Or le « oui » à l'Europe libérale, que cette Constitution portait en germe, était soutenu, à l'époque, par tous ceux qui, au Parti socialiste, se verraient bien, aujourd'hui, candidats à l'élection présidentielle de 2012. À savoir Martine Aubry, François Hollande, Ségolène Royal, Dominique Strauss-Kahn. Manuel Valls, partisan du non, s'est incliné devant le vote interne au PS qui avait donné la majorité au oui. Les communistes, la gauche critique, l'extrême gauche, ainsi que le Front national et les partisans de Nicolas Dupont-Aignan ont fait campagne pour le non, dont le succès a largement dépassé le poids électoral de ces formations. L'analyse sociologique des résultats a révélé une confrontation de classes, entre les classes populaires qui ont massivement voté non, tandis que les classes supérieures ont dit oui à l'Europe du néolibéralisme.

Ce vote disait déjà bien le désarroi des classes populaires et moyennes face à la mondialisation financière et libérale. La majorité des élites politiques, de droite et de gauche, n'a pas tenu compte de ces voix majoritaires et, dès l'arrivée de Nicolas Sarkozy à l'Élysée, le traité de Lisbonne a été adopté. Le vote du peuple français a été considéré comme nul et non avenu. Or le non à ce référendum était largement sous-estimé du fait d'une campagne médiatique très déséquilibrée en faveur du oui, tous les grands partis de droite et de gauche y étant favorables.

Depuis l'élection de Nicolas Sarkozy, les résultats de chaque consultation électorale ne sont mis en avant que si l'UMP confirme sa position de premier parti de France, comme pour les élections européennes de juin 2009. Sinon, la page est rapidement tournée et on ne reparle plus des résultats des municipales

11. www.interieur.gouv.fr/sections/elections.

de 2008 ni des régionales de 2010, très défavorables à l'UMP. Quel est l'intérêt pour les électeurs de participer à des élections si les résultats ne sont pas respectés par les élites au pouvoir ?

En brouillant les frontières entre les affaires et la politique, Nicolas Sarkozy a accentué la tendance lourde qui, progressivement, réduit le citoyen à l'état de consommateur. L'engagement politique n'est plus un combat pour faire avancer des idées, voire des utopies, mais la simple alternance entre les défenseurs d'un libéralisme économique radical et les gestionnaires sociaux d'un capitalisme régulé. L'espace du politique se rétrécit aux choix techniques allant dans l'un ou l'autre sens.

Le citoyen se trouve désarmé pour opérer des choix autres que ceux que lui dicte la recherche de son bien-être dans une consommation qui semble devenir le sens ultime de l'existence humaine. En votant, c'est plus un consommateur qui s'exprime qu'un citoyen conscient des enjeux qui dépassent le confort de la vie quotidienne pour satisfaire aux principes mêmes de la République : Liberté, Égalité, Fraternité.

De nombreux électeurs qui ne vont pas voter ne s'abstiennent pas, ils se désistent d'un système politique qui ne prend pas en compte des soucis existentiels plus profonds mais bâillonnés, comme le rapport au travail ou la solidarité entre les générations. Le désistement s'installe d'autant plus que d'autres électeurs disposent de bulletins de vote qui, eux, sont pris en considération. Les actionnaires sont devenus les électeurs financiers qui conduisent le monde, probablement à sa perte.

METTRE FIN À L'OLIGARCHIE ÉCONOMIQUE ET FINANCIÈRE

Charles-Henri Filippi, banquier atypique, ne s'est certainement pas fait que des amis par ses propositions iconoclastes. « Face au déraillement du système [la crise financière de 2008], finalement dû à l'excessive privatisation de ce bien collectif qu'est l'argent, l'effective réappropriation publique de la monnaie, concertée, immédiate et transitoire, par le biais de la nationalisation du système bancaire occidental aurait dû être l'acte premier et inévitable de la riposte [12]. » Au lieu d'aider les banques sans contraintes

12. Charles-Henri Filippi, *L'Argent sans maître*, *op. cit.*, p. 76.

réelles, en leur prêtant à un taux favorable des milliards d'euros, Nicolas Sarkozy aurait été beaucoup mieux inspiré de revenir, comme le soutient ce banquier, à une économie sociale de marché « qui mette sous tutelle l'argent prédateur tout en laissant s'exprimer l'argent de progrès [13] ».

Nationaliser les banques

La nationalisation des banques, y compris définitive, et seulement en France, si tel doit être le cas, leur permettrait, dans un premier temps, de retrouver leur raison d'être : prêter aux entreprises et aux particuliers. Avant de devenir une finalité existentielle, l'argent était un moyen, celui de l'échange entre producteurs. « Il nous faut remplacer, poursuit C.-H. Filippi, la logique de l'immédiat et de l'argent en soi par celle du long terme et de l'utilité collective. Reprenant à nouveau les termes de la Déclaration des droits de l'homme, il faut que cette forme incontournable et essentielle de distinction sociale qu'est l'argent ne puisse être véritablement fondée que sur l'utilité commune [14]. »

La nationalisation des banques permettrait de reconstruire un système de crédit public qui redonne la priorité aux financements des besoins de la population, contre la spéculation à court terme qui n'est accessible et enrichissante que pour quelques rares privilégiés. Mais on sait d'avance que la nationalisation va mettre en émoi l'oligarchie financière qui, en raison de sa haute conscience de l'intérêt général, essayera de mettre à l'abri, avec le civisme dont elle sait faire preuve, ses petites économies dans les paradis fiscaux.

Le chantage à la fuite des capitaux, à l'exil fiscal des plus nantis ne doit pas être un frein aux réformes nécessaires pour de meilleurs équilibres sociaux. Si Charles-Henri Filippi existe et a pu publier ce livre bienfaiteur sur l'« argent sans maître », c'est qu'il n'est pas seul à être inquiet des dérives spéculatives qui, dans leur concurrence à l'échelle de la planète, mettent en cause jusqu'à son devenir.

Affronter l'incivisme et la déraison cupide des oligarques ne résulte pas d'un choix, mais d'une nécessité : il est impératif de les neutraliser. Sinon, de nouvelles crises financières mondiales

13. *Ibid.*, p. 90.

14. *Ibid.*, p. 91.

surviendront. Au mieux, elles seront une fois de plus à la charge de la majorité des Français, avec de nouveaux impôts, un gel des salaires, des retraites et des dépenses publiques. Au pire, ce sera le chaos. Il est impératif et urgent de casser le cycle infernal. « Pour tenter de prévenir les crises, écrit le journaliste Hervé Kempf, il faut [...] collectivement décider de choix difficiles, sans quoi les désordres qui surviendront trouveront une réponse despotique. Il nous faut d'urgence revitaliser la démocratie, relégitimer le souci du bien commun, réexaminer l'idée du destin collectif [15]. »

À défaut de la nationalisation de l'ensemble des établissements bancaires, la mise en place d'un pôle financier public, constitué autour des Caisses d'épargne et des Banques populaires et de BNP Paribas, permettrait à l'État de lever les fonds nécessaires au financement d'une politique de long terme pour rétablir les services publics et sociaux mis à mal de manière systématique depuis l'arrivée de Nicolas Sarkozy à l'Élysée.

La séparation des banques de dépôt d'avec leurs activités de gestion et d'investissement permettrait de nationaliser la partie la moins spéculative de la finance. Ce qui serait une solution de rechange tout à fait saine. Ainsi, les salaires des ouvriers et des employés ne seraient plus mis en danger ni exploités par le secteur spéculatif, celui-ci n'y ayant plus accès. En cas de nouvelle crise financière, Nicolas Sarkozy ne pourrait plus arguer de la mise en danger des dépôts modestes pour inonder de prêts publics les banques en difficulté.

Interdiction de la titrisation et nationalisation des agences de notation

Le marché financier mondial est dix fois supérieur au PIB mondial. Ce grand écart s'explique par la création virtuelle d'argent, à travers, notamment la « titrisation » qui transforme des créances (prêts à la consommation...) en titres financiers. Ceux-ci présentent un danger : la créance risque de ne pas être honorée, c'est d'ailleurs ce qui s'est passé avec les *subprimes*. Pour couvrir ce

15. Hervé Kempf, *Comment les riches détruisent la planète*, Paris, Seuil, « L'Histoire immédiate », 2009, p. 114-115.

type d'écueils sont apparus les produits dérivés : ils sont censés prévenir les risques financiers.

Les agences de notation, qui ont la responsabilité d'apprécier la qualité des produits financiers, celle des entreprises et même la confiance que l'on peut accorder à un État, sont elles-mêmes rétribuées par les institutions ayant mis sur le marché des obligations, des actions ou des produits dérivés. Les vendeurs de produits financiers ont besoin de l'avis des agences de notation pour rassurer les investisseurs. Mais celles-ci, étant payées par les vendeurs de ces produits, sont donc juges et parties. Ce sont « des entreprises commerciales privées et – remarquable aberration – ce sont les émetteurs de titres demandeurs d'évaluation qui sont leurs clients et paient pour se faire évaluer. [...] Il y avait donc peu de chances *a priori* pour qu'une banque ayant décidé de titriser des crédits immobiliers et portant à une agence l'évaluation des produits de la titrisation avant de les lancer sur les marchés s'entendît dire que ces produits étaient d'une déplorable qualité et que l'avis de notation ne manquerait pas de le signifier publiquement. [...] Ainsi les agences, que leur fonction d'avis aurait dû mettre en première ligne des forces de rappel, ont-elles en fait joué à l'amplification de la déraison [16] ».

Il importe donc que ces agences passent sous le contrôle des États. Si titrisation et produits dérivés continuent à sévir, il est de la plus haute importance que les agences ne soient plus à leur service.

Supprimer la Bourse et limiter le cumul des mandats dans les conseils d'administration

Frédéric Lordon en a fait la proposition dans *Le Monde diplomatique* de février 2010. « La Bourse, écrit-il, est devenue une machine à fabriquer des fortunes. Et c'est tout. Bien sûr, pour ceux qui s'enrichissent, ce n'est pas négligeable. Mais pour tous les autres, ça commence à suffire [17]. »

16. Frédéric LORDON, *Jusqu'à quand ?*, *op. cit.*, p. 44-45.

17. Frédéric LORDON, « Et si on fermait la Bourse... », *Le Monde diplomatique*, n° 671, février 2010.

L'existence de la Bourse semble aller de soi. Pourtant, elle est relativement récente, n'apparaissant qu'au XVIIIe siècle. C'est une construction sociale destinée à soutenir la croissance économique en drainant une épargne disponible pour les besoins des entreprises. Les petites et moyennes entreprises, qui représentent beaucoup d'emplois, s'en passent très bien : elles ne sont tout simplement pas cotées.

L'objectif de la Bourse a été complètement perverti. Frédéric Lordon estime que « ce n'est plus la Bourse qui finance les entreprises, mais les entreprises qui financent la Bourse », par le prélèvement des dividendes sur les richesses produites et par le rachat des actions par l'entreprise elle-même pour en soutenir les cours. « Dorénavant, ce qui sort des entreprises vers les investisseurs l'emporte sur ce qui fait mouvement en sens inverse », conclut Frédéric Lordon. Ainsi, France Télécom, selon un communiqué du syndicat CFE-CGC-Unsa du 4 juin 2010, a non seulement versé des « dividendes, au titre de l'année 2009, supérieurs aux bénéfices de l'entreprise », mais celle-ci a en outre perdu « 250 millions sur le marché des changes liés à son obligation d'emprunter pour financer le paiement anticipé des dividendes ».

La fermeture de la Bourse ne présenterait donc pas d'inconvénient économique, bien au contraire : les exigences de plus en plus élevées de rentabilité sont un frein à l'innovation et à l'investissement d'une part des bénéfices dans le développement de l'entreprise.

Il y a plus : la Bourse joue un rôle néfaste dans les représentations de l'économie, en y faisant passer au second plan le travail productif. « La Bourse, écrit encore Frédéric Lordon, comme miroir à la fortune, aura été l'opérateur imaginaire aux effets bien réels, du déplacement des normes de la réussite monétaire, et il n'est pas un ambitieux dont le chemin ne passe pas par elle – pour les autres, il y a le Loto, et pour plus personne en tout cas, rapporté à cette norme, le travail. Aussi la Bourse a-t-elle cette remarquable propriété de concentrer en un lieu unique la nocivité économique et la nocivité symbolique, en quoi on devrait voir une raison suffisante d'envisager de lui porter quelques sérieux coups. »

Pour que les mesures d'assainissement de la planète finance puissent être réellement mises en application, il est impérieux de réduire l'omnipotence de l'oligarchie qui occupe les postes de pouvoir dans les conseils d'administration des grandes entreprises industrielles et bancaires. Limiter le cumul des mandats d'administrateur, voire les réduire à un seul mandat par personne, ne suffirait certainement pas à dissoudre l'oligarchie financière, mais rendrait son fonctionnement moins souple, moins réactif, les contacts étant moins fréquents et les prises de décision se faisant de manière plus éclatée.

Ces propositions ne sont pas celles d'intellectuels irresponsables, elles rejoignent les réflexions menées au sein du groupe « gauche démocratique et républicaine », auquel appartient Jean-Pierre Brard. Au cours de l'entretien qu'il nous a accordé, il souligne que l'État devrait « faire jouer la puissance actionnaire à son profit en siégeant activement dans les conseils d'administration des sociétés où il est présent », qu'il soit majoritaire ou non. Ces actions détenues par l'État, il serait souhaitable de les « rendre inaliénables par la loi ». Au lieu de vendre les bijoux de famille, il s'agit bien au contraire de protéger ces placements qui sont un moyen d'agir au sein des grandes entreprises. Au plus fort de la crise financière et bancaire de 2008, le groupe parlementaire a proposé une fermeture provisoire de la Bourse, afin de pouvoir réorganiser les marchés financiers, de façon à en assurer solidement la régulation. Pour ce qui est des agences de notation, Jean-Pierre Brard est partisan de les transformer en agences publiques.

Un impôt progressif, prélevé à la source,
sur tous les revenus : activité et capital

Pour Nicolas Sarkozy, il existe un tabou en politique, un acte considéré comme sacrilège, impur, inenvisageable : augmenter les impôts des riches. Évidemment, taxer les amis, ça n'entretient pas l'amitié.

La complexité de la fiscalité française, l'empilement des mesures dérogatoires demanderaient une refonte globale. Deux principes pourraient inspirer cette réforme en profondeur. La retenue à la source devrait être systématique, que ce soit pour les impôts ou pour les contributions sociales et ce, quelle que soit l'origine de ces revenus et leur niveau. Tous feraient l'objet d'une seule imposition progressive avec une augmentation du nombre des tranches. Un taux de 90 % sur la dernière tranche rendrait très progressif l'échelonnement de cette imposition qui serait dissuasive pour les conduites addictives envers l'argent. La TVA, impôt indirect des plus injuste puisque acquitté par tous quel que soit le revenu, devrait être supprimé, chaque citoyen pouvant ainsi mieux apprécier sa contribution à la bonne marche de la société.

Ces mesures simples auraient l'avantage, en empêchant tout centime d'euro d'échapper à l'impôt et aux contributions sociales, de régler le problème récurrent des niches fiscales et des paradis fiscaux.

ÉPILOGUE : QUE FAIRE DES RICHES ?

La réponse tient en peu de mots : il faut faire des riches notre exemple. Leur puissance est due à leur solidarité. Elle est leur atout essentiel dans cette guerre des classes qu'ils sont en train de gagner. Une solidarité fondée sur la communauté des intérêts de ceux qui composent la classe, au-delà des concurrences marginales et des rivalités secondaires. Voilà de quoi inciter les vraies forces de gauche, multiples et divisées, à devenir unies et conquérantes. Autant d'inégalités et d'injustices ne peuvent être abattues sans créer une force homogène offensive.

Le collectivisme manifesté par les classes dominantes, la dispersion et les luttes internes des forces d'opposition, tel est le paradoxe de la France de Nicolas Sarkozy. L'individualisme positif des classes moyennes intellectuelles est au principe de cette mosaïque de partis, d'organisations, d'associations. Une force potentiellement considérable, mais éclatée, sans coordination ni dynamique d'ensemble. La guerre des petits chefs semble prendre le pas sur la guerre des classes. Un individualisme qui va de pair avec des revendications de liberté dans tous les domaines de la vie, mais en définitive beaucoup plus en homologie avec le système libéral et sa reproduction, dans la phase de folie financière qu'il traverse, qu'avec la contestation organisée de cette désorganisation sociale.

Un mouvement massif de désaffiliation est constaté en milieu populaire, après une période, celle des trente glorieuses, où les protections sociales et les formes collectives d'organisation (syndicats et partis) favorisaient le sens et la pratique des solidarités. Les masses populaires ne forment plus une classe consciente et unie, mais vivent un individualisme négatif où le chacun-pour-soi tend à dominer.

Ces individualismes, qu'ils soient positifs ou négatifs, sont en phase avec un capitalisme débridé, et comblent les attentes des classes dominantes qui ne demandent pas mieux que d'avoir affaire à des salariés désaffiliés, véritables électrons libres, taillables et corvéables à merci. Il est donc nécessaire et urgent de construire un front large, massif et solidaire pour contester l'oligarchie dont Nicolas Sarkozy est le représentant politique au sommet de l'État. Un front de propositions au service d'une société plus juste auquel nous avons tenté d'apporter notre contribution.

BIBLIOGRAPHIE

ARTUS Patrick et VIRARD Marie-Paule, *Globalisation, le pire est à venir*, Paris, La Découverte, « Cahiers libres », 2008.

AUBERT Nicole (dir.), *L'Individu hypermoderne*, Toulouse, Éditions Érès, 2004.

BADIOU Alain, *De quoi Sarkozy est-il le nom ?*, Fécamp, Nouvelles Éditions Lignes, 2007.

BAYROU François, *Abus de pouvoir*, Paris, Stock, 2009.

BEAU Nicolas, *La Maison Pasqua*, Paris, Plon, 2002.

BELFORT Jordan, *Le Loup de Wall Street*, Paris, Max Milo éditions, 2009.

BERRETTA Emmanuel, *Le Hold-Up de Sarkozy. Intrigues, lobbying et coups tordus... dans les médias*, Paris, Fayard, 2010.

BOLTANSKI Luc et CHIAPELLO Ève, *Le Nouvel Esprit du capitalisme*, Paris, Gallimard, « NRF Essais », 1999.

BOUSSEMART Benoît, *Les Grandes Fortunes, les banquiers et les politiciens. La collusion des pouvoirs face à la crise*, Auchy-les-Orchies, Éditions Estaimpuis, 2010.

BRACONNIER Céline et DOMARGEN Jean-Yves, *La Démocratie de l'abstention. Aux origines de la démobilisation électorale en milieux populaires*, Paris, Gallimard, « Folio actuel », 2007.

CAHUC Pierre et ZYLBERBERG André, *Les Réformes ratées du président Sarkozy*, Paris, Flammarion, 2009.

CHAVAGNEUX Christian et PALAN Ronen, *Les Paradis fiscaux*, Paris, La Découverte, « Repères », 2007, nouvelle édition.

CHEMIN Ariane et PÉRRIGNON Judith, *La Nuit du Fouquet's*, Paris, Fayard, 2007.

CHEVRILLON Hedwige, *Sarkozy Connection*, Paris, Hachette Littérature, « Essais et documents » 2007.

CITOYENS RÉSISTANTS D'HIER ET D'AUJOURD'HUI, *Les Jours heureux. Le programme du Conseil national de la Résistance de mars 1944 : comment il a été écrit et mis en œuvre, et comment Sarkozy accélère sa démolition*, Paris, La Découverte, « Cahiers libres », 2010.

CLERC Denis, *Déchiffrer l'économie*, Paris, Syros, « Alternatives économiques », 1997.

COHEN Daniel, *La Prospérité du vice. Une introduction (inquiète) à l'économie*, Paris, Albin Michel, 2009.

COIGNARD Sophie, *Un État dans l'État. Le contre-pouvoir maçonnique*, Paris, Albin Michel, 2009.

COLLECTIF, *J'vais vous dire un truc... Les plus belles déclarations de Nicolas Sarkozy*, Paris, La Découverte, « Cahiers libres », 2009.

COLLOMBAT Benoît et SERVENAY David (dir.), *Histoire secrète du patronat de 1945 à nos jours*, Paris, La Découverte, 2009.

CONSTANTY Hélène et LAUTROU Pierre-Yves, *9-2, le clan du président*, Paris, Fayard, 2008.

CORDONNIER Laurent, *L'Économie des Toambapiks. Une fable qui n'a rien d'une fiction*, Paris, Raisons d'agir, 2010.

COTTA Jacques, *Riches et presque décomplexés*, Paris, Fayard, 2008.

DARMON Michaël et DERAI Yves, *Ruptures*, Paris, Éditions du Moment, 2008.

DÉLY Renaud et HASSOUX Didier, *Sarkozy et l'argent roi*, Paris, Calmann-Lévy, 2008.

DEMONPION Denis et LÉGER Laurent, *Tapie-Sarkozy, les clefs du scandale*, Paris, Pygmalion, 2009.

DENEAULT Alain, *Offshore, paradis fiscaux et souveraineté criminelle*, Paris, La Fabrique, 2010.

DOMENACH Nicolas, *Sarkozy au fond des yeux*, Paris, Jacob Duvernet, 2004.

DUDOUET François-Xavier et GRÉMONT Éric, *Les Grands Patrons en France. Du capitalisme d'État à la financiarisation*, Paris, Lignes de Repères, 2010, p. 133-134. Dossier consultable sur www.lignes-de-reperes.com.

ELIAS Norbert, *La Société de cour*, Paris, Flammarion, « Champs », 1985.

EMMANUEL William, *Nicolas Sarkozy, la fringale du pouvoir*, Paris, Flammarion, 2007.

FILIPPI Charles-Henri, *L'Argent sans maître*, Paris, Descartes & Cie, 2009.

GAULEJAC Vincent DE, *La Société malade de la gestion*, Paris, Seuil, 2005.

GEORGE Susan, *Leurs crises, nos solutions*, Paris, Albin Michel, 2010.

GEUENS Geoffrey, *Tous pouvoirs confondus : État, capital et médias à l'ère de la mondialisation*, Anvers, EPO, 2004.

HALPHEN Éric, *Sept Ans de solitude*, Paris, Denoël, « Impacts », 2002.

HARCOURT Florence D', *La Loi du clan. Hauts-de-Seine*, Paris, Édilivre-Aparis, 2008.

HAREL Xavier, *La Grande Évasion. Le vrai scandale des paradis fiscaux*, Paris, Les Liens qui libèrent, 2010.

HAUSSER Anita, *Sarkozy, itinéraire d'une ambition*, Paris, L'Archipel, 2003.

JOLY Éva et JOLY-BAUMGAERTNER Caroline, *L'Abus de biens sociaux. À l'épreuve de la pratique*, Paris, Economica, 2002.

JORION Paul, *L'Implosion. La finance contre l'économie : ce que révèle et annonce la « crise des subprimes »*, Paris, Fayard, 2008.

JOXE Pierre, *Cas de conscience*, Genève, Labor et Fides, 2010.

KANTOROWICZ Ernst, *Les Deux Corps du Roi*, Paris, Gallimard, « Bibliothèque des Histoires », 1989.

KEMPF Hervé, *Comment les riches détruisent la planète*, Seuil, « Points », 2009.

KERVIEL Jérôme, *L'Engrenage. Mémoires d'un trader*, Paris, Flammarion, 2010.

LORDON Frédéric, *Jusqu'à quand ? Pour en finir avec les crises financières*, Paris, Éditions Raisons d'agir, 2008.

MAILLARD Jean DE, *L'Arnaque. La finance au-dessus des lois et des règles*, Paris, Gallimard, « Le Débat », 2010.

MAMÈRE Noël et FARBIAZ Patrick, *Petits Arrangements entre amis. Le parrain des médias*, Paris, Jean-Claude Gawsewitch Éditeur, 2009.

MANTOUX Aymeric, *Voyage au pays des ultra-riches*, Paris, Flammarion, 2010.

MAUDUIT Laurent, *Sous le Tapie*, Paris, Stock, « Les Documents », 2008.

MÉHEUST Bertrand, *La Politique de l'oxymore. Comment ceux qui nous gouvernent nous masquent la réalité du monde*, Paris, La Découverte, « Les empêcheurs de penser en rond ». 2009.

MIQUEL Pierre, *Petite Histoire des stations de métro*, Paris, Albin Michel, 1993.

MUSSO Pierre, *Télé-politique. Le sarkoberlusconisme à l'écran*, La Tour d'Aigues, Éditions de l'Aube, 2009.

MUXEL Anne, *Les Enfants du désenchantement*, Paris, Seuil, 2010.

NIVELLE Pascale et KARLIN Élise, *Les Sarkozy, une famille française*, Paris, Calmann-Lévy, « Biographies, Autobiographies », 2006.

NOIR Victor, *Nicolas Sarkozy ou le destin de Brutus*, Paris, Denoël, 2005.

ORLÉAN André, *De l'euphorie à la panique : penser la crise financière*, Paris, Éditions Rue d'Ulm, « Collection du Cepremap », 2010.

ORLÉAN André, *Le Pouvoir de la finance*, Paris, Odile Jacob, 1999.

PÉAN Pierre, *Le Monde selon K.*, Paris, Fayard, 2009.

PÉAN Pierre et NICK Christophe, *TF1, un pouvoir*, Paris, Fayard, 1997.

PHILIBERT Jean-Marc, *Jean Sarkozy, le fils doré*, Paris, Max Milo, 2010.

PINÇON Michel et PINÇON-CHARLOT Monique, *Grandes Fortunes. Dynasties familiales et formes de richesse en France*, Paris, Payot, « Petite bibliothèque Payot », 2006.

PINÇON Michel et PINÇON-CHARLOT Monique, *Dans les beaux quartiers*, Paris, Seuil, « L'épreuve des faits », 1989 (réédition 2001).

PINÇON Michel et PINÇON-CHARLOT Monique, *Les Ghettos du gotha. Au cœur de la grande bourgeoisie*, Paris, Seuil, « Points », 2010, nouvelle édition.

PINÇON Michel et PINÇON-CHARLOT Monique, *Paris. Quinze promenades sociologiques*, Paris, Payot, 2009.

PINÇON Michel et PINÇON-CHARLOT Monique, *Quartiers bourgeois, quartiers d'affaires*, Paris, Payot, « Documents », 1992.

PINÇON Michel et PINÇON-CHARLOT Monique, *Sociologie de la bourgeoisie*, Paris, La Découverte, « Repères », 2007, 3e édition.

PINÇON Michel et PINÇON-CHARLOT Monique, *Sociologie de Paris*, Paris, La Découverte, « Repères », 2008, nouvelle édition.

PORTELLI Serge, *Le Sarkozysme sans Sarkozy*, Paris, Grasset, « Documents français », 2009.

PRÉVOST-DESPREZ Isabelle, avec FOLLOROU Jacques, *Une juge à abattre*, Paris, Fayard, 2010.

ROUTIER Airy, *Le Phénix. Le retour de Bernard Tapie*, Paris, Grasset & Fasquelle, 2008.

RUFFIN François, *La Guerre des classes*, Paris, Fayard, 2008.

SAINT-CRICQ Renaud et GERSCHEL Frédéric, *Canal Sarkozy : le Président et la Télé, deux ans d'histoires secrètes*, Paris, Flammarion, « Enquête », 2009.

SALMON Christian, *Storytelling, la machine à fabriquer des histoires et à formater les esprits*, Paris, La Découverte, « Cahiers libres », 2007.

SARKOZY Nicolas, *Libre*, Paris, XO Éditions, 2001.

WAGNER Anne-Catherine, *Les Classes sociales dans la mondialisation*, Paris, La Découverte, « Repères », 2007.

TABLE DES MATIÈRES

Composition Facompo, Lisieux
Achevé d'imprimer
par CPI Firmin-Didot à Mesnil-sur-l'Estrée
Dépôt légal du 1er tirage : septembre 2010
Suite du 1er tirage (6) : septembre 2010
Numéro d'imprimeur : 101987

Imprimé en France